新能源汽车技术

陈萌 编著

吉林大学出版社
·长春·

图书在版编目（CIP）数据

新能源汽车技术 / 陈萌编著. -- 长春：吉林大学出版社，2023.4
ISBN 978-7-5768-1970-0

Ⅰ.①新… Ⅱ.①陈… Ⅲ.①新能源－汽车 Ⅳ.①U469.7

中国国家版本馆CIP数据核字(2023)第144057号

书　　名	新能源汽车技术　XINNENGYUAN QICHE JISHU	
作　　者	陈　萌	
策划编辑	矫　正	
责任编辑	陈　曦	
责任校对	甄志忠	
装帧设计	久利图文	
出版发行	吉林大学出版社	
社　　址	长春市人民大街4059号	
邮政编码	130021	
发行电话	0431-89580028/29/21	
网　　址	http://www.jlup.com.cn	
电子邮箱	jldxcbs@sina.com	
印　　刷	天津鑫恒彩印刷有限公司	
开　　本	787mm×1092mm　1/16	
印　　张	12.25	
版　　次	2023年4月　第1版	
印　　次	2023年4月　第1次	
书　　号	ISBN 978-7-5768-1970-0	
定　　价	78.00元	

版权所有　　翻印必究

前 言

近年来,世界主要汽车生产国都把大力发展新能源汽车作为提高产业竞争能力、保持经济社会可持续发展的重大举措。对于中国汽车行业,发展新能源汽车的意义更为重大。新能源汽车代表着未来汽车发展的方向,已成为市场中新的经济增长点和战略调整的制高点。不仅有利于促进节能减排,保障能源安全,推动"两型社会"(资源节约型社会、环境友好型社会)建设,也有利于促进汽车产业加快结构调整,促进我国汽车产业跨越式发展。但是,现在市场上的新能源汽车教材大多是针对本科生的教材,针对研究生课程的教材甚少,所以编写一本适用于研究生的新能源汽车技术的教材具有一定的指导意义和现实意义。

本教材主要以新能源汽车的动力装置、驱动装置和控制装置等部分的核心技术为主线进行详细的讲解,其具体核心技术包括新能源汽车的动力核心部件的整体设计、动力电池的匹配、动力系统总体设计(包括系统结构设计和软硬件设计)等。除此之外,教材还融入了更多的科研内容,以及相关的实际应用内容。同时,为加强理解,本书对书中重要的概念、公式、原理结合示意图、试验进行了生动说明和细致分析,可使读者对新能源汽车技术有清晰的理解,并结合实例分析,增强读者的感性认识。本书具体内容安排如下:

第一章主要介绍新能源汽车的概念、自身发展过程、发展技术路线和主要关键技术;

第二章介绍新能源汽车动力电池选型匹配及性能测试、动力电池选型依据及选型设计、典型动力电池介绍及相关性能参数、参数的测试方法及其影响因素;

第三章介绍新能源汽车驱动装置——电机,包括电机基本性能指标、汽车行驶对驱动电机的要求、直流电机和交流电机;

第四章介绍新能源汽车整车性能分析与动力匹配,包括以动力电池为动力源的纯电动汽车的动力性及经济性、典型车辆动力电池系统的匹配实例分析;

第五章介绍新能源汽车动力电池系统总体设计,包括动力电池系统需求分析、基本性能参数及相关参数匹配分析;

第六章介绍新能源汽车动力电池系统软硬件设计,包括电池管理系统的软硬件结构、电池参数采集电路设计、电池管理系统的逻辑与安全控制;

第七章介绍新能源汽车动力电池系统热管理技术,包括热管理系统基本功能、设计要求、设计方案及应用实例。

  本书内容是东北林业大学交通学院及其友好学校共同智慧的结晶，其中东北林业大学陈萌完成了第一、二、三章的内容，燕山大学邸立明完成了第五章的内容，沈阳建筑大学刘伟东完成了第六章的内容，黑龙江工程学院田芳完成了第七章的内容，东北林业大学吕文杰完成了第四章的内容，同时感谢李惠、孙维庆、李静静、罗鑫浩、李壮壮等同学做了大量的资料收集和文本编辑工作！同时，本书在编写和出版方面得到了东北林业大学2022年度"研究生精品课程及优秀研究生教材建设项目"的支持，但限于作者水平，本书的内容并不能涵盖所有的新能源汽车技术，不当之处，恳请读者朋友们提出宝贵意见。

编者

2022年9月

目 录

第一章　绪论 ………………………………………………………………… 1
1.1 新能源汽车的定义和分类 ……………………………………………… 1
1.2 新能源汽车发展现状 …………………………………………………… 2
1.3 新能源汽车技术路线及关键技术 ……………………………………… 8

第二章　新能源汽车的动力电池 …………………………………………… 15
2.1 纯电动汽车动力电池概述 ……………………………………………… 15
2.2 纯电动汽车单体动力电池的选型与设计 ……………………………… 16
2.3 典型动力蓄电池——锂电池 …………………………………………… 21
2.4 动力电池测试分析技术应用 …………………………………………… 24

第三章　驱动电机 …………………………………………………………… 47
3.1 电机基本性能指标 ……………………………………………………… 47
3.2 汽车行驶对驱动电机的要求 …………………………………………… 48
3.3 直流电机 ………………………………………………………………… 52
3.4 交流电机 ………………………………………………………………… 64

第四章　新能源汽车整车性能分析与动力匹配 …………………………… 74
4.1 纯电动车动力性 ………………………………………………………… 74
4.2 纯电动车经济性 ………………………………………………………… 124
4.3 纯电动车底盘动力匹配设计 …………………………………………… 132

第五章　新能源汽车动力电池系统总体方案设计 ………………………… 146
5.1 动力电池系统总体需求分析 …………………………………………… 146
5.2 动力电池系统的基本性能参数 ………………………………………… 150

5.3 动力电池系统参数匹配性分析 ································· 151

第六章　新能源汽车动力电池系统软硬件设计 ················· 154
6.1 动力电池管理系统硬件设计 ································· 154
6.2 动力电池管理系统软件设计 ································· 159

第七章　新能源汽车动力电池系统热管理技术 ················· 174
7.1 动力电池热管理系统设计概述 ······························· 174
7.2 动力电池热管理系统设计要求 ······························· 174
7.3 热管理系统概念设计方案 ··································· 175
7.4 热管理系统设计实例 ······································· 178

参考文献 ··· 189

第一章 绪 论

1.1 新能源汽车的定义和分类

1.1.1 新能源汽车的定义

2009年6月17日,工业和信息化部(工信部)出台的《新能源汽车生产企业及产品准入管理规则》对新能源汽车做出了明确的定义:新能源汽车是指采用非常规的车用燃料作为动力来源(或使用常规的车用燃料、采用新型车载动力装置),综合车辆的动力控制和驱动方面的先进技术,形成的技术原理先进、具有新技术、新结构的汽车。

1.1.2 新能源汽车的分类

新能源汽车包括的范围较广,主要有纯电动汽车、增程式电动汽车、混合动力汽车、燃料电池电动汽车、氢发动机汽车及其他新能源汽车等。

1. 纯电动汽车

纯电动汽车(blade electric vehicle,简称BEV)是一种采用单一蓄电池作为储能动力源的汽车,它利用蓄电池作为储能动力源,通过电池向电动机提供电能,驱动电动机运转,从而推动汽车行驶。

2. 增程式电动汽车

增程式电动汽车是一种配有地面充电和车载供电功能的纯电驱动的电动汽车,其运行模式可以根据需要处于纯电动模式、增程模式或混合动力模式,是介于纯电动汽车和混合动力汽车之间的一种过渡车型,具有纯电动汽车和混合动力汽车的特征,有人把它划分为纯电动汽车范畴,也有人把它划分为混合动力汽车范畴,认为它是一种插电式串联混合动力汽车。

3. 混合动力汽车

混合动力汽车(hybrid electric vehicle,简称HEV)是指驱动系统由两个或多个能同时运转的单个驱动系统联合组成的车辆,车辆的行驶功率依据实际的车辆行驶状态由单个驱动系统单独或共同提供。因各个组成部件、布置方式和控制策略的不同,混合动力汽车有多种形式。其中,混合动力汽车一般又分为普通混合动力汽车和插电式混合动力汽车。

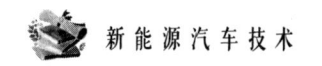

4. 燃料电池电动汽车

燃料电池电动汽车（fuel cell electric vehicle，简称 FCEV）是利用氢气和空气中的氧在催化剂的作用下，在燃料电池中经电化学反应产生的电能作为主要动力源驱动的汽车。燃料电池电动汽车实质上是纯电动汽车的一种，主要区别在于动力电池的工作原理不同。一般来说，燃料电池是通过电化学反应将化学能转化为电能，电化学反应所需的还原剂一般采用氢气，氧化剂则采用氧气，因此最早开发的燃料电池电动汽车多是直接采用氢燃料，氢气的储存可采用液化氢、压缩氢气或金属氢化物储氢等形式。

5. 氢发动机汽车

氢发动机汽车是以氢发动机为动力源的汽车。一般发动机使用的燃料是柴油或汽油，氢发动机使用的燃料是气体氢。氢发动机汽车是一种真正实现零排放的交通工具，排放出的是纯净水，其具有无污染、零排放、储量丰富等优势。

6. 其他新能源汽车

其他新能源汽车包括使用超级电容器、飞轮等高效储能器的汽车。

目前在我国，新能源汽车主要是指纯电动汽车、混合动力汽车和燃料电池电动汽车。其中混合动力汽车主要是指插电式混合动力汽车，普通混合动力汽车被划分为节能汽车。

1.2 新能源汽车发展现状

面对全球范围日益严峻的能源形势和环保压力，近年来世界主要汽车生产国都把发展新能源汽车作为提高产业竞争能力、保持经济社会可持续发展的重大战略举措，新能源汽车成为市场新的增长点。

1.2.1 国外新能源汽车发展现状

从国际上看，随着技术的不断创新与突破，面对金融危机、油价攀升和日益严峻的节能减排压力，2008 年以来，以美国、日本、欧盟为代表的国家和地区相继发布实施了新的电动汽车发展战略，进一步明确了产业发展方向，明显加大了研发投入与政策扶持力度。

1. 美国

新能源汽车的开发和应用成为美国摆脱能源依赖的战略之一。20 世纪 90 年代中期，美国克林顿政府制订了发展电动车的"新一代汽车伙伴计划（partnership for a new generation of veohick，PNGV）"，集中研究电池驱动的纯电动汽车。但由于纯电动汽车一次充电后的续驶里程短，充电时间长，降低电池造价困难，在技术上也难以解决处理废旧电池二次污染、回收困难的问题，商业化进展缓慢。

2002 年，布什政府不再积极鼓励发展纯电动汽车，重新提出自由汽车（自由燃料）Freedom CAR 计划，实际上是放弃了纯电动汽车研究而更多地转向燃料电池汽车技术研发。这一时期，美国在氢燃料电池汽车领域取得了一定的进展，其技术研发水平在世界上处于先进水平。但是燃料电池汽车仍然有一系列技术瓶颈有待突破，成本与基础设施建设等问题尚未解决，产业化进程缓慢。

2005年，美国政府出台了《能源政策法》，按纯电动汽车总重划分为四挡，即小于8 000磅（1磅≈453.6g）、大于8 000磅且小于等于14 000磅、大于14 000磅且小于等于26 000磅、大于26 000磅。根据质量的不同确定不同的减税幅度，购买总重不超过8 500磅的纯电动汽车减3 500美元，若这种纯电动汽车一次充电续驶里程达到100mile（1mile≈1.609 3km）的或有效荷载容量达到1 000磅的，可以增大减税幅度到6 000美元。同时，美国政府也鼓励以混合动力汽车为代表的其他新能源汽车的使用。美国的混合动力汽车在2004年前后进入商业化推广阶段，2007年5月初，美国国内收入局（IRS）调整针对环保车辆的税收优惠措施，规定消费者购买通用汽车、福特、丰田、日产等公司生产的符合条件的混合动力车，可以享受到250～2 600美元不等的税款抵免优惠。2009年混合动力汽车销售29万辆，占美国汽车总销量的2.8%左右。

2007年11月，美国能源部再斥资2 000万美元增强对插入式混合电动汽车的研发，其中与美国先进电池联盟（United Stales Advanced Battery Consortiam, USABC）对5个PHEV（plug-in hybrid electric vehicle, 插电式混合动力汽车）电池研发项目合作投资1 720万美元，并为密歇根大学提供近200万美元PHEV研究经费；加上USABC的匹配资金，项目总投入达到3 800万美元。2008年混合动力汽车销售32万辆，占美国汽车总销量比例达到2.3%左右。

美国能源部2008年6月12日宣布拨款3 000万美元，资助通用汽车公司、福特汽车公司、通用电气公司研究项目。美国能源部的目标是到2014年制造出有成本竞争力的、充电一次就可跑40mile的混合动力车，并到2016年实现批量生产。2008年12月，14家美国电池和先进材料企业，在美国阿贡国家实验室（Argonne National Laboratory）的支持下，成立了先进交通运输用电池生产国家联盟，以提高美国车用锂离子电池制造实力。

2013年，美国能源部发布《电动汽车普及蓝图》，明确美国未来十年在电动汽车动力电池、电机等关键技术领域的研发道路，提出到2022年，每户家庭都能拥有插电式电动汽车。2016年，美国政府发布关于"加快普及电动汽车"计划的声明，希望通过加强政府与企业合作，进一步推广电动汽车和加强充电基础设施建设。2017年9月美国新能源汽车销量再创新高，达到21 282辆，同比增长29.19%；累计销量达到142 471辆，同比增长31.18%。截止到2018年10月，美国新能源汽车销量为31.3万辆，同比增长56.6%。

在国外，成立联盟已成为发展新能源产业的重要途径之一，2009年，美国电动汽车产业链上的各方发起成立了美国电动汽车联盟（Electrification Coalition，即EC），成员涵盖雷诺汽车、江森自控、太平洋燃气和电力公司、A123电池系统公司、联邦快递公司等企业。美国电动汽车联盟主要致力于从政策和行动上推动大规模实施电动汽车计划，最终改变美国经济、环境和对化石能源严重依赖的现状，实现美国电动汽车运输的革命性变化。

美国电动汽车联盟提出的电动汽车发展目标和行动计划，主要内容有：①到2040年美国将拥有2.5亿辆电动车，其中3/4的轻型车需求由电动汽车提供，届时美国轻型车耗油量将减少75%，美国基本上摆脱进口石油依赖；②到2020年，全美拥有电动汽车1 400万辆，近1/4的轻型汽车需求由纯电动汽车或插入式电动汽车提供；③呼吁联邦政府拨款1 300亿美元，资助电动车电池开发生产和传统汽车厂商的转型；呼吁出台有吸引力的鼓励民众使用电动车和建设电动汽车基础设施的税收激励或财务补助政策措施。

2. 日本

在新能源汽车方面，日本主要走混合动力汽车的技术路线。日本在混合动力汽车技术领域，领先世界。以丰田普锐斯为代表的日本混合动力汽车，在世界低污染汽车开发销售领域已经占据了领头地位。

目前，在欧美市场上已上市的混合动力电动轿车，一半以上是由日本汽车公司生产销售的，日本丰田普锐斯混合动力车自1997年12月上市以来，在全球的销量已经超过了300万辆，成为目前最成功的混合动力车型。与此同时，日本还快速发展燃料电池汽车技术，丰田和本田汽车公司已成为当今世界燃料电池汽车市场上的重要企业。

丰田还将未来的汽车动力划分为三大类：第一类是用于近距离移动的小型家庭车辆，为纯电动汽车；第二类是一般家庭用乘用车，为混合动力和插入式混合动力汽车，使用汽油、轻型燃油、生物燃料、天然气以及合成燃料等作为燃料；第三类是用于长途运输的商用车，为燃料电池汽车。在这些动力中，丰田汽车所认为的终极燃料将是利用电力和水取得的。

除丰田外，其他几家日本汽车企业也在开发新一代的新能源动力汽车，如本田的Insight IMG混合动力汽车、日产Leaf和三菱i-MiEV纯电动汽车等。

日本政府在2009年6月启动了"新一代汽车"计划，所谓"新一代汽车"就是环保汽车，包括混合动力汽车、纯电动汽车、燃料电池汽车等。该计划力争在2050年使环保汽车占据汽车市场总量的一半左右，为了实现这一计划，日本政府通过援建电动汽车基础设施、减税和发放补贴等促进环保汽车发展。

2010年4月12日，日本经济产业省提出了截至2020年使混合动力汽车和纯电动汽车等"新一代汽车"占新车销量达到20%~50%的报告《新一代汽车战略2010》，报告中还提出了截至2020年将建设普通充电站200万座、快速充电站5 000座的目标。

2013年和2014年，日本政府分别提出"日本重振战略"和"汽车战略2014"，加大对电动汽车补贴。2014年6月，日本政府发布《氢燃料电池战略规划》，明确下一步政策重点从混合动力汽车向燃料电池车转移，提出全力打造"氢社会"的目标。2016年3月，日本政府制定了《电动汽车发展路线图》，提出到2020年日本国内电动汽车保有量突破100万辆。在日本《氢能燃料电池发展战略路线图》中，提出到2025年，日本燃料电池汽车保有量将达到200万辆。2019年，日本国土交通省计划拨款5.3亿日元支持"地方交通绿化事业"，推动公共交通领域用车电动化，日本环境省计划拨款10亿日元支持"电动卡车/巴士导入加速事业"，补贴卡车和公共汽车经营者。

3. 法国

法国是缺少石油的国家，法国自20世纪90年代中期开始推广电动汽车和天然气汽车。1999年，政府要求所有市政部门的电动汽车及天然气汽车比例必须占市政部门拥有车辆总数的20%以上，以此带动整个社会选择环保车型。

法国政府规定，自2008年1月1日起，政府按所购买新车的尾气二氧化碳排放量多少，对车主给予相应的现金"奖罚"，以鼓励购买低排量环保车型。按规定，凡购买尾气二氧化碳排放量介于100g/km至130g/km的新车，车主可获得现金200至1 000欧元不等的环保奖励。若购买超低能耗、低排放的新能源汽车如电动汽车，奖励金额则高达5 000欧元。反之，如果尾气二氧化碳排放量在160g/km以上，将按递增方式向车主征收环保税，税额从200至2 600欧元不等。此外，法国政府还鼓励报废能耗大的旧车，并给予一定数额的现金奖励。

在这些补贴、征税等政策的指导下，众多汽车商和消费者都将目光投向了更为环保的小排量汽车和新能源汽车。2009年，二氧化碳排量在140g/km以下的汽车占了法国新车销售市场63%的份额。

在政府优惠政策的带动下，汽车生产商们也都闻风而动，雷诺-日产联盟、标致-雪铁龙与日本三菱汽车公司合作，推出环保电动汽车。

2018年，法国宣布对生态税进行更严格的规定，并将降低可接受排放的门槛。从2019年开始，从之前的120g/km现在将降至117g/km。2020年5月26日，法国总统马克龙发布法国汽车产业88亿欧元援助计划，一是刺激需求，售价4.5万欧元以下的纯电动汽车和燃料电池车的购置补贴由6 000欧元上升为7 000欧元，插电混动汽车由3 000欧元上升为5 000欧元；二是10亿欧元生产支持基金鼓励本地供应，雷诺、PSA（标致雪铁龙集团）等承诺将来电动车生产集中在法国，政府目标是到2025年生产100万辆新能源车；三是加快基础设施建设，到2020年年底安装3.5~4万个充电站，到2021年底建成10万个充电站。

4. 德国

德国在新能源汽车方面也做出了重要贡献。宝马也是氢动力发动机车型研究的先行者，早在2004年宝马所研发的H2R赛车就在法国南方小镇Miramas高速赛道创造了9项世界纪录。在2007年，其向外界推出了7系氢动力车型，该车型搭载一台6.0L V12

氢动力发动机，这台发动机是基于宝马760i的6.0L V12发动机改进而来，按照双模式驱动的要求，在汽油模式下燃油通过直接喷射供应，同时在发动机进气系统中集成了氢供应管路。这台发动机的关键技术是喷射阀体需要提供相应的燃料/空气混合气体，在很短的时间内将适量的氢气送入进气当中。虽然具有最为先进的技术，但是高昂的研发费用使得这款车的价格不菲。

德国政府表示，到2020年，可再生能源要占全部能源消耗的47%，因此，2020年德国境内的新能源汽车要超过100万辆。在2009年年初德国政府通过的500亿欧元的经济刺激计划中，很大一部分用于电动汽车研发、"汽车充电站"网络建设和可再生能源开发。

1.2.2 国内新能源汽车发展现状

我国高度重视电动汽车技术的发展。"十五"期间，启动了863计划电动汽车重大科技专项，确立了"三纵三横"（三纵：混合动力汽车、纯电动汽车、燃料电池汽车；三横：电池、电动机、电控）的研发布局，取得了一大批电动汽车技术创新成果。"十一五"以来，中国提出"节能和新能源汽车"战略，政府高度关注新能源汽车的研发和产业化。

2006年6月，"十一五"的"863"计划节能与新能源汽车重大项目通过论证。其重点任务是推进燃料电池汽车研发和示范运行，实现混合动力汽车规模产业化，拓展纯电动汽车的应用范围，进一步扩大代用燃料汽车的推广应用；促进节能与新能源汽车产业政策、法规和相关标准的研究与制订，完善相关检测评价能力，形成知识产权保护和投融资服务体系，构建节能与新能源汽车公共服务平台，建立中国节能与新能源汽车产业联盟；把握交通能源动力系统转型的重大机遇，建立以企业为主体的产学研结合的自主研发创新体系。

2006—2007年，中国新能源汽车产业取得了重大的发展，中国自主研制的纯电动、混合动力和燃料电池三类新能源汽车整车产品相继问世；混合动力和纯电动客车实现了规模示范；纯电动汽车实现批量出口；燃料电池轿车研发进入世界先进行列。

2008年7月11日，科技部和北京市举行了奥运新能源汽车示范运行交车仪式。交车仪式上，各类车型共计595辆交付使用，为官员、运动员、教练员、媒体记者以及社会观众等提供服务。

2009年1月14日，国务院常务会议原则通过汽车产业调整振兴规划，决定实施新能源汽车发展战略，重点强调将以新能源汽车为突破口，加强自主创新，形成新的竞争优势。这一决定将推动中国新能源汽车尽快实现产业化，也将为中国在新能源汽车领域走在世界前列、形成竞争优势奠定基础。

2010年8月18日，国务院国有资产监督管理委员会（国资委）在北京召开由16家中央企业发起的"中央企业电动汽车产业联盟"成立大会，旨在有效发挥中央企业在我国经济结构调整、产业转型中的带头和引领作用，形成合力加快推动我国电动汽车产业的发展，以联盟的方式，促进企业间的合作与协同发展，快速、有效地突破电动汽车产业核心技术，尽快形成规模化发展态势。

2010年9月8日，时任国务院总理温家宝主持召开国务院常务会议，审议并原则通过《国务院关于加快培育和发展战略性新兴产业的决定》。其中，节能环保、新一代信息技术、生物、高端装备制造、新能源、新材料和新能源汽车等7个产业，被确定为我国的战略性新兴产业并将在今后加快推进。

2012年5月30日，国务院常务会议通过了《"十二五"国家战略性新兴产业发展规划》，规划中明确提出新能源汽车产业要加快高性能动力电池、电动机等关键零部件和材料核心技术的研发及推广应用，形成产业化体系。

2012年7月9日，由工信部牵头制订的《节能与新能源汽车发展规划（2011—2020年）》正式发布。规划提出，到2015年，纯电动汽车和插电式混合动力汽车累计产销量力争达到50万辆；到2020年，纯电动汽车和插电式混合动力汽车生产能力达200万辆、累计产销量超过500万辆，燃料电池汽车、车用氢能源产业与国际同步发展。规划提出的主要目标还包括：新能源汽车、动力电池及关键零部件技术整体上达到国际先进水平，掌握混合动力、先进内燃机、高效变速器、汽车电子和轻量化材料等汽车节能关键核心技术，形成一批具有较强竞争力的节能与新能源汽车企业。

截至2012年8月底，全国25个示范运行的城市共有新能源汽车27 400辆。其中不少示范运行的城市不足千辆。据中国汽车工业协会不完全统计，2012年全年国内新能源汽车共销售12 791辆（未计普通混合动力车），其中纯电动车11 375辆，插电式混合动力车1 416辆。如按乘用车计（包括混合动力车），共销售纯电动车8 198辆，混合动力车6 181辆。

2013年11月26日，财政部、科技部、工业和信息化部、发展改革委四部委共同确定并公布了新能源汽车推广城市或区域的名单，包括23个城市（区域）和5个城市群，共28个。23个城市（区域）分别是北京、天津、太原、晋城、大连、上海、宁波、合肥、芜湖、青岛、郑州、新乡、武汉、襄樊、长株潭地区、广州、深圳、海口、成都、重庆、昆明、西安、兰州；5个城市群分别是河北省城市群、福建省城市群、浙江省城市群、江西省城市群和广东省城市群。

2014年是中国新能源汽车发展呈现质的飞跃的一年，全年新能源汽车产销量均突破30万辆。首先是时任国务院总理李克强在国务院常务会议上提出对新能源汽车免征车辆购置税，《免征车辆购置税的新能源汽车车型目录》也在随后发布。另外，发改委下发《关于电动汽车用电价格政策有关问题的通知》，确定对电动汽车充换电设施用电实行扶持性电价政策，各城市陆续出台汽车限购政策，极大地促进了新能源汽车的销售热潮。

2015年中国市场新能源汽车产量达到340 471辆，销量达到331 091辆，均为前一年的4倍多。电动汽车分时租赁成为工信部重点推进项目，电动汽车充电基础设施建设也被工信部抬到更高层面。四部门发布《关于2016—2020年新能源汽车推广应用财政支持政策的通知》，在2016—2020年期间调整补助政策。

截至2016年6月，国家共出台新能源汽车相关政策30项，其中推广政策出台7项，行业规范政策出台8项，充电基础设施政策出台4项，企业目录相关政策出台5项，行业管理相关政策出台6项。例如《2016—2020年新能源汽车推广应用财政支持政策》《锂离子电池行业规范公告管理办法》《关于"十三五"新能源汽车充电基础设施奖励政策及加强新能源汽车推广应用的通知》等。

2017年1—10月，国家出台《乘用车企业平均燃料消耗量与新能源汽车积分并行管理办法》等32项新能源汽车相关政策（包括征求意见稿5项），涉及宏观、补贴、基础设施、安全管理、技术研发、智能网联等诸多方面。

2017年12月26日，财政部、税务总局、工业和信息化部、科技部四部委联合发布《关于免征新能源汽车车辆购置税的公告》，该公告针对购置新能源车辆给予免征车辆购置税，自2018年1月1日起至2020年12月31日止。

1.3 新能源汽车技术路线及关键技术

1.3.1 技术路线

2020年，我国颁布了《节能与新能源汽车技术路线图2.0》。

1. 发展愿景

（1）重点突出以人工智能、云计算为代表的新技术和以数字经济、智能经济为代表的新业态，推动汽车产业全面变革；综合考虑逆全球化倾向对全球工业布局、我国产业安全带来的深刻影响。

（2）"汽车+"深度融合发展、构建新型产业生态、保障产业安全和可持续竞争力将成为未来10~15年产业发展的新趋势、新要求。

汽车的发展愿景如图1-1所示。

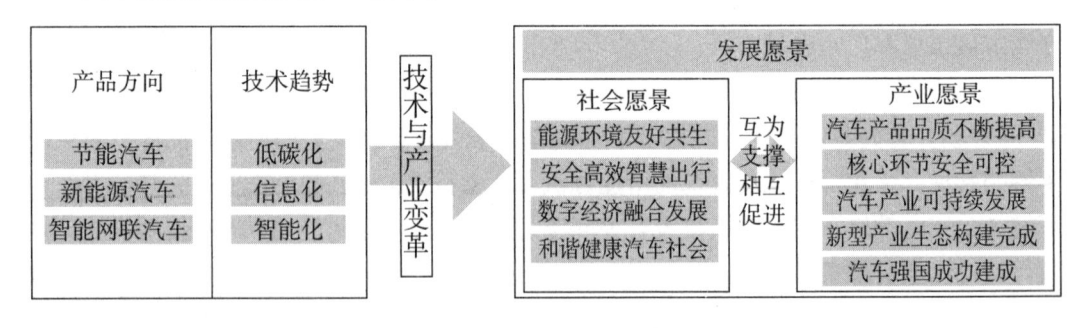

图1-1 汽车的发展愿景

2. 总体目标

我国汽车技术面向 2035 年具有以下六大总体目标。

（1）汽车产业碳排放总量先于国家碳减排承诺于 2028 年左右提前达到峰值，到 2035 年排放总量较峰值下降 20% 以上。

（2）新能源汽车逐渐成为主流产品，汽车产业实现电动化转型。

（3）中国方案智能网联汽车技术体系基本成熟，产品大规模应用。

（4）关键核心技术自主化水平显著提升，形成协同高效、安全可控的产业链。

（5）建立汽车智慧出行体系，形成汽车、交通、能源、城市深度融合生态。

（6）技术创新体系优化完善，原始创新水平具备全球引领能力。

3. 主要里程碑

（1）至 2025 年。乘用车（含新能源汽车）新车油耗达到 4.6L/100km（WLTC 工况，即 worldwide harmonised light-duty test cycle，全球统一轻型车测试循环），货车油耗较 2019 年降低 8% 以上，客车油耗较 2019 年降低 10% 以上；传统能源乘用车新车平均油耗达 5.6L/100km（WLTC 工况），混合动力新车占传统能源乘用车的 50% 以上；新能源汽车占总销量的 20% 左右；氢燃料电池汽车保有量达到 10 万辆左右；PA/CA（部分自动驾驶/有条件自动驾驶）级智能网联汽车占汽车年销量的 50% 以上，HA（高度自动驾驶）级汽车开始进入市场，C-V2X（蜂窝车联网）终端新车装备率达 50%。

（2）至 2030 年。乘用车（含新能源汽车）新车油耗达到 3.2L/100km（WLTC 工况），货车油耗较 2019 年降低 10% 以上，客车油耗较 2019 年降低 15% 以上；传统能源乘用车新车平均油耗达 4.8L/100km（WLTC 工况），混合动力新车占传统能源乘用车的 75% 以上；新能源汽车占总销量的 40% 左右；氢燃料电池汽车保有量达到 100 万辆左右；PA/CA 级智能网联汽车占汽车年销量的 70% 以上，HA 级汽车占汽车年销量的 20% 以上，C-V2X 终端新车装备基本普及。

（3）至 2035 年。乘用车（含新能源汽车）新车油耗达到 2.0L/100km（WLTC 工况），货车油耗较 2019 年降低 15% 以上，客车油耗较 2019 年降低 20% 以上；传统能源乘用车新车平均油耗达 4.0L/100km（WLTC 工况），混合动力新车占传统能源乘用车的 100%；新能源汽车成为主流，占总销量的 50% 以上；氢燃料电池汽车保有量达到 100 万辆左右；各类网联式高度自动驾驶车辆广泛运行于中国广大地区，中国方案智能网联汽车与智慧能源、智慧交通、智慧城市深度融合。

4. 技术路线图

《节能与新能源汽车技术路线图 2.0》围绕产业总体与节能汽车、纯电动与插电式混合动力汽车、燃料电池汽车、智能网联汽车、动力电池、电驱动总成、充电基础设施、轻量化、智能制造与关键装备等九大分技术领域开展研究，制定"1+9"技术路线图，如图 1-2 所示。

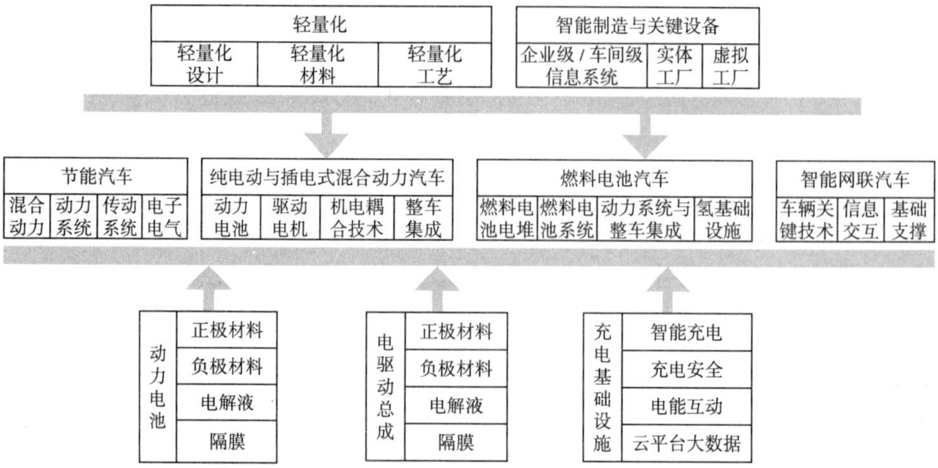

图1-2 "1+9"技术路线图

5. 重点领域技术路线图

节能汽车技术线路图如图1-3所示。

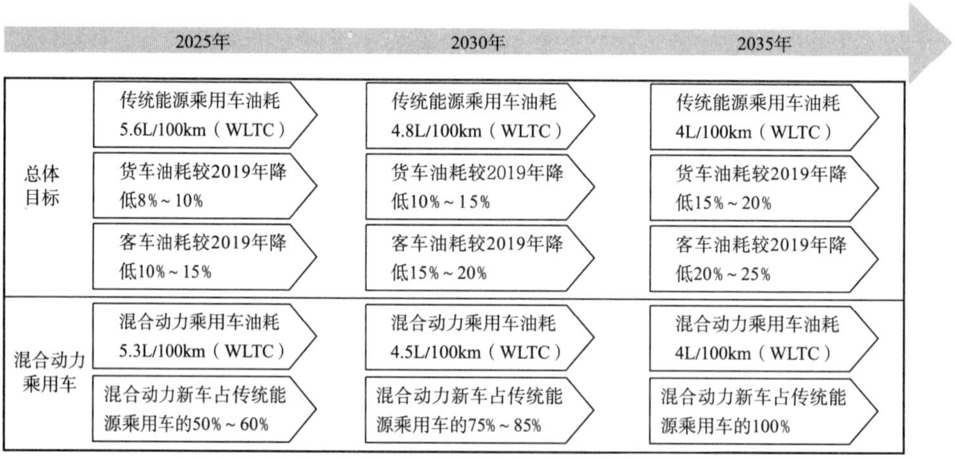

图1-3 节能汽车技术路线图

2035年，形成自主、完整的产业链，自主品牌纯电动与插电式混合动力汽车产品技术水平和国际同步，新能源汽车占汽车总销量的50%以上，其中纯电动汽车占新能源汽车95%以上。在纯电动汽车领域，实现纯电动技术在家庭用车、公务用车、出租车、租赁服务用车及短途商用车等领域的推广应用。纯电动与插电式混合动力汽车技术路线图如图1-4所示。

第一章 绪 论

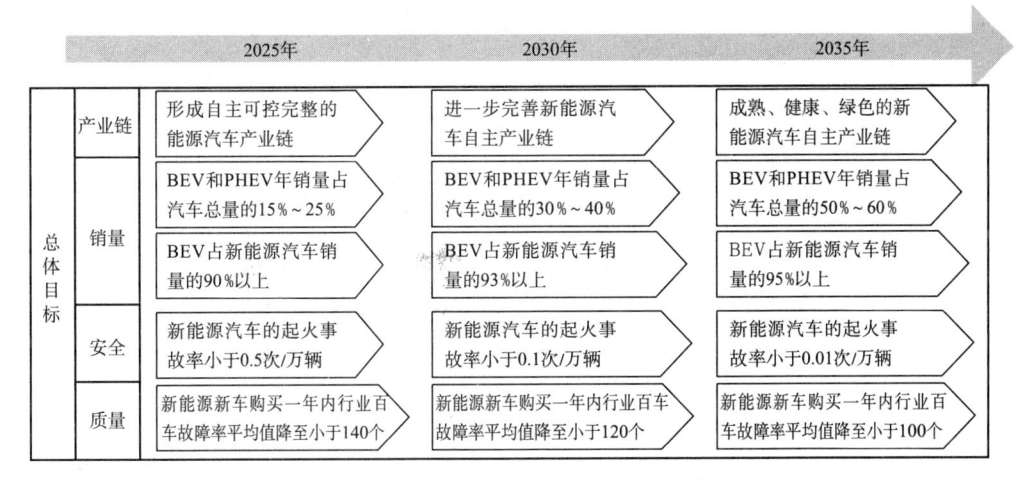

		2025年	2030年	2035年
总体目标	产业链	形成自主可控完整的能源汽车产业链	进一步完善新能源汽车自主产业链	成熟、健康、绿色的新能源汽车自主产业链
	销量	BEV和PHEV年销量占汽车总量的15%~25%	BEV和PHEV年销量占汽车总量的30%~40%	BEV和PHEV年销量占汽车总量的50%~60%
		BEV占新能源汽车销量的90%以上	BEV占新能源汽车销量的93%以上	BEV占新能源汽车销量的95%以上
	安全	新能源汽车的起火事故率小于0.5次/万辆	新能源汽车的起火事故率小于0.1次/万辆	新能源汽车的起火事故率小于0.01次/万辆
	质量	新能源新车购买一年内行业百车故障率平均值降至小于140个	新能源新车购买一年内行业百车故障率平均值降至小于120个	新能源新车购买一年内行业百车故障率平均值降至小于100个

图1-4 纯电动与插电式混合动力汽车技术路线图

燃料电池电动汽车将发展氢燃料电池商用车作为整个氢能燃料电池行业的突破口，以客车和城市物流车为切入领域，重点在可再生能源制氢和工业副产氢丰富的区域推广中大型客车、物流车，逐步推广至载重量大、长距离的中重卡牵引车、港口拖车及乘用车等。2030—2035年，实现氢能及燃料电池电动汽车的大规模推广应用，燃料电池电动汽车保有量达到100万辆左右；完全掌握燃料电池核心关键技术，建立完备的燃料电池材料、部件、系统的装备与生产产业链。燃料电池电动汽车技术路线图如图1-5所示。

		2025年	2030年	2035年
总体目标		基于现有储运加注技术，各城市因地制宜，经济辐射半径150km左右，运行车辆10万辆左右		突破新一代储运技术，突破加氢站数量瓶颈，城市间联网跨域运行，保有量100万辆左右
		燃料电池系统产能超过1万套/企业		燃料电池系统产能超过10万套/企业
氢能燃料电池汽车	功能要求	冷启动温度达到-40℃，提高燃料电池功率，整车成本达到混合动力汽车的水平		冷启动温度达到-40℃，燃料电池商用车动力性、经济性及成本需达到燃油车水平
	商用车	续航里程≥500km 客车经济性≤5.5kg/100km 寿命≥40万km，成本≤100万元		续航里程≥800km 客车经济性≤10kg/100km 寿命≥100万km，成本≤50万元
	乘用车	续航里程≥500km 客车经济性≤1.0kg/100km 寿命≥25万km，成本≤30万元		续航里程≥800km 客车经济性≤0.8kg/100km 寿命≥30万km，成本≤20万元

图1-5 燃料电车汽车技术路线图

动力电池涵盖能量型、能量功率兼顾型和功率型三大技术类别，涵盖乘用车和商用车两大应用领域，面向普及型、商用型和高端型三类应用场景，实现动力电池单体、系统集成、新体系动力电池、关键材料、制造技术及关键装备、测试评价、梯次利用及回收利用等产业链条全覆盖。动力电池技术路线图如图1-6所示。

总体目标			2025年	2030年	2035年
总体目标	能量型电池	普及型	比能量>200W·h/kg 寿命>3000次/12年 成本>0.35元/W·h	比能量>250W·h/kg 寿命>3000次/12年 成本>0.32元/W·h	比能量>300W·h/kg 寿命>3000次/12年 成本>0.30元/W·h
		商用型	比能量>200W·h/kg 寿命>6000次/12年 成本>0.45元/W·h	比能量>225W·h/kg 寿命>6000次/12年 成本>0.40元/W·h	比能量>250W·h/kg 寿命>6000次/12年 成本>0.35元/W·h
		高端型	比能量>350W·h/kg 寿命>1500次/12年 成本>0.50元/W·h	比能量>400W·h/kg 寿命>1500次/12年 成本>0.45元/W·h	比能量>500W·h/kg 寿命>1500次/12年 成本>0.40元/W·h
	能量功率兼顾型电池	兼顾型	比能量>250W·h/kg 寿命>5000次/12年 成本>0.60元/W·h	比能量>300W·h/kg 寿命>5000次/12年 成本>0.55元/W·h	比能量>325W·hkg 寿命>5000次/12年 成本>0.50元/W·h
		快充型	比能量>225W·h/kg 寿命>3000次/12年 成本>0.70元/W·h 充电时间<15min	比能量>250W·h/kg 寿命>3000次/12年 成本>0.65元/W·h 充电时间<12min	比能量>275W·h/kg 寿命>3000次/12年 成本>0.60元/W·h 充电时间<10min
	功率型电池	功率型	比能量>80W·h/kg 寿命>30万次/12年 成本<1.20元/W·h	比能量>100W·h/kg 寿命>30万次/12年 成本<1.00元/W·h	比能量>120W·h/kg 寿命>30万次/12年 成本<0.80元/W·h

图1-6 动力电池技术路线图

电驱动系统是以纯电驱动总成、插电式机电耦合总成、商用车动力总成、轮毂/轮边电机总成为重点，以基础核心零部件/元器件国产化为支撑，提升我国电驱动总成集成度与性能水平，至2035年，电驱动系统产品总体达到国际先进水平。电驱动系统技术路线图如图1-7所示。

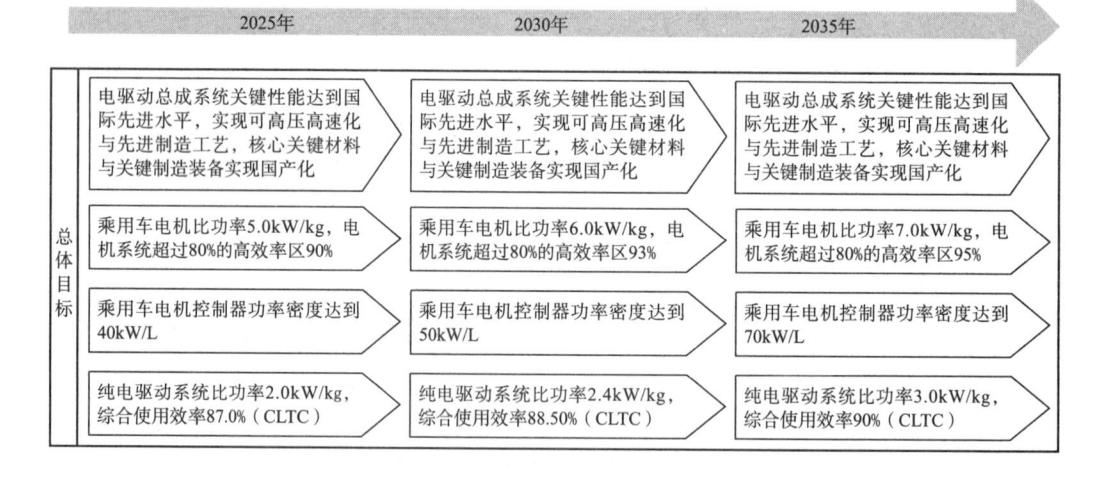

总体目标	2025年	2030年	2035年
	电驱动总成系统关键性能达到国际先进水平，实现可高压高速化与先进制造工艺，核心关键材料与关键制造装备实现国产化	电驱动总成系统关键性能达到国际先进水平，实现可高压高速化与先进制造工艺，核心关键材料与关键制造装备实现国产化	电驱动总成系统关键性能达到国际先进水平，实现可高压高速化与先进制造工艺，核心关键材料与关键制造装备实现国产化
	乘用车电机比功率5.0kW/kg，电机系统超过80%的高效区90%	乘用车电机比功率6.0kW/kg，电机系统超过80%的高效区93%	乘用车电机比功率7.0kW/kg，电机系统超过80%的高效区95%
	乘用车电机控制器功率密度达到40kW/L	乘用车电机控制器功率密度达到50kW/L	乘用车电机控制器功率密度达到70kW/L
	纯电驱动系统比功率2.0kW/kg，综合使用效率87.0%（CLTC）	纯电驱动系统比功率2.4kW/kg，综合使用效率88.50%（CLTC）	纯电驱动系统比功率3.0kW/kg，综合使用效率90%（CLTC）

图1-7 电驱动系统技术路线图

注：CLTC全称China light-duty vehicle test cycle，中文译名为中国轻型车测试工况。

1.3.2 关键技术

1. 电池

以动力电池模块为核心，实现我国以能量型锂离子动力电池为重点的车用动力电池大规模产业化突破。以车用能量型动力电池为主要发展方向，兼顾功率型动力电池和超级电容器的发展，全面提高动力电池输入输出特性、安全性、一致性、耐久性和性价比等综合性能。强化动力电池系统集成与热－电综合管理技术，促进动力电池模块化技术发展；实现车用动力电池模块标准化、系列化、通用化，为支撑纯电驱动电动汽车的商业化运营模式提供保障。瞄准国际前沿技术，深入开展下一代新型车用动力电池自主创新研究，为电动汽车产业中长期发展进行技术储备。重点研究新型锂离子动力电池。研究新型锂离子动力电池设计、性能预测、安全评价及安全性新技术。新体系动力电池方面，重点研究金属空气电池、多电子反应电池和自由基聚合物电池等，并通过实验技术验证，建立动力电池创新发展技术研发体系。

另外，突破燃料电池关键技术和系统集成，推进工程实用化，为新一代燃料电池汽车研发与产业化奠定核心技术基础。重点推进燃料电池的工程实用化，建立小批量生产线，进一步提升燃料电池性能，降低成本，强化电堆与系统的寿命考核，改进提高燃料电池系统控制策略与关键部件性能，提升燃料电池系统可靠性与耐久性，为燃料电池汽车示范运行提供可靠的车用燃料电池系统。加强燃料电池基础材料和系统集成科技创新，研发高稳定性、高耐久性、低成本的关键材料和部件。保证电堆在高电流密度下的均一性，提高功率密度，进一步增强系统的环境适应能力，为下一代燃料电池汽车研发奠定核心技术基础。

2. 电动机

面向混合动力大规模产业化需求，开发混合动力发动机/电动机总成（发动机+ISG/BSG，ISG：集成式智能启动驱动发电机，BSG：皮带驱动式启动机）和机电耦合传动总成（电动机+变速箱），形成系列化产品和市场竞争力，为混合动力汽车大规模产业化提供技术支撑。

面向纯电驱动大规模商业化示范需求，开发纯电动汽车驱动电动机及其传动系统系列，同步开发配套的发动机发电动机组（APU）系列，为实现纯电动汽车大规模商业示范提供技术支撑。

面向下一代纯电驱动系统技术攻关，从新材料/新结构/自传感电动机、IGBT（绝缘栅双极晶体管）芯片封装和驱动系统混合集成、新型传动结构等方面着手，开发高效率、高材料利用率、高密度和适应极限环境条件的电力电子、电动机与传动技术，探索下一代车用电动机驱动及其传动系统解决方案，满足电动汽车可持续发展需求。

3. 电控

重点开发混合动力专用发动机先进控制算法（满足国Ⅳ以上排放法规）、混合动力系统先进实时控制网络协议、多部件间的转矩耦合和动态协调控制算法，研制高性能的混合动力系统（整车）控制器，满足混合动力汽车大规模产业化技术需求。

重点开发先进的纯电驱动汽车分布式、高容错和强实时控制系统，高效、智能和低噪声的电动化总成控制系统（电动空调、电动转向、制动能量回馈控制系统），电动汽车的车载信息、智能充电及其远程监控技术，满足纯电动汽车大规模示范需要。

重点开发基于新型电动机集成驱动的一体化底盘动力学控制、高性能的下一代整车控制器及其专用芯片、电动汽车智能交通系统（ITS）与车网融合技术（V2X，包括V2G：汽车到电网的链接，V2H：汽车到家庭的链接，V2V：汽车到汽车的链接等网络通信技术），为下一代纯电驱动汽车开发提供技术支撑。

本章课后思考题

1. 什么是新能源汽车？
2. 为了促进我国新能源汽车的发展应该采取哪些措施？
3. 世界上比较著名新能源汽车车型有哪些？
4. 世界上生产新能源汽车的汽车厂家有哪些？
5. 试阐述我国自主品牌的新能源汽车车型。
6. 纯电动汽车是如何分类的？
7. 发展新能源汽车的关键技术有哪些？

第二章 新能源汽车的动力电池

电池单体作为动力电池系统的核心器件，其自身特点与匹配特性是动力电池系统设计首要解决的问题，故本章从动力电池自身特性出发，详细解析动力电池成组、成包的选型匹配等问题。

2.1 纯电动汽车动力电池概述

2.1.1 动力电池的定义与分类

《电动汽车术语》（GB/T 19596—2017）中动力电池的定义为：为电动汽车动力系统提供能量的蓄电池。其具体可以分为化学电池、物理电池和生物电池三大类。

1. 化学电池

化学电池是指将化学能直接转变为电能的装置。其主要部分是电解质溶液，浸在溶液中的正、负电极和连接电极的导线。如铅酸电池、锂电池等。

2. 物理电池

物理电池是利用光、热、物理吸附等物理能量发电的电池。如超级电容器飞轮电池、超级飞轮电池、太阳能电池等。

3. 生物电池

生物电池是指将生物质能直接转化为电能的装置（生物质蕴含的能量绝大部分来自太阳能，是绿色植物和光合细菌通过光合作用转化而来的）。

2.1.2 动力电池和电池组的名词解释

电池单体（cell）是指直接将化学能转化为电能的基本装置和基本单元，是构成电池的基本元件，包括电极、隔膜、电解质和外壳等。

电池（battery）是指由一个以上的电池单体并联或串联而成，并封装在一个物理上独立的电池壳体内，具有独立的正极和负极输出。

电池模组（battery pack）是由多块电池通过串联或并联构成的一个存储电能或对外输出电能的部件。

电池包（battery packs）是指由一个以上电池模组通过串联或并联构成的一个存储电能或对外输出电能的部件。

电池系统（battery system）是指由一个以上电池包通过串联或并联构成的具备完善

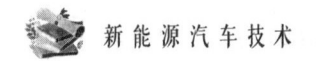

电池管理功能的电能供给系统，亦称为动力电池或电池板。

2.2 纯电动汽车单体动力电池的选型与设计

2.2.1 电池的选型与设计概述

动力电池是动力电池系统的基本组成，是电动车辆的能量存储装置，主要为车辆提供电能的吸收、存储和供应。动力电池的比能量、比功率和循环寿命等参数，直接影响电动车辆的续驶里程、加速和爬坡能力、使用寿命等性能。动力电池的选型和设计主要根据输入的动力电池系统性能要求等信息，转化为对它的设计开发要求等，如表2-1所示。

表2-1 动力电池选型和设计输入输出表

输入	输出
·动力电池系统的应用背景（车辆类型BEV/PHEV、个人用户/出租运营、日均行驶里程、开发计划等）	·动力电池、动力电池系统技术成熟度要求
·额定电压即工作范围要求	·动力电池化学体系限制性要求
·寿命起始时（BOL，25℃下），需提供的总能量要求	·动力电池额定电压、工作电压范围
·寿命起始时（BOL，25℃下），需提供的最小可用能量要求	·动力电池串联数量需求
·持续放电功率	·动力电池容量设计或选型需求
·峰值脉冲放电功率，持续时间	·动力电池并联数量需求
·峰值回馈/充电功率，持续时间	·动力电池持续放电功率能力需求
·快速充电功率/倍率（充电站/桩快速充电）	·动力电池峰值放电功率能力需求
·慢速充电功率/倍率（车载充电机慢速充电）	·动力电池持续充电倍率能力需求
·动力电池系统的质量/体积能量密度要求	·动力电池峰值回馈功率能力需求
·动力电池系统设计使用寿命和质量保证要求	·动力电池质量能量密度要求
·动力电池系统应用的环境条件和区域	·动力电池循环寿命要求
·动力电池系统的使用温度范围	·可用温度（工作、储存）范围需求
·动力电池系统的存储温度范围	·动力电池测试、认证要求
·动力电池系统的质量	·动力电池限制性使用要求
·相关行业规范、法律法规及认证要求	

注：BOL 指 beginning of life，寿命起始。

2.2.2 动力电池的结构选型依据

与铅酸蓄电池、镍氢电池相比，锂离子电池具有工作电压高、比能量高、循环寿命长、自放电率低等优点，并且具有使用电压范围宽、无记忆效应、环境友好等优点，是目前公认比较适用于电动车辆的动力电池类型。由于电动车辆动力电池系统需求的不断提升和技术进步，现有的锂离子电池动力系统的技术水平仍存在较大的局限性，不仅仅是在动力电池系统性能和安全性方面，还包括动力电池系统的成本因素等。因此，提高锂离子动力电池的比能量、使用寿命和安全性，并降低其成本等，既是动力电池研究的热点，也是选型考虑和设计优化的重点。

动力电池的选型和设计主要考虑以下几方面的因素，包括：

（1）电动车辆的应用类型和特点，尤其是不同类型电动车辆对动力电池需求的差异性；

（2）动力电池自身特点的差异性，包括动力电池自身系统性能、安全性、系统技术和工艺的成熟度、动力电池系统价格、产能保证能力，以及环保因素等。

在动力电池选型过程中，需要重点关注动力电池特点的差异性，包括不同正负极材料体系和不同结构形式的动力电池，及其对应的动力电池自身系统性能、安全性、系统技术和工艺的成熟度、动力电池系统价格、产能保证能力，以及环保因素等方面。按照动力电池的结构形式划分，几种典型的锂离子动力电池优缺点比较及应用建议，可见表2-2。

表2-2 典型锂离子动力电池优缺点及应用建议

电池结构	优势	劣势	应用建议
圆柱形	（1）壳体以钢壳为主，结构成熟，工艺制造成本低； （2）自动化生产工艺成熟度高、生产效率高； （3）成品率及电芯一致性高。	（1）一个电池包中所需要的动力电池量非常大，达到上万只，成组成本相对较高； （2）圆柱电芯的循环寿命较短，NCM电芯寿命约800~1200次； （3）机械结构的高功率限制。	（1）BEV应用，适用于中低端乘用车、物流车、微型车、低速车； （2）整车纯电续驶里程150~200km，仅适用于个人用户，不推荐应用于出租车； （3）成组设计应避免汇流排上电流密度分布不均匀，改善散热路径。
铝塑膜软包	（1）质量轻，软包电池质量较同等容量的钢壳锂电池轻40%，较铝壳锂电池轻20%； （2）体积能量密度高，采用软包装电芯可节约体积20%以上； （3）可根据客户的需求定制，开发新的电芯型号。	（1）电芯壳体机械性能较弱，容易发生漏液； （2）配套设备还未完全形成自动化； （3）对外部模组保护结构的要求较高，成组工艺相对复杂； （4）散热设计相对困难。	（1）BEV应用为主，少量可满足PHEV，适用于中高端乘用车、商用车等； （2）需要配合成熟可靠的模组和电池包设计； （3）应改善散热路径； （4）改善绝缘防护设计。
方形硬壳	1）壳体以铝合金为主，结构可靠性高； 2）电芯循环寿命较长，NCM电芯寿命约3 000~4 000次，LFP电芯寿命已经有超过6 000次动力电池系统。	（1）壳体较重导致电池组能量密度有限，自动化生产程度低； （2）配套设备还未完全形成自动化； （3）机械结构件成本较高。	（1）BEV/PHEV/HEV应用均可，适用于中高端乘用车、商用车等； （2）电池成组应用需要重点考虑电芯膨胀。

注：NCM指三元锂电池，LFP指磷酸铁锂电池。

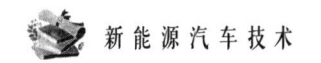

2.2.3 动力电池容量选型设计

电池的单体容量不仅与电池类型有关，还与常见的生产规格有关。因而，对于动力电池容量确定的过程，即是动力电池选型的过程。动力电池容量选择时需要考虑的因素主要如下所述。

1. 动力电池的技术成熟度

基于已经设计定型的动力电池，动力电池容量的选择优先考虑已经批量稳定生产的电芯容量规格。对于非定型设计的动力电池，则需要考虑动力电池的技术可行性和生产工艺成熟度，以及动力电池开发进度与动力电池系统开发进度的匹配性。

2. 动力电池的安全性

动力电池容量越大，其安全性能挑战越大，同时也影响动力电池的散热。

3. 整车电池安装位置和空间的限制

由于电动车辆需要尽可能地增加乘坐空间或有效载荷空间，同时还要考虑整车载荷分配。因此整车上，用于动力电池系统的安装空间非常有限，可利用的空间尺寸也受到较大的限制。因此，需要选择合适尺寸的动力电池在电池箱体中进行布置，这样可以合理地利用电池箱内部有限的安装布置空间，最大限度提高电池箱空间体积利用率。同时，为了能兼顾不同车型的布置需求，动力电池的尺寸设计需要考虑通用性和标准化。

4. 考虑动力电池串并联组合后总能量与设计容量差别

如果是基于已经设计定型的动力电池进行选型，由于动力电池容量是固定的，因此成组之后的总能量可能与所需的电池总能量有一定差别。因此，在选择动力电池容量时还要通过计算，选择组合后能最接近预期的总电量的动力电池。

2.2.4 动力电池选型和容量设计实例

某综合工况条件下续驶里程达到300km的纯电动乘用车电池系统性能参数如表2-3所示。

根据整车综合工况条件下纯电续驶里程设计不低于300km的目标、车速目标、单位里程能耗分析结果，初步设计动力电池系统总能量需要达到55kW·h，可用能量约46kW·h。整车选用的电机和电机控制器额定工作电压为350V，则系统总容量和可用容量分别为

$$系统总容量 = \frac{总能量}{系统额定电压} = \frac{总能量(W \cdot h)}{350V} = 157.1 A \cdot h \quad (2-1)$$

表2-3 某300km纯电动乘用车电池性能参数表

序号	项目	单位	技术要求
1	总能量	kW·h	≥55
2	可用能量	kW·h	≥46
3	SOC（荷电状态）运行窗口	%	≥85
4	动力电池系统标称电压	V	350
5	系统工作电压范围	V	220~420
6	持续放电功率	kW	≥55@30min, 25℃
7	峰值放电功率	kW	≥220@10s, 25℃
8	车载充电功率	kW	6.6
9	快速充电倍率	—	80%ΔSOC@15min, 25℃
10	峰值充电功率	kW	≥150@10s, 25℃
11	工作温度范围	℃	-30~60
12	使用寿命	—	10年或者24万km
13	循环寿命	次	≥800
14	自放电率	%/月	≤3
15	总质量	kg	≤460

$$系统总容量 = \frac{总能量 \times \Delta SOC(\%)}{系统额定电压} = \frac{55\,000 W \cdot h \times 85\%}{350V} = 133.5 A \cdot h \quad (2\text{-}2)$$

则动力电池系统总容量可以选用的并联方案如表2-4所示。

表2-4 动力电池容量选型、设计与并联方案示例

	方案P1	方案P2	方案P3	方案P4	方案P5	方案P6
动力电池容量选型或设计	157A·h动力电池	79A·h动力电池	52A·h动力电池	39A·h动力电池	3.1A·h动力电池	2.8A·h动力电池
动力电池并联方案	1并	2并	3并	4并	51并	56并
系统容量	157A·h	158A·h	156A·h	156A·h	158.1A·h	156.8A·h

基于电池系统总能量和质量需求确定系统比能量的最低要求应不低于120W·h/kg，因此可选用具有高能量密度特点的三元体系锂离子动力电池。基于电池系统额定电压和三元体系动力电池额定电压3.65V，计算系统的动力电池串联数量 n：

$$单体电池串联数量\ n = \frac{电池系统额定电压}{单体电池额定电压} = \frac{350V}{3.65V} = 95.9 \approx 96 \quad (2\text{-}3)$$

则动力电池系统可选用的串联方案及系统电压参数如表2-5所示。

表2-5 动力电池串联方案示例

	方案 S1
动力电池化学体系选择	三元镍钴锰
动力电池电压平台	3.65V
动力电池工作电压范围	2.80~4.20V
动力电池串联方案	96 串
系统额定电压	350.4V
系统工作电压范围	268.8~403.2V

基于电池系统峰值功率与总能量比值（PIE）约为 4，可知应选用偏能量型的动力电池，按系统集成效率约为 60% 计算，则动力电池的比能量应不低于 200W·h/kg。

基于电池系统使用寿命（10 年或 24 万 km）和循环寿命（800 次）要求，预计应选用动力电池的循环寿命应不低于 1 000 次。

由于不同用户群体日均续驶里程需求的差异性，整车在不同时期的纯电续驶里程也存在不同设计需求，例如 150km、200km、250km、300km、400km 和 500km 等。依次类推，系统的总容量、动力电池的容量设计和系统串并联方案示例如表 2-6 所示。

表2-6 不同续驶里程需求的动力电池容量选型与系统方案示例

序号	纯电续驶里程/km	总能量/(kW·h)	额定电压/V	总容量/(A·h)	动力电池容量选型/设计和系统并联方案示例
1	150	26	350	74.3	软包/方形： 74A·h, xS1P;37A·h,xS2P;25A·h,xS3P;19A·h,xS4P 圆柱（18650）： 2.4A·h, xS31P;2.2A·h, xS34p
2	200	35	350	100.0	软包/方形： 100A·h, xS1P;50A·h,xS2P;33A·h,xS3P;25A·h,xS4P 圆柱（18650）： 2.6A·h, xS38P;2.4A·h, xS42P
3	250	44	350	125.7	软包/方形： 126A·h, xS1P;63A·h,xS2P;42A·h,xS3P;32A·h,xS4P 圆柱（18650）： 2.8A·h, xS45P;2.6A·h, xS48P
4	300	55	350	157.1	软包/方形： 157A·h, xS1P;79A·h,xS2P;52A·h,xS3P;39A·h,xS4P 圆柱（18650）： 3.1A·h, xS51P;2.8A·h, xS56P
5	400	74	350	211.4	软包/方形： 106A·h, xS2P;70A·h,xS3P;53A·h,xS4P 圆柱（18650）： 3.5A·h, xS60P;3.1A·h, xS68P
6	500	95	350	271.4	软包/方形： 136A·h, xS2P;90A·h,xS3P;68A·h,xS4P 圆柱（21700）： 4.5A·h, xS60P; 圆柱（18650）：3.5A·h, xS78P

2.3 典型动力蓄电池——锂电池

锂电池通常是一种可充电电池，正极材料为过渡金属氧化物，负极材料为碳素材料，电解质为无机盐溶液。

2.3.1 锂作为能量载体的选择

要想成为好的能量载体，就要以尽可能小的体积和质量，存储和搬运更多的能量。因此，成为好的电池能量载体的元素需要满足下面几个基本条件：

（1）原子相对质量要小；

（2）得失电子能力要强；

（3）电子转移比例要高。

基于以上 3 项基本原则，可以发现元素周期表上部的元素比下部的元素要好，左边的元素比右边的元素要好。故经过初步筛选，我们可以在元素周期表的第一周期和第二周期里面去找材料：氢、氦、锂、铍、硼、碳、氮、氧、氟、氖。同时，排除惰性气体和氧化剂，只剩下氢、锂、铍、硼、碳这 5 个元素。

氢元素是自然界最好的能量载体，所以氢燃料电池的研究一直代表了电池领域一个非常有前途的方向。但由于核裂变技术的限制，其一直无法实现小型化。故选择锂元素来作电池能量载体的元素，是基于地球当前的所有元素中，我们能够找到的相对最优解（铍的储量太少了，是稀有金属中的稀有金属）。

2.3.2 锂电池的分类

锂电池主要有以下四种分类方式：

（1）按锂电池正负极材料不同，分为钴酸锂电池、锰酸锂电池、磷酸铁锂电池、三元锂电池、一次性二氧化锰锂电池等；

（2）按锂电池电解质材料不同，可分为液态锂电池和聚合物锂电池；

（3）根据正极、隔膜、负极的卷绕或者层叠方式的不同，可分为卷绕式锂电池和层叠式锂电池；

（4）根据电池的外观形状不同，可分为方形锂电池和圆柱形锂电池。

2.3.3 锂电池的结构

锂电池主要由电池外壳和多层电芯组成。外壳多由铝制材料制成，内部多层电芯通常为卷绕式或层叠式，单层结构主要由正极集流体、正电极、隔膜、电解质、负电极、负极集流体、SEI 膜等组成（具体结构如图 2-1 所示）。

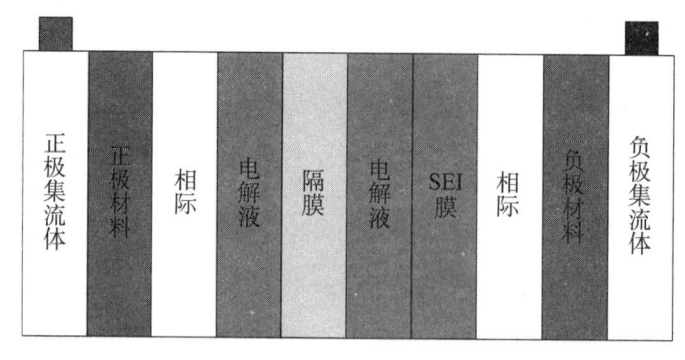

图2-1 锂离子电池结构

1. 正、负极集流体

正、负极集流体主要作为介质,将电池内的化学能转化的电能传递出来,其具有良好的导电性、柔软性等特点。通常正极集流体采用铝箔,而负极集流体采用铜箔。

2. 正电极

正电极主要是提供电池在充放电过程中嵌入-脱出需要的锂及在SEI膜形成过程所需要的锂,并提供较高的锂电位,因此正极材料需要含锂较多的化合物。

3. 相际

相际是锂电池内部正负极与电解质接触的过渡区域,是电池的电化学反应发生的主要区域。

4. 电解质

电解质主要用于锂电池充放电循环过程中,在正负电极之间进行锂离子的传递,具有离子导电率高、化学稳定性强等特点。现在电解质主要有液体电解质(如:聚合物电解质、凝胶聚合物电解质)等。

5. 隔膜

隔膜主要是在电池充放电过程中起到允许离子在正、负极间通过,不允许电子通过,过滤离子,避免发生内部短路的作用。对于锂电池来说,通常的种类主要有织造膜、复合膜、碾压膜等。

6. SEI膜(固体电解质界面膜)

SEI膜是一种允许锂离子通过,而阻挡溶剂分子通过的材料,主要目的是保护电极。

7. 负电极

负电极主要是为锂电池提供嵌锂-脱锂电位。目前,主要采用的负极材料有锂嵌碳化合物、碳材料中的石墨和石焦油等。

2.3.4 锂电池的工作原理

锂电池在充放电的过程中,只有锂离子嵌入、嵌出电池的正、负极,通过锂离子的不断地嵌入和嵌出,来实现电池的充放电过程。

从电化学的角度来说，锂电池充放电的过程可以这样描述：在充电时，锂离子从正极材料挣脱出来，经过电解质、隔膜、电解质，最后嵌入负极材料中，随着时间的推移，正极的锂离子越来越少，处于贫锂态，到达负极的锂离子越来越多，处于富锂态；放电时，锂离子从负极脱出，经过电解质，嵌入正极，正极锂离子的浓度变大，此时正极为富锂态。为保证正负电量的平衡，同时在外部电路，负电极的电子通过负极集流体、外部导线传到负载。工作原理如图 2-2 所示。

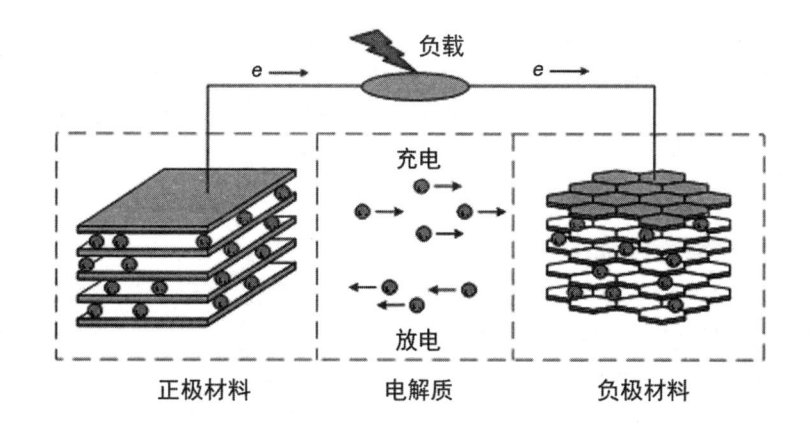

图 2-2 锂电池工作原理

锂离子电池在放电过程的电化学反应式如下：

负极反应：

$$\text{Li}_x\text{C}_n \rightarrow n\text{C} + x\text{Li} + x\text{e} \tag{2-4}$$

正极反应：

$$\text{Li}_{1-x}\text{MO}_2 + x\text{Li} + x\text{e} \rightarrow \text{LiMO}_2 \tag{2-5}$$

电池总反应：

$$\text{Li}_{1-x}\text{MO}_2 + \text{Li}_x\text{C}_n \rightarrow \text{LiMO}_2 + n\text{C} \tag{2-6}$$

锂离子电池在充电过程的电化学反应式如下：

负极反应：

$$n\text{C} + x\text{Li} + x\text{e} \rightarrow \text{Li}_x\text{C}_n \tag{2-7}$$

正极反应：

$$\text{LiMO}_2 \rightarrow \text{Li}_{1-x}\text{MO}_2 + x\text{Li} + x\text{e} \tag{2-8}$$

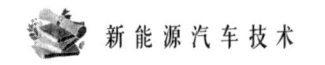

电池总反应：

$$\mathrm{LiMO_2} + n\mathrm{C} \rightarrow \mathrm{Li_{1-x}MO_2} + \mathrm{Li}_x\mathrm{C}_n \qquad (2\text{-}9)$$

M 为 Co、Ni、Fe、Mn 等，正极化合物有 $\mathrm{LiCoO_2}$、$\mathrm{LiNiO_2}$、$\mathrm{LiMn_2O_4}$、$\mathrm{LiFePO_4}$ 等；负极化合物有 LiC_x、$\mathrm{TiS_2}$、$\mathrm{WO_3}$、$\mathrm{V_2O_5}$ 等。

2.4 动力电池测试分析技术应用

系统测试技术是进行动力电池系统研究和设计的基础，获取动力电池不同环境和不同工况下的工作特性需要设计并实现一系列有针对性的电池测试，这有助于提升电池特性分析的准确性和合理性。本节将重点介绍动力电池及其系统测试平台建设、试验数据及动力电池特性分析。

2.4.1 动力电池系统测试平台

动力电池系统测试平台主要包括动力电池充放电性能测试设备，频域-阻域特性测试设备、环境模拟设备以及连接装置等。

1. 充放电性能测试设备

充放电性能测试设备通过加载特定的测试程序或车用工况，可以获得动力电池的电压、功率、容量、能量、内阻/阻抗、温度以及这些量的衍生和计算表达，从而考察所测试动力电池是否满足电动汽车对动力电池系统的要求。从 1987 年美国 Arbin 公司推出第一台计算机控制的动力电池测试系统以来，动力电池充放电设备从手动分选测试到自动化、数字化测试，各方面都有了飞速发展。该领域的国外知名公司除美国 Arbin 外，还有美国 MACCOR 公司、日本日置株式会社、德国迪卡龙公司等企业。我国主要的生产企业有武汉蓝电电子有限公司、深圳新威尔电子有限公司、宁波拜特以及哈尔滨智木科技有限公司等。根据市场反应，进口设备因为发展较早，设备进行了持续更新和改进，测试精度、测试系统稳定性和售后较国产设备优势明显，而且测试范围和功能较为广泛，但设备价格昂贵。

相关数据资源来源于东北林业大学交通动力电池性能表征实验室，实验室主要使用 Arbin BT2000 动力电池单体和模组测试设备，包括 BT2000 单体及系统测试设备各一台和可压缩稳压电源一台。Arbin BT2000 电池测试系统实物图及工作界面如图 2-3 和图 2-4 所示，设备参数和特征见表 2-7 和表 2-8。

另一方面，合适的电池夹具也是保证动力电池性能测试顺利进行的重要因素。考虑到部分动力电池在充放电过程中会积累过多的副反应产物（尤其是气体），这会引起动力电池的膨胀和鼓包等现象，进而影响到动力电池的电性能和安全。所以在进行测试前，需要给动力电池安装特定的夹具。

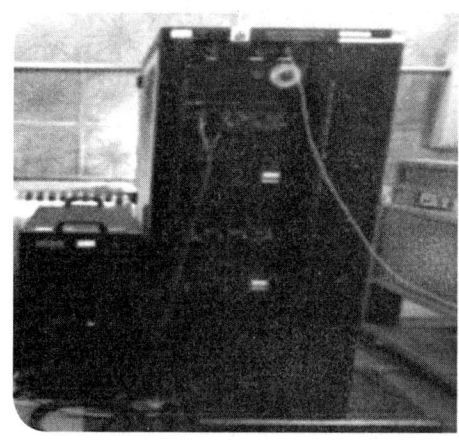

（a）Arbin BT2000动力电池测试单体及模组　　（b）Arbin BT2000可编程稳压电源

图2-3　动力电池测试用设备

图2-4　Arbin BT2000工作界面

表2-7　Arbin BT2000动力电池单体测试设备的参数和特征

设备规格	量程参数	设备特征
5V@100A	共16个独立通道，各通道可以并联使用；每个通道最大充放电流为100A（分1A/10A/100A三个量程），精度为0.05%	每个通道的电压范围为0~5V，精度为0.05%；多种可控模式：恒流充电、恒压充电、恒流转恒压充电、脉冲充放电、阶梯、任意可编程控制功率以及动态工况仿真等，响应速度快，电流上升时间小于50ms，数据存储的最大频率为100Hz，能存储多种物理量
5V@60A	共32个独立通道，各通道可以并联使用；每个通道最大充放电流为60A（分0.5A/5A/60A三个量程），精度为0.05%	
5V@30A	共32个独立通道，各通道可以并联使用；每个通道最大充放电流为30A（分1A/5A/30A三个量程），精度为0.05%	

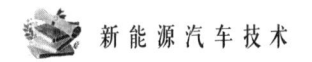

表2-8 Arbin BT2000动力电池模组测试设备的参数和特征

设备规格	量程参数	设备特征
60V@100A	共1个通道，每个通道最大充放电流为100A（分5A/50A/100A三个量程），精度为0.05%，操作电压范围为2~60V，精度为0.05%	多种可控模式：恒流充电、恒压充电、恒流转恒压充电、脉冲充放电、阶梯、任意可编程控制功率以及动态工况仿真等，响应速度快，电流上升时间小于50ms，数据存储的最大频率为100Hz，能存储多种物理量

2. 频域-阻抗特性测试设备

频域-阻抗特性测试设备用于测量动力电池在一定频率范围内、不同频率下的交流阻抗，即电化学阻抗谱（electrochemical impedance spectroscopy，EIS），通常由电化学工作站完成。电化学工作站型号众多，这里主要介绍美国的 Gamry Reference 3000 型电化学工作站。如图 2-5 所示。Gamry Reference 3000 电化学工作站是一款功能齐全、输出电流可达 3A 的研究级别的高性能电化学工作站。

图2-5 Gamry Reference 3000型电化学工作站

Reference 3000 电化学领域的研究：

（1）合成化学；

（2）传感器的研发；

（3）动力学，热力学研究；

（4）电化学阻抗；

（5）腐蚀；

（6）涂层；

（7）电分析。

Reference 3000 主要指标：

（1）11 个电流挡，从皮安级到 3A，自动改变范围；

（2）模拟和数字滤波；

(3) 1 MHz 交流阻抗；

(4) 电子与大地绝缘；

(5) 电流中断的 iR 补偿；

(6) 采样速度：300 000 points/s。

Reference 3000 主要特点：

Reference 3000 在能量储存和转换方面的研究领域具有独特的表现，例如：电池、燃料电池和超级电容。

(1) 特别设计的"stack mode"可以进行 32V 电压测量和控制。

(2) 两挡电压和电流设置：（±32V，±1.5A 和 ±15V，±3.0A）

(3) 可以在恒电位或恒电流模式下进行 EIS（电化学阻抗）测试。其中在杂化电流模式下，每个频率段的交流电流通过动态调整达到一个固定的交流电压输出。

(4) 辅助电位计选件，可以同时进行八个不同电压源的测试。

(5) 低阻抗电极引线选件，可以很好地测量到 100Ω 的阻抗。

(6) 电池充放电过程中，从恒电流到恒电压的转换不会有任何脉冲干扰。

3. 环境模拟设备

环境温度等条件对动力电池内阻、容量和充放电特性均有显著影响。为了模拟动力电池不同的应用环境，了解动力电池真实特性，需要采用恒温箱控制环境参数。天津天泰仪器有限公司生产的 DHP-600 型电热恒温培养箱如图 2-6 所示。该恒温培养箱适用于对工业动力电池系统及生物、医学行业细菌、微生物等进行高低温恒定、渐变和湿热等环境模拟实验。动力电池系统由精密仪表控温，温度精确可靠；培养箱内设微风循环系统及玻璃观察窗，保证箱内温度更均匀，便于观察箱内动力电池及其相关设备在测试过程中的情况。具体参数和特征见表 2-9。

图 2-6 DHP-600 型电热恒温培养箱

表2-9 DHP-600型电热恒温培养箱相关技术参数

序号	具体参数
1	温度范围：5~65℃
2	波动度：≤0.5℃
3	额定功率：0.6kW
4	工作电压：220V 50Hz
5	外形尺寸（深×宽×高）：685×685×985（单位：mm）
6	工作室尺寸（深×宽×高）：600×600×710（单位：mm）

4.动力电池测试平台

为完成动力电池的综合测试，基于上述动力电池实验设备，在实验室搭建了图2-7所示的动力电池测试综合平台。该动力电池测试平台包括锂电池测试系统及锂电池温度控制系统两个基础部分。

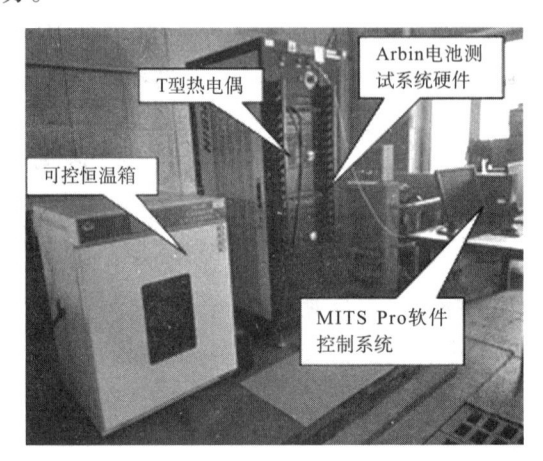

图2-7 动力电池测试综合平台实物

（1）锂电池测试系统。锂电池测试系统主要由硬件Arbin电池测试系统和软件MITS Pro控制系统两个子部分组成。试验过程中，利用MITS Pro控制系统设置电池在不同的恒压、恒流及循环工况下的充、放电的设置与状态监测。同时，利用T型热电偶传感器（量程：-200~350℃；测量精度：±0.5℃）分别对动力电池进行温度监测。

（2）锂电池温度控制系统。锂电池温度控制系统主要包括可控高温恒温箱和低温恒温箱（及可能用到的其他组件，根据研究需要在后文详述）。试验过程中，可控高温低温恒温箱用于模拟锂电池的实际工作（环境）温度。

在该动力电池测试平台中，主体采用主从式两级控制结构，由上位机和下位机组成。上位机采用相关软件控制下位机完成各种动力电池测试，其中下位机包括动力电池充放电性能测试设备和电化学工作站，两者均通过连接线连接动力电池并分开轮流运行，分别测试动力电池的直流特性和交流特性；同时，为保证外部环境的稳定性和多变性，动力电池通常需要放置在温箱里进行实验，实现目标温湿度并保持恒定；采集模块则负责采集动力电池电压、电流、温度、阻抗等信号传输给上位机完成数据采集。该平台的搭建为动力电池的测试设计提供了硬件基础，也为本书动力电池热管理系统开发和验证提供了有力保障。

2.4.2 动力电池测试流程

锂离子动力电池内部是一个十分复杂的电化学系统，其特性受到工作温度、湿度、老化状态、振动和外夹紧力等诸多因素的制约。为了对动力电池进行实时有效的管理，更精准地估算动力电池的 SOC（荷电状态）、SOH（健康状态）和 SOP（功率状态）等状态，电池内部参数和外部工作环境相互之间的动态关系便显得尤为重要。

1. 国内外测试标准介绍

常用的动力电池测试标准包括美国国家能源部发布的《PNGV 电池测试手册》《USABC 电动汽车电池测试手册》和《Freedom CAR 寿命测试手册》，欧盟国际电工委员会发布的 IEC 61690，日本发布的 JIS-C-8711 等。我国在动力电池测试方面也有专门的标准，如《电动汽车动力性能实验方法》（GB/T 18385—2016）和《电动汽车能量消耗率和续驶里程实验方法》（GB/T 18386—2017）等。上述各类标准提出了关于动力电池电压、容量、内阻、放电倍率、温度特性以及循环寿命等的测试方法，为动力电池综合测试的设计提供了诸多可借鉴之处。

2. 动力电池常规性能测试项目

1）最大可用容量测试

该测试的主要目的是通过对动力电池充放电以标定其在当前条件下的最大可用容量。随着动力电池的老化，其容量会不断衰减。测试不同循环次数和温度条件下的最大可用容量对动力电池热管理开发与评价具有重要的支撑作用。

基于《电动汽车用电池管理系统技术条件》的要求，需要连续三次测量动力电池的最大放电容量。测试方法为将动力电池在标准电流下用恒流恒压（cnstant current constant voltage，CCCV）方式充满电。CCCV 充电示意图如图 2-8 所示。静置一段时间后再以恒流放电至下截止电压，连续测试三次。若这三次测试的放电容量与三次测试结果均值的偏差在 2% 以内，则本次的最大可用容量测试结果有效，满足可用容量测试的确认条件，并取这三次测试结果的平均值作为动力电池的最大可用容量；否则需要继续测试，直至连续三次的放电容量满足可用容量的确认条件。一般取恒流段充放电倍率为 0.3C。

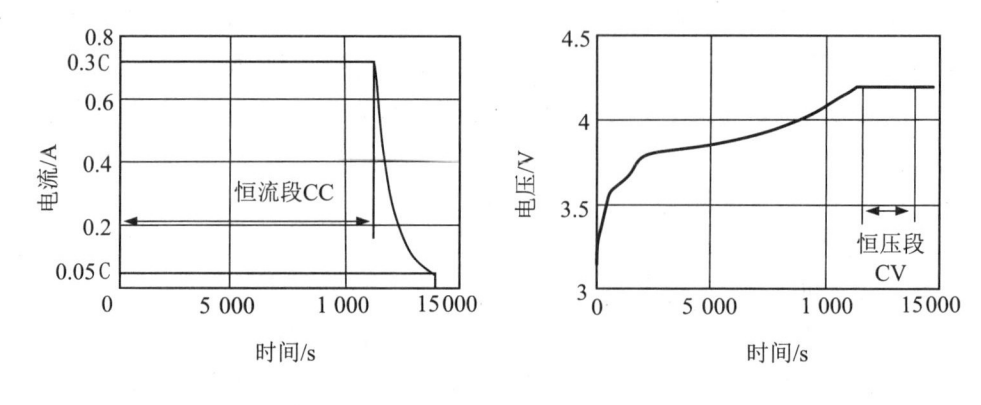

（a）电流曲线　　　　　　　　（b）电压曲线

图2-8 CCCV充电图（充电电流为正）

某2.4A·h三元材料动力电池的容量测试电流和电压曲线（三次测试）如图2-9所示，如无特殊说明，本书皆以放电电流为正，充电电流为负。

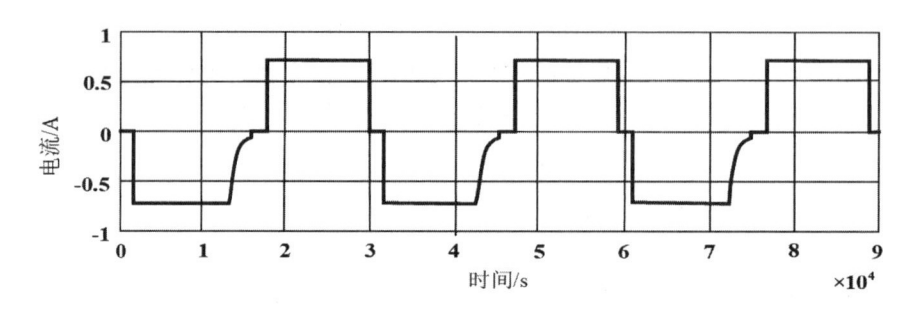

（a）电流曲线

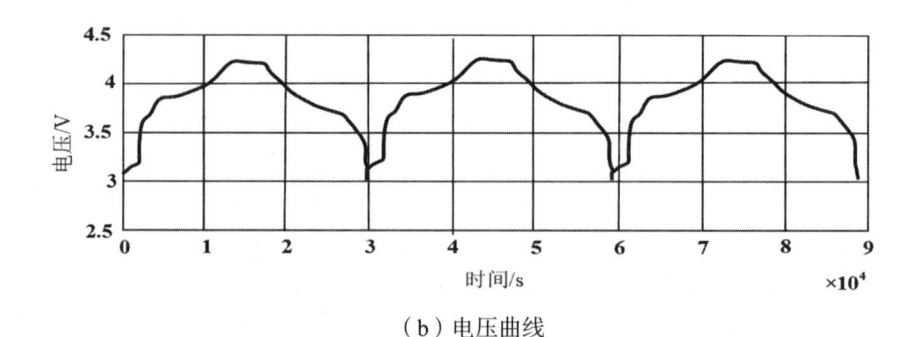

（b）电压曲线

图2-9 某2.4A·h三元材料动力电池的容量测试电流和电压曲线

2. 开路电压测试

该测试的目的是建立动力电池OCV（开路电压）与SOC、可用容量的关系表。每种电池体系都有自己特定的OCV曲线，同一温度下该曲线与SOC存在固定的关系。同时OCV也会受到老化的影响，进而可用于诊断动力电池的SOH。

OCV 分为充电 OCV 和放电 OCV 两组值，其中充电状态下动力电池开路电压测试方法如下。

（1）动力电池以标准电流放电至截止电压，静置 5h，测试其端电压值，该值视为 SOC=0% 时的开路电压值。

（2）在标准电流下以 CCCV 对动力电池实施充电操作，截止条件是充入容量为 5% 的最大可用容量或者充电电流下降至充电截止电流，静置 5h 后测试端电压值。

（3）跳到步骤②循环进行步骤②和③直到动力电池完全充满。

放电状态下动力电池开路电压测试方法如下。

（1）以标准 CCCV 充电方式将动力电池充满电，静置 5h，测试其端电压值，该值视为 SOC=100% 时的开路电压值。

（2）以标准电流恒流放电，截止条件为放电容量达到 5% 的最大可用容量或者动力电池电压降低至放电截止电压，静置 5h 后测试端电压值。

（3）跳到步骤②循环进行步骤②和③直到动力电池达到其放电截止电压。

充放电开路电压曲线及其差异如图 2-10 所示。

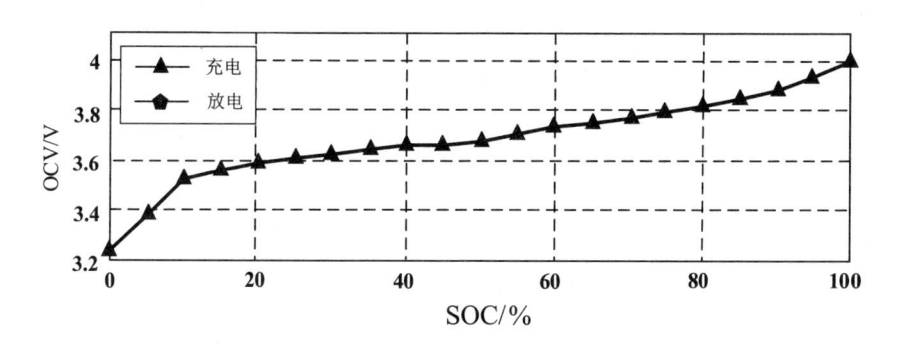

(a) OCV 与 SOC 的对应关系

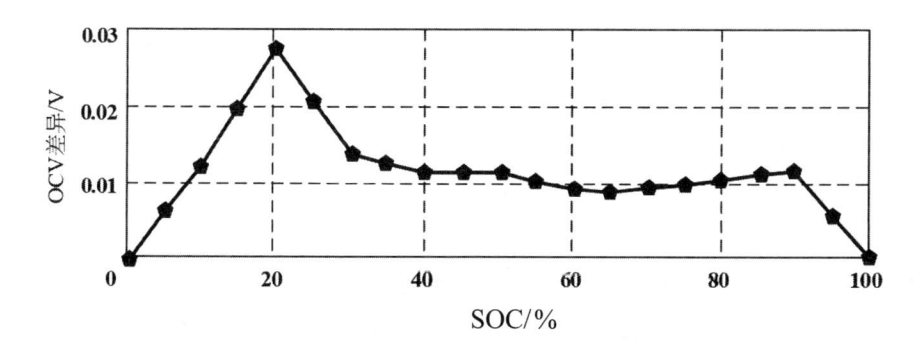

(b) 充放电 OCV 的差值

图 2-10 充放电开路电压曲线及其差异

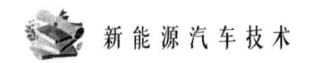

3）内阻测试

为了有效测试动力电池内阻的影响,特进行了脉冲放电测试(HPPC测试)。HPPC测试是指以规定的充放电方式,进行间断式间歇性充放电,通过选用的参数辨识方法获得电阻、功率、开路电压随温度、荷电状态变化趋势。具体测试步骤如下:

(1)电池常温25℃下恒温2h;

(2)以1/3C充电倍率进行恒流充电,当电池电压达到3.65V截止电压时,之后转为恒压充电至电流小于68A停止充电;

(3)调节低温冷藏柜到目标温度并静置6h,而后进行1C恒定电流放电,并放出额定容量10%的电量;

(4)在同样的模拟环境下,将电池继续静置1h;

(5)而后进行1C恒流电流放电10s,并继续静置10s;

(6)以3/4C恒定电流充电10s,同样继续静置40s,构成一个脉冲;

(7)重复(4)~(6)步骤,直到电池电压下降到2.5V截止电压。

重新调整目标温度,测试不同环境温度下的内阻,其中,25℃磷酸铁锂HPPC脉冲曲线如图2-11所示。

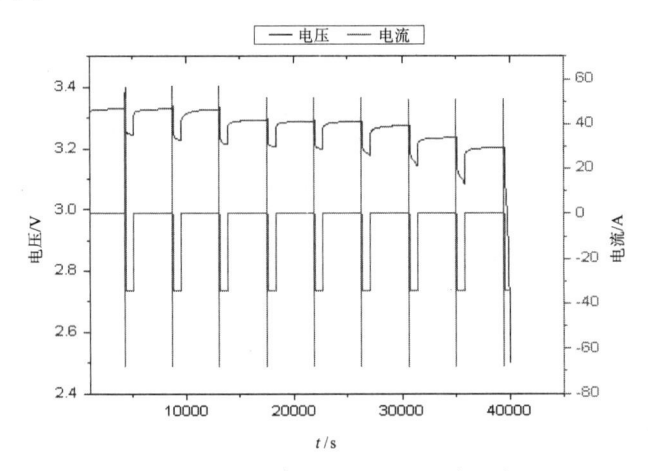

图2-11 25℃磷酸铁锂HPPC脉冲曲线

2.4.3 动力电池高低温性能试验

1. 动力电池高温性能试验

1)高温温变试验

(1)试验内容。该试验利用电池测试系统对电池在不同环境温度(15℃、25℃、35℃)、不同工况(0.5C、1C、1.5C)下的容量、电压特性进行试验研究,以获得不同温度、不同工况对电池容量、电压的影响关系及规律。试验装置如图2-12所示。

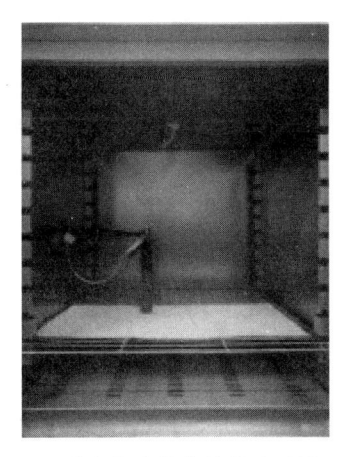

图2-12 动力电池基本性能试验图

（2）试验步骤。

① 按照电池厂家推荐的充电标准对电池进行充电，即：将电池放置在25℃的恒温箱内，搁置2h，等电池内外温度达到均衡时，以0.5C倍率恒流充电直到电压升至3.65V，再转入恒压充电，直到充电电流小于0.02C（1.36A）时停止充电，此为电池充满电状态。

② 将恒温箱温度调至目标温度，搁置3h。

③ 以0.5C倍率放电直到电池电压降为截止电压2.5V为止，记录在不同温度情况下，放电过程中电池的实际放电电压、容量变化。

④ 恒温箱目标温度为15℃、25℃、35℃，1C、1.5C倍率放电重复以上②③步骤。

（3）试验结果与分析。如图2-13所示为不同环境温度、不同倍率放电过程中的电池容量、电压变化曲线。由图2-13可见，在不同环境温度（15℃、25℃、35℃）、不同倍率（0.5C、1C、1.5C）放电条件下，电池容量有轻微的变化。通过对比可知如下两点。

① 在相同倍率下，电池放电容量随着温度的降低而减小，这是由于环境温度15℃相对25℃、35℃来说温度较低，在此温度下电池内发生的化学反应较慢，锂离子扩散速率较慢，导致电解质导电性差，故容量降低，由此可以看出在较高的温度下电池具有较高的放电容量。

② 在相同温度下，电池容量随着放电倍率的增加略有减少，在不同环境温度（15℃、25℃、35℃）、不同倍率（0.5C、1C、1.5C）试验条件下对应的电池放电容量可达额定容量的95%以上。

由以上两点可知，在不同环境温度（15℃、25℃、35℃）、不同倍率（0.5C、1C、1.5C）下进行放电，对电池容量基本无影响，电池性能不会下降。

(a) 15℃下电压、容量变化曲线

(b) 25℃下电压、容量变化曲线

(c) 35℃下电压、容量变化曲线

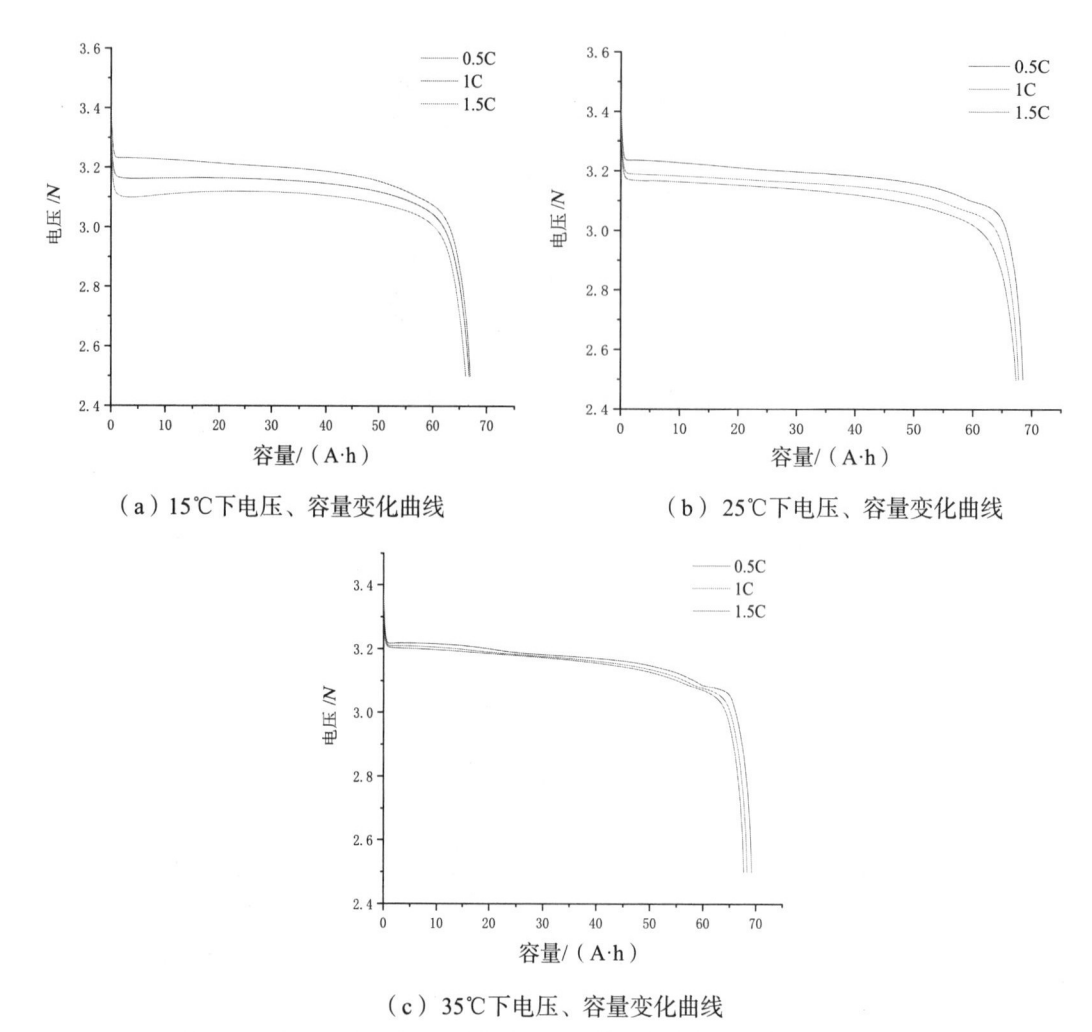

图2-13 不同环境温度、不同倍率放电条件下电池电压、容量变化曲线图

2）高温温升试验

（1）试验内容。通过试验方法对磷酸铁锂电池在不同环境温度（15℃、25℃、35℃）、不同工况（0.5C、1C、1.5C）下的温升特性进行测试，分析不同影响因素下磷酸铁锂电池表面温度分布及变化规律。利用T型热电偶（量程：-200～350℃；测量精度：±0.5℃）分别对动力电池的4个区域进行温度监测，4个测试点（T型热电偶）分别是：负极附近、正极附近、电池表面中心、电池表面下端边缘，分别用T_1、T_2、T_3、T_4表示。如图2-14所示。

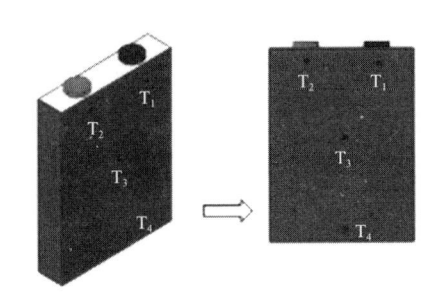

图2-14 动力电池表面热电偶布置

（2）试验步骤。

①将锂离子电池表面均匀布置热电偶，并用胶带粘好；

②将T型热电偶与Arbin电池测试系统连接好，并检测初始时刻温度是否一致；

③按照电池厂家推荐的充电标准对电池进行充电，即：将电池放置在25℃的恒温箱内，搁置2h，等电池内外温度达到均衡时，以0.5C倍率恒流充电直到电压升至3.65V，再转入恒压充电，直到充电电流小于0.02C（1.36A）时停止充电，此为电池充满电状态；

④将恒温箱温度调至目标温度，搁置3h；

⑤以0.5C倍率放电直到电池电压降为截止电压2.5V为止，记录在不同温度情况下，放电过程中电池各区域的温度变化；

⑥试验时目标温度为15℃、25℃、35℃，以1C、1.5C倍率放电重复以上④⑤步。

（3）试验结果与分析。

①动力电池温度分布规律。图2-15为单体锂离子电池在不同环境温度（15℃、25℃、35℃）、不同放电倍率下（0.5C、1C、1.5C），测试点T_1、T_2、T_3、T_4随放电时间变化曲线图。从图可知：所有试验条件下均是T_2点（正极附近点）温度最高，其次是T_1点（负极附近点）温度，再次为T_3点（电池中心点）温度，T_4点（电池下部边缘点）温度相对来说最低。电池表面温度最高点T_2点与最低点T_4点温度差值小于5℃，表明电池表面温度分布较为均匀。导致如上所述的电池表面温度分布规律的原因，大致有如下两个方面。

一方面，从锂离子电池放电过程工作原理来说，锂离子电池在放电过程中锂离子从负极脱出，经过电解质，嵌入正极，正极锂离子的浓度将变大，由此锂离子浓度的变大会引起正极的电流密度大，从而产生更多的热量；另一方面，从锂离子电池的结构来说，正负极集流体的材质不同，铝制的正极集流体比铜制的负极集流体具有更大的电阻，更多的反应将发生在靠近电池正极端位置的顶部，从而产生更多的热量。

综合以上两点原因，得到上文所述温度监测点的温度高低规律。

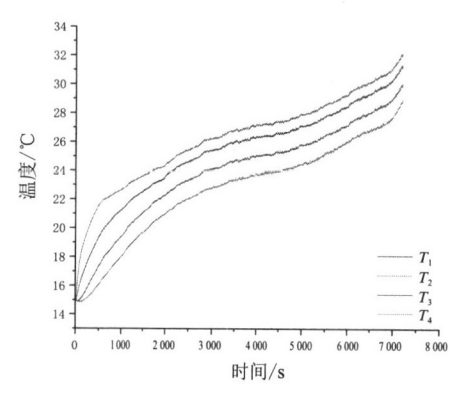

(a) 15℃，0.5C 放电

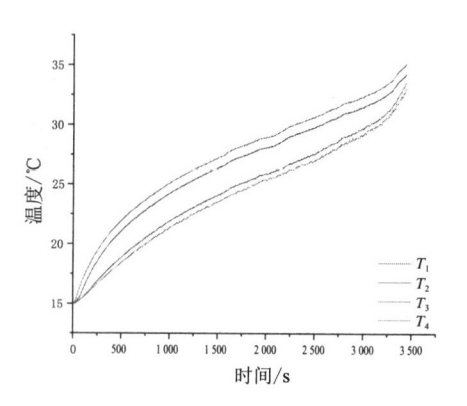

(b) 15℃，1C 放电

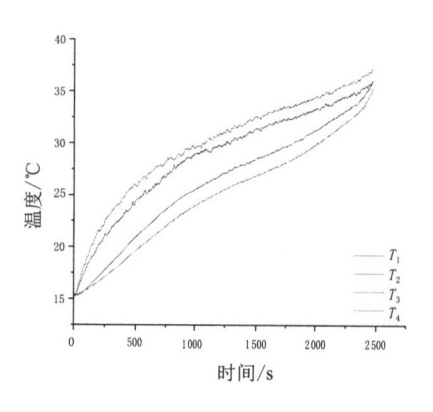

(c) 15℃，1.5C 放电

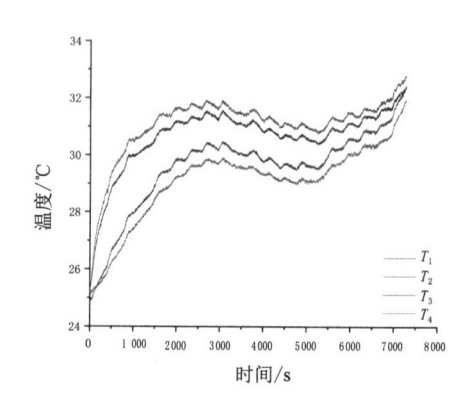

(d) 25℃，0.5C 放电

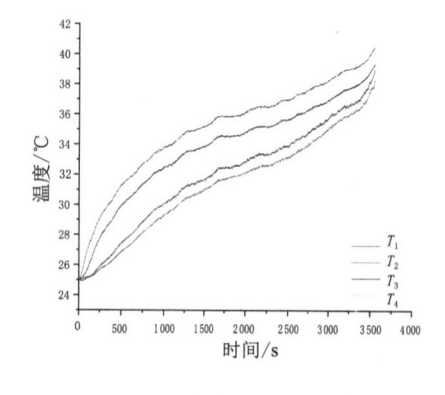

(e) 25℃，1C 放电

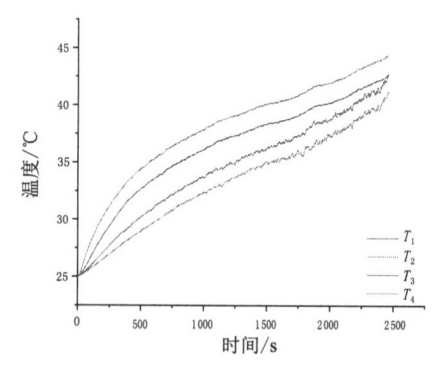

(f) 25℃，1.5C 放电

图2-15 不同环境温度、不同倍率放电下动力电池温度分布曲线图

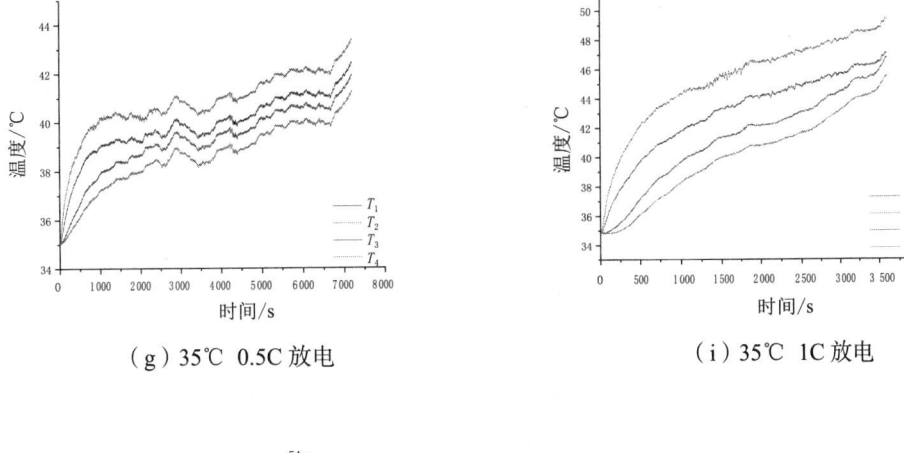

(g) 35℃ 0.5C放电

(i) 35℃ 1C放电

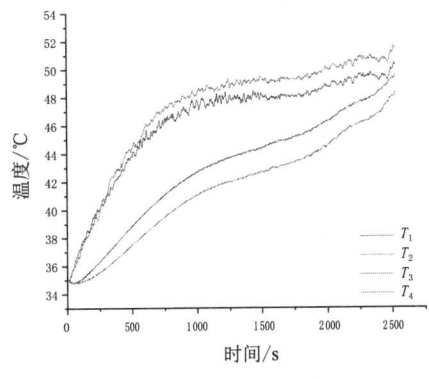

(j) 35℃ 1.5C放电

图2-15 不同环境温度、不同倍率放电下动力电池温度分布曲线图（续）

② 动力电池温升变化及规律。从图2-16可以获得电池表面温度变化如下：

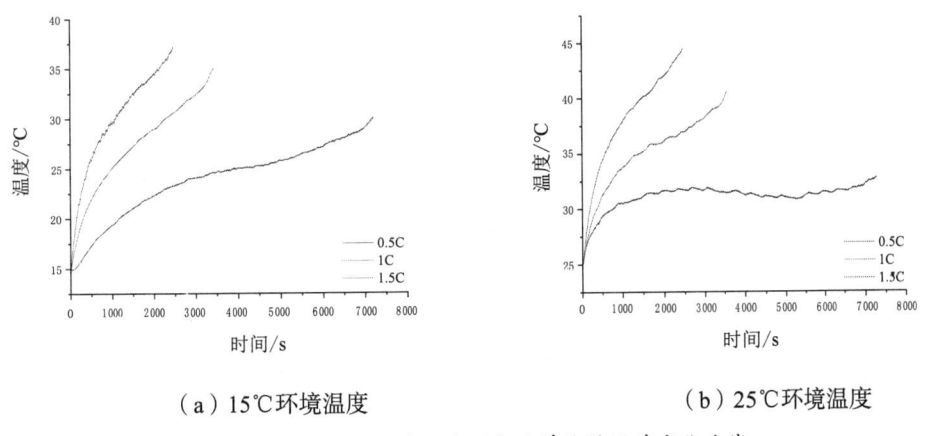

(a) 15℃环境温度

(b) 25℃环境温度

图2-16 不同环境温度下电池单体的温升变化曲线

(c) 35℃环境温度

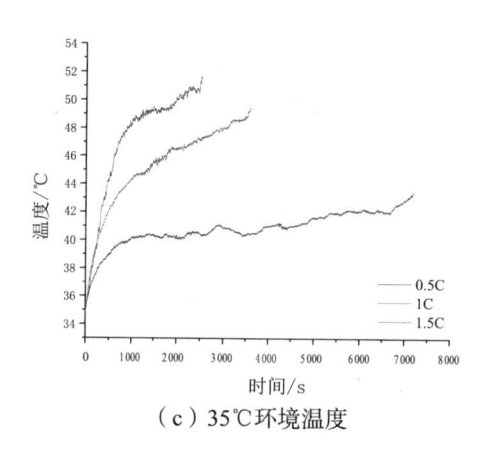

图2-16 不同环境温度下电池单体的温升变化曲线（续）

在环境温度15℃、25℃、35℃下，以0.5C倍率放电结束时，电池表面最高温度是32.12℃、32.84℃、43.35℃，温度升高17.12℃、7.84℃、8.35℃；以1C倍率放电结束时，电池最高温度是34.30℃、40.52℃、49.74℃，温度升高19.3℃、15.52℃、14.74℃；以1.5C倍率放电结束时，电池最高温度是37.16℃、44.46℃、51.55℃，温度升高22.16℃、19.46℃、16.55℃。

从上述电池温度变化及图2-16可以总结出如下几点规律：

a. 动力电池在0.5C放电低温环境（15℃）条件下，电池表面最高温度是32.12℃，温度升高17.12℃；随着环境温度的升高，在高温环境（35℃）下，电池表面最高温度是43.35℃，温度升高8.35℃，与15℃相比电池温升缓慢，可以看出相同倍率放电下随着环境温度的升高电池温升变小；

b. 整体趋势看，在相同环境温度下，随着放电倍率的增加，锂离子电池温度增加的幅度变大；

c. 同时还可以看出，在不同放电倍率（0.5C、1C、1.5C）下，电池表面温度明显升高主要表现在两个阶段，一个阶段是放电初期阶段，另一个是放电结束阶段，在放电过程中电池表面温度趋于平缓上升。

d. 由此可知，在环境25℃、35℃条件下电池表面最高温度高于40℃，已经超出了电池的最佳工作温度范围，因此在此条件下需要对电池进行有效的散热处置。

上述锂离子电池单体在不同环境温度、不同放电倍率下的温度变化规律，主要可以通过放电过程电池产热的行为来解释。具体如下：

a. 由于低温（15℃），电池内发生的化学反应变慢，锂离子的扩散慢，迁移率低，锂电解盐在有机溶剂中的溶解度较低，有机溶剂黏度较高，电解质的导电性差，导致内阻增加，因此，就会产生更多的不可逆热，总产热量增加得快，从而导致更大的温度变化。随着温度的升高，锂离子扩散速率变快，电解质导电性强，降低内阻，不可逆热反应速率降低，因此总热量增加缓慢，温度升高缓慢。

b.电池的总产热由可逆热（反应热）和不可逆热（欧姆热和极化热）组成，不可逆热主要包括欧姆热和极化热，可逆热（反应热）与电流成正比例关系；不可逆热（欧姆热和极化热）与电流的二次方成正比，因此在小电流（0.5C）放电时，可知电池的总热量主要以可逆热（反应热）为主，不可逆热（欧姆热和极化热）为辅，总热量增加幅度较小，电池温度升高较慢，在较大电流（大于1C）放电时，不可逆热增加相对于可逆热的增加要快，在总热量中不可逆热占主导地位，总热量会大幅度地增加，温度升高较快。因此，随着放电倍率的逐渐增加，动力电池表面温度变化趋势呈整体升温态势；且随放电倍率的增加，升温幅度逐渐加大。

此外，电池表面温度明显升高主要表现在两个阶段：一个阶段是放电初期阶段，另一个是放电结束阶段，在放电过程中电池表面温度趋于平缓上升，出现这种现象的原因可以归结为：

在整个放电过程中，可逆热在放电初期为放热过程，随着放电的进行逐渐变为吸热过程，最后变为放热过程；不可逆热在整个放电过程是放热，在放电结束之前是趋于稳定的，且随着放电倍率的增加而增加，在放电结束时会迅速地增加，这是因为电池内阻急剧增加造成的。综合以上分析，在放电开始阶段和放电结束阶段，电池的总热量会迅速上升，电池表面温度会大幅度升高，在放电过程中，电池总热量缓慢增加，电池表面温度缓慢上升。

2.动力电池低温性能试验

1）动力电池充电性能试验

（1）试验测试步骤。为了研究在低温条件下动力电池的充电性能，特依据国标《电动汽车用锂离子动力蓄电池包和系统 第2部分：高能量应用测试规程》（GB/T 31467.2—2015）进行不同环境温度与倍率下的充电试验，具体的试验步骤如下：

① 将电池置于25℃常温环境，根据电池标准放电方式，对电池进行0.5C倍率恒流放电，并设定放电截止电压为2.5V；

② 将低温冷藏柜设置为目标温度，将电池放置在低温冷藏柜内6h，使电池内外温度达到均衡；

③ 在试验温度下进行不同倍率恒流-恒压（CC-CV）充电，对电池进行恒流充电至充电截止电压3.65V，之后转为恒压充电至电流小于1.36A停止充电；

④ 分别对-25℃、-20℃、-15℃、-10℃、0℃、25℃六种温度工况，进行0.3C、0.5C倍率充电试验，进而得到相应的充电电压曲线及容量曲线。

（2）试验结果分析。

① 低温对充电过程的影响。

图2-17和图2-18所示为0.3C、0.5C低温充电电压容量曲线，从0.3C充电曲线变

化趋势来看，当环境温度在 -20℃以上时，恒流充电时间长，充电电压曲线变化平缓；在 -20℃恒流充电时间急剧缩短，-25℃时电池已无法进行正常的恒流充电，充电开始时电压快速升到截止电压，电池基本以恒压充电。而从 0.5C 不同温度下充电曲线可以看出，环境温度在 -15℃以上时，充电电压曲线基本呈线性变化；在 -20℃与 -25℃时电池以恒压充电，即充电开始时电压快速升到截止电压，电池基本以恒压充电，而在 -15℃时充电曲线出现明显的波峰波谷。其主要原因是在充电初始阶段，由于低温使锂电池电解液凝固导致电池材料活性降低，Li^+ 在电解液中迁移阻力增大，嵌入负极材料速度缓慢，使得内部电阻增大。在充电电流相同的条件下，充电电压增加出现波峰，而经过一段时间充电后，部分凝固的电解质溶解，Li^+ 的迁移嵌入速率相对较快，内阻逐渐降低，充电电压下降，出现波谷。同时通过对比 0.3C、0.5C 充电曲线可以看出，随着充电倍率的增大，充电电压更容易上升至恒流充电截止电压，恒流充电时间减小，主要是因为在内阻基本相同的条件下，充电电流的增大导致锂电池端电压的上升。

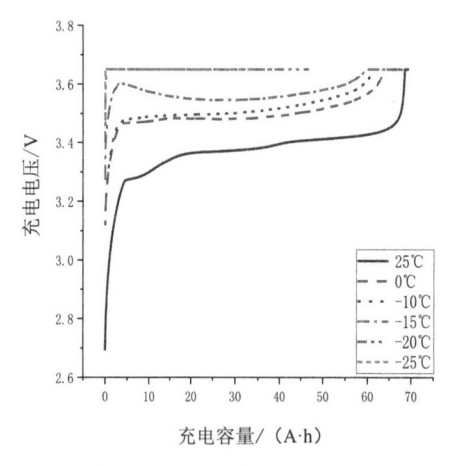

图 2-17　低温环境下 0.3C 充电电压曲线　　图 2-18　低温环境下 0.5C 充电电压曲线

② 低温对充电容量、能量的影响。

选取恒流充电容量比率和恒流比率进行比较。从充电容量方面来看，充电容量比率为不同温度充电容量与 25℃充电容量的比值；恒流比率为电池恒流充电容量与 25℃充电容量的比值。具体如下式所示：

$$充电容量比率 = \frac{充电容量}{25℃充电容量} \times 100\% \qquad (2\text{-}10)$$

$$恒流充电比率 = \frac{恒流充电容量}{25℃充电容量} \times 100\% \qquad (2-11)$$

表2-10和表2-11分别为不同温度下0.3C、0.5C充电容量数据，随着环境温度的降低，充电容量逐渐衰减，其中在0.3C充电倍率下充电时，温度从25℃降低到-25℃过程中，充电容量从68.56A·h衰减到40.79A·h，大约降低了40.5%；而在0.5C充电倍率下，在25℃到-25℃温度范围内，充电容量从69.31A·h衰减到39.22A·h，降低了43%左右；而在-20℃温度条件下，电池充电容量大幅衰减，0.3C倍率下充电恒流比率仅为3.55%，0.5倍率下充电，开始瞬间电池端电压就达到截止电压，几乎没有恒流充电过程。当温度降低至-25℃时0.3C、0.5C都已无法进行正常恒流充电。而在-10℃温度及以下，当电池在最大1C充电倍率充电时，充电电压快速达到截止电压，无法进行恒流充电。

低温环境下电池不仅充电容量衰减，而且充电能量也会随之降低。主要是因为Li^+从正极化合物晶格中脱出，穿过隔膜插入负极化合物晶格中，在此过程中导致负极表面SEI膜变厚，增大SEI膜的阻抗，使电池的活性锂减少，容量产生不可逆转性损伤。当增大充电倍率时，电池析锂速度加快，其与电解液反应消耗的速度低于析锂的产生速度，大量的锂金属在石墨负极表面堆积，逐渐形成无固定结构的树枝状结晶，即锂枝晶。而随着反应时间的延长，锂枝晶的不断积累会导致隔膜的刺穿，导致大量非Li^+离子接触负极，从而减少了石墨负极有效表面积，导致电池容量减小。

表2-10 不同环境温度下0.3C充电容量数据

环境温度/℃	充电容量/(A·h)	恒流充电容量/(A·h)	恒流充电能量/W·h	充电容量比率/%	恒流比率/%
25	68.56	68.01	228.68	100	99.20
0	66.46	63.31	217.06	96.93	95.12
-10	66.32	60.91	213.02	96.73	88.84
-15	65.75	58.05	205.36	95.90	84.67
-20	59.21	2.44	8.71	86.365	3.55
-25	40.79	0.36	1.30	59.50	0

表2-11 不同环境温度下0.5C充电容量数据

环境温度/℃	充电容量/(A·h)	恒流充电容量/(A·h)	恒流充电能量/W·h	充电容量比/%	恒流比/%
25	69.31	68.59	230.88	100	98.96
0	67.86	63.87	223.18	97.90	92.15
-10	66.52	61.42	215.64	95.97	88.61
-15	65.92	59.57	212.46	95.10	85.94
-20	46.64	0.30	1.09	67.29	0
-25	39.22	0.08	0.26	56.58	0

2）动力电池放电性能试验

（1）试验测试步骤。

① 将电池置于常温 25℃温度条件下，进行 0.5C 倍率恒流－恒压（CC-CV）充电，恒流充电至充电截止电压 3.65V，之后转为恒压充电至电流小于 1.36A 停止充电；

② 将低温冷藏柜设置为目标温度，将电池放置在低温冷藏柜内 6h，使电池内外温度达到均衡；

③ 在相应的试验温度下进行恒流放电，直至达到截止电压 2.5V；

④ 分别对 -40℃、-30℃、-20℃、-10℃、0℃、25℃六种温度工况，进行 0.5C、1.5C 放电试验，进而得到相应的放电电压曲线及容量曲线。

（2）试验结果分析。

① 低温对放电过程的影响。

图 2-19 和图 2-20 给出了 0.5C、1.5C 恒流放电曲线，从低倍率 0.5C 不同温度下的放电曲线变化趋势来看，电池在 25℃、0℃时，放电曲线趋于平缓，当温度低于 -10℃时，曲线呈非线性变化，出现明显的波峰波谷；-30℃温度下放电曲线严重畸形，而在 -40℃放电时，放电初始电压直接下降到截止电压 2.5V 后无法进行放电。而在高倍率 1.5C 放电时，电池在 25℃温度下电压－容量曲线趋于平缓，没有出现明显的波动，而在 0℃以下低温环境时，放电曲线表现出明显的上下波动；而在 -30℃温度条件下，放电电压降至截止电压 2.5V 后无法放电。由以上的曲线规律可以发现，磷酸铁锂电池低温放电时电压曲线会出现不同程度的波动，这主要是因为低温环境导致电池材料活性降低，Li^+ 扩散通过电极材料的难度变大，开始放电后电压曲线大幅下降，但由于电池内阻增大欧姆热增大，使得电池温度出现升高，电池材料会有部分活性增强，导致电池内阻减小，电池的放电电压又开始上升从而出现波峰。

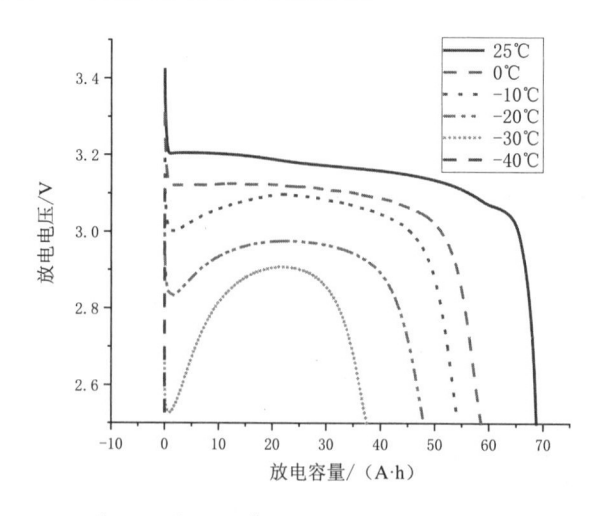

图2-19 低温环境下0.5C放电电压曲线

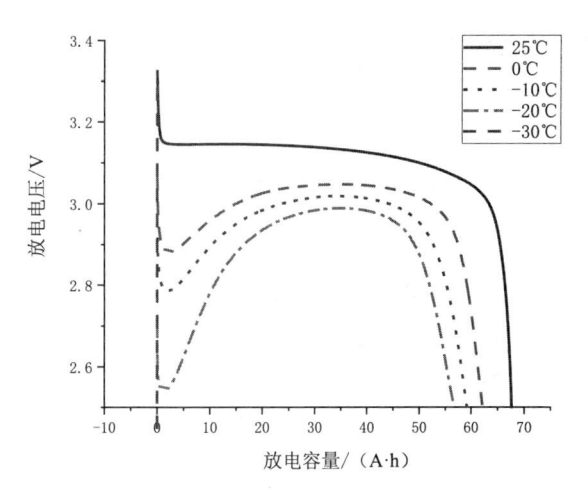

图2-20 低温环境下1.5C放电电压曲线

②低温对放电容量、放电能量的影响。

从放电容量方面来看，放电容量通常表达为电池放电到截至电压时放出的容量，容量比率为相应工况条件下的放电容量与25℃常温下放电容量的比值。具体如式（2-12）所示：

$$放电容量比率 = \frac{放电容量}{25℃放电容量} \times 100\% \qquad (2-12)$$

由表2-12、表2-13可以看出，在-10℃以下环境温度以0.5C倍率放电时，电池放电容量大幅下降，其中-10℃相比常温25℃放电容量下降约21%；-20℃时放电容量下降30%左右；而在-30℃温度下放电容量仅为常温25℃时的55%，当环境温度低于-40℃后已无法放电。而对于以1.5C高倍率放电，在-10℃以上温度放电时，放电容量损失低于13%，而在-20℃温度条件下，放电容量下降16%左右。从两组试验数据可以得出，低温对电池容量及放电能量特性影响较大，随着环境温度的降低，电池放电容量衰减严重，放电能量随之减少，其主要原因是低温导致负极扩散的锂离子减少，电池的放电平台电压持续缩短。同时，因为电池的内阻变大，内部分压变大，使电池提前达到放电截止电压。

同时通过对比可以得出，1.5C倍率、-10℃环境温度下放电容量明显高于0.5C时的放电容量。同样，-20℃温度下1.5C倍率的放电容量高于0.5C。即在相同环境温度下，随着放电倍率的提升，电池放电容量增大。其主要是因为大倍率放电，电池产生更多的热量，放电电压回升，使得电池更容易放电。但高倍率放电会导致初始电压快速下降至截止电压，电池初始放电电压越小，在电池内阻相同的情况下，放电电流越大，内阻分压越高，因此电池输出电压越小，温度过低时无法实现大倍率放电。

表2-12 不同环境温度下0.5C放电容量数据

环境温度 /°C	放电容量 /（A·h）	放电能量 /（W·h）	放电容量比率 /%
25	68.73	216.02	100
0	58.57	179.66	85.22
-10	54.26	164.19	78.95
-20	47.99	139.52	69.82
-30	37.48	104.72	54.53
-40	0	0	0

表2-13 不同环境温度下1.5C放电容量数据

环境温度 /°C	放电容量 /（A·h）	放电能量 /（W·h）	放电容量比率 /%
25	67.64	209.98	100
0	62.21	185.49	91.97
-10	59.20	173.57	87.52
-20	56.78	162.48	83.94
-30	0	0	0

3）动力电池内阻性能试验

（1）试验测试步骤。

为了有效测试低温对动力电池内阻的影响，本书特进行了脉冲放电测试。HPPC测试是指以规定的充放电方式，进行间歇性充放电，通过选用的参数辨识方法获得电阻、功率、开路电压随温度、荷电状态变化趋势。具体测试步骤如下：

① 将电池置于常温25℃下保持恒温2h；

② 以1/3C充电倍率进行恒流充电，当电池电压达到3.65V截止电压时，转为恒压充电至电流小于68A停止充电；

③ 调节低温冷藏柜到目标温度并静置6h，而后进行1C恒定电流放电，并放出额定容量10%的电量；

④ 在同样的模拟环境下，将电池继续静置1h；

⑤ 而后进行1C恒流电流放电10s，并继续静置10s；

⑥ 以3/4C恒定电流充电10s，同样继续静置40s，构成一个脉冲；

⑦ 重复（4）~（6）步骤，直到电池电压下降到2.5V截止电压。

重新调整目标温度，测试不同环境温度下的内阻。

（2）试验结果分析。

① 低温对充电内阻的影响。

如图2-21所示为低温条件下电池充电过程欧姆内阻曲线变化。可知在25℃条件下，其欧姆内阻较小，而随着温度的降低，欧姆内阻大幅增加，欧姆内阻变化范围为

1.2~8.5mΩ，其中 -20℃下欧姆内阻约为 25℃条件下的 8 倍。得出如上的结论主要是因为低温环境下电池内部电解液部分溶剂凝固，Li^+ 迁移的活化能增大，Li^+ 扩散速率低，电解液低温电导率低，导致电解液电阻增大，电解液电阻作为欧姆内阻的重要组成部分，使得磷酸铁锂电池充电欧姆内阻随温度降低而增大。

同时，欧姆电阻也随着 SOC 的增大而逐渐减小，因为在低温环境下电解液有机溶剂的黏度极大，电解液中能有效导电的 Li^+ 浓度低。而随着 SOC 的增加使得 Li^+ 不断从正极材料中脱出，电解液电导率及 Li^+ 浓度增加，因此由 0%SOC 状态到 100%SOC 充电时，充电过程欧姆内阻值不断减小。

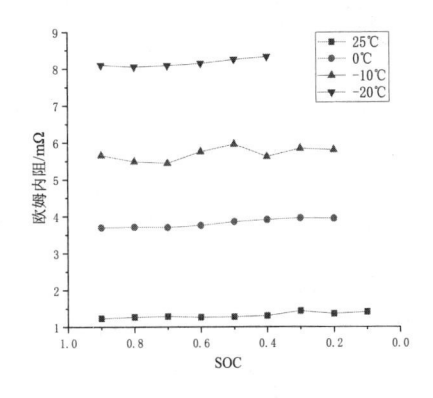

图2-21 充电欧姆内阻

图 2-22 给出了低温条件下，磷酸铁锂电池在充电过程中极化内阻随 SOC 变化情况。随着环境温度的降低，磷酸铁锂电池充电极化内阻逐渐增加，并在 0.4~3mΩ 较小范围内波动，电池充电极化内阻随着 SOC 的增加而大幅度减小，这主要是因为随着荷电状态的改变，电化学反应速率增强，减少了浓差极化，电导率得到提升，降低了电解液中的离子阻抗。

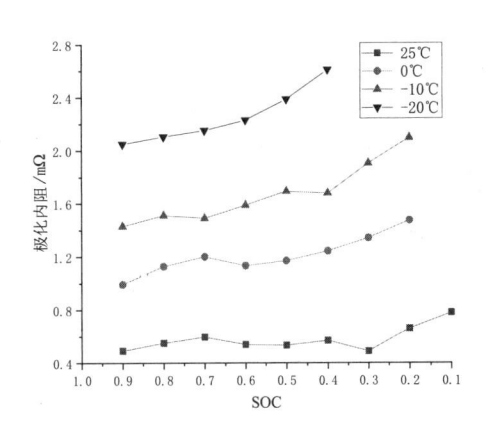

图2-22 充电极化内阻

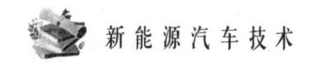

② 低温对放电内阻的影响。

图 2-23 展示了在低温环境下电池放电过程中欧姆内阻的变化。由该图可以得出放电欧姆内阻随温度降低而大幅增加，放电欧姆内阻在 1.2~7.2mΩ 范围内变动，而放电欧姆内阻随 SOC 的增加而缓慢增加。电解液中 Li^+ 浓度变低，放电末期欧姆内阻逐渐增加。

图 2-24 展示了在低温环境下电池放电过程中欧姆内阻的变化。随着电池放电温度的降低，放电过程极化内阻增加。而放电过程增大了电池的浓差极化，电池的反应速率降低，电池的极化内阻增大。

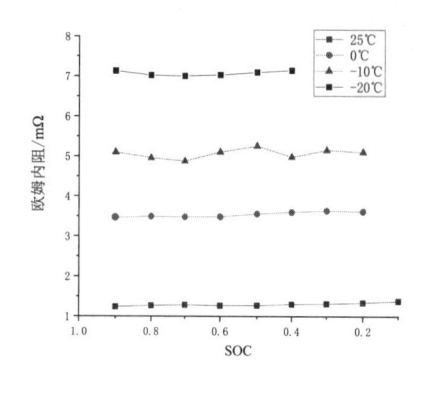

图2-23 放电欧姆内阻

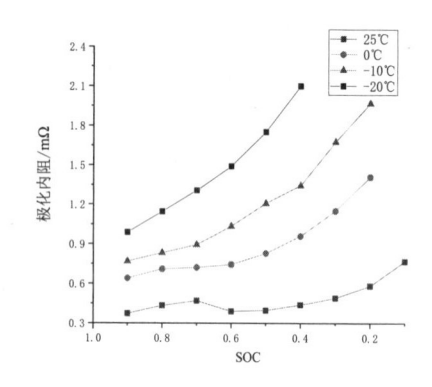

图2-24 放电极化内阻

本章课后思考题

1. 简述动力电池的定义与分类。
2. 如何选择动力电池类型？
3. 选择电池容量需考虑哪些因素？
4. 简述锂电池的结构。
5. 最大可用容量测试的目的是什么
6. 什么是电池管理系统？
7. 常见的动力电池有哪些？
8. 动力电池系统常见的故障类别有哪些？

第三章 驱 动 电 机

3.1 电机基本性能指标

3.1.1 机械特性与负载特性

机械特性是表示电动机转矩 T 与其转速 n 的关系曲线 $nf(T)$，该曲线的斜率即表示机械特性的硬度，斜率大表示机械特性软，反之表示调速特性硬，即转矩随转速的变化小，机械特性是电动机的主要调速性能指标，也是电力拖动研究的重要内容。负载特性即为电动机所带负载的转矩 T_L 随转速 n 变化所要求的特性关系曲线，各类机械装置由于所带负载不同，对转矩特性要求也存在较大差别，为此本章特进行了相应归类（参见本节后述内容），各类电机调速控制系统按所分类型的负载转矩特性，设置有多种可修改参数以做好负载特性匹配。但要满足汽车行驶于多变路况的多种负载特性，对其匹配也就提出了更难的独特要求。

3.1.2 调速范围

调速范围有两种表示法：一种用机械运行中所要求的最高转速 n_{max} 与最低转速 n_{min} 之比表示，即调速范围 $D=\dfrac{n_{max}}{n_{min}}$；另一种用调速系统所能达到的转速因子 x 来表示，为最高转速 n_{max} 与基速 n_{base}（通常也为所设计的额定转速 n_e）之比，即转速因子 $x=n_{max}/n_{base}$。为满足较宽的调速范围要求，以前较多采用多挡齿轮的机械调速结合电气调速的多级调速方法，该法受其机械结构、体积、成本等影响较大，由于存在一定的机械摩擦而降低了效率，增加了维护要求，并且动态响应速度明显较低，尤其对快速响应性要求较高的伺服系统存在一定的局限性，也直接降低了调速平滑性指标。随着电力调速拖动技术的发展，现已基本采用经固定齿轮减速比增矩，仅由电气控制来实现调速范围的要求，更有趋于直接驱动的理想调速控制模式，由此即增加了其机械调速特性与负载转矩特性相匹配的难度。为实现更宽的调速范围希望 n_{max} 越大而 n_{min} 越小为好，对于降低 n_{min} 受到低速运行时的相对稳定性等限制，而为增大 n_{max} 通常是在转速超过基速后，通过弱磁调速来实现更高转速，一般在低于基速前采用降压恒转矩调速，高于基速后采用弱磁恒功率调速，对于弱磁调速，很大程度取决于电

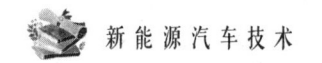

机类型,多篇参考文献也均表明永磁电机由于磁场难以衰减,使得弱磁相对困难,电机的转速因子 x 分别约为:永磁电机的 $x=2$、交流异步电机的 $x=4$、开关磁阻电机的 $x=6$。

3.1.3 静差率

静差率也称相对稳定性,它也一定程度地反映了电动机的调速机械特性,即机械特性越硬,则静差率越小,相对稳定性就越高。静差率的定义为电动机由理想空载($T=0$)加到额定负载($T=T_e$)时,所出现的转速降 Δn_e(对应于理想空载转速 n_0 与额定转速 n_e 之差)与理想空载转速 n_0 之比,用百分数静差率来表示即为

$$\delta = \frac{\Delta n_e}{n_0} \times 100\% = \frac{n_0 - n_e}{n_0} \times 100\% \tag{3-1}$$

3.1.4 调速效率

调速效率 η 为输出轴上的功率 P_1 与输入功率 P_2 之比,它也反映了调速时的损耗功率 Δp,即

$$\eta = \frac{p_2}{p_1} = \frac{p_2}{p_2 + \Delta p} \tag{3-2}$$

3.1.5 平滑性

它主要针对机械齿轮的有级调速,反映了调速级数的多少,在一定的调速范围内,调速级数越多则调速平滑性越好。仅由电气控制来实现的调速系统即为无级调速。

3.2 汽车行驶对驱动电机的要求

电动汽车行驶时,由于路况多变,存在重载起步、频繁启停及车载能源受限等特点,故电动汽车对于电机驱动系统的要求,可用"稳、省、快、宽、足"五个字来表述,即分别表示系统稳定性、节省电能、快速响应性、宽调速范围和足够的驱动力矩。当然除这五字要求外,其也与其他控制系统类似,还要求温升低,噪声小,体积小,价格低,控制方便,线性度好(输出速度与输入电压成线性),可靠性高,维修保养方便,对温度、湿度等环境要求宽等。为能全面分析电动汽车动力驱动系统对电机控制的具体要求,本书先将电机对速度与位置的控制类别、电机的运行特性和负载特性分别简述如下,进而归纳出电动汽车对电机性能的多项独特要求。

3.2.1 电机的速度控制与位置控制

(1)电机的速度控制。即以调速性能指标为主的电机系统,也是电动汽车行驶动力驱动所要求的,应用领域有机械、冶金、化工、纺织、造纸、矿山等大部分工业用机械装置。

(2)电机的位置控制。即要求以定位精度为主的电机系统,如位置伺服系统、运

动控制系统，通过电机伺服机构将给定的位置指令变成期望的位移运动，特点是除要求准确定位外，还需频繁启停，而对电机功率和效率的要求相对较低。

3.2.2 电机的四象限运行特性

由于电动汽车动力驱动所用电机被要求同时具有电动机和发电机两种功能，在此利用图 3-1（a）来说明调速电机的四个象限运行特性：第Ⅰ象限为正转电动状态；第Ⅱ象限为正转制动（发电回馈）状态；第Ⅲ象限为反转电动状态；第Ⅳ象限为反转制动（发电回馈）状态。目前的调速电机一般均具备四个象限运行功能，为加快电机停转或正反转切换，采用了能耗制动、反接制动或再生制动等制动方式，而对于能源受限的电动汽车尤其需采用再生制动，并且还应想方设法来改进发电回馈技术以提高动能回收率。所以电动汽车的驱动电机除了要求在前进、倒车（无须通过齿轮切换来实现倒挡）时实现正、反转，还需要在降速制动和下坡时进行发电回馈，即驱动电机在前进、倒退、降速制动和下坡滑行几种行驶工况中，分别运行于第Ⅰ、Ⅲ、Ⅱ三个象限中，注意汽车下坡实现发电回馈时，电机仍运行于正转状态，因此其发电回馈也是在第Ⅱ象限中进行的。

3.2.3 典型机械的负载特性分析

由于汽车行驶的多变工况也使其负载特性变化多端，为便于比较分析，在此将几种典型机械的负载转矩、功率特性曲线分别集中绘于图 3-1（b）、（c），予以说明如下。

（1）恒功率负载特性。其特征是负载功率 P_L 为恒定值，即不随转速 n 而变化，功率特性曲线如图 3-1（c）中实线所示，正转时位于第Ⅰ象限，而反转时位于第Ⅳ象限。在此还需顺便说明：图 3-1（a）所示电机四象限运行特性的横坐标为转矩 T_L；当横坐标改为功率 P_L 时，正、反转电动状态分别位于第Ⅰ、Ⅳ象限，而正、反转制动状态分别位于第Ⅱ、Ⅲ象限。功率 P_L（W）等于转矩 T_L（N·m）与角速度 ω（rad/s）的乘积：

$$T_L = \frac{P_L}{\omega} = \frac{P_L}{\frac{2\pi n}{60}} = \frac{9.55 P_L}{n} \tag{3-3}$$

由此说明当功率 P_L 恒定时，负载转矩 T_L 与转速 n 成反比，即负载转矩特性曲线为双曲线，如图 3-1（b）中实线所示，正转时位于第Ⅰ象限，而反转时位于第Ⅲ象限。

（2）反抗性恒转矩负载特性。也称为摩擦性转矩负载，其特征是负载转矩 T_L 的值为恒定值，与后述位能性恒转矩负载特性不同的是作用方向总与运动方向相反，即当转速 n 方向改变时，负载转矩的大小不变，但作用方向随之而改变。反抗性恒转矩负载特性曲线如图 3-1（b）中虚线所示，正转时位于第Ⅰ象限，反转时位于第Ⅲ象限。按功率 P_L 转矩 T_L 与转速 n 的关系式（3-3），可得 $P_L = n T_L / 9.55$，由于 T_L 为恒定值，所以 P_L 与 n 为线性关系。其功率特性曲线如图 3-1（c）中虚线所示，即正转时位于第Ⅰ象限，而反转时位于第Ⅳ象限。

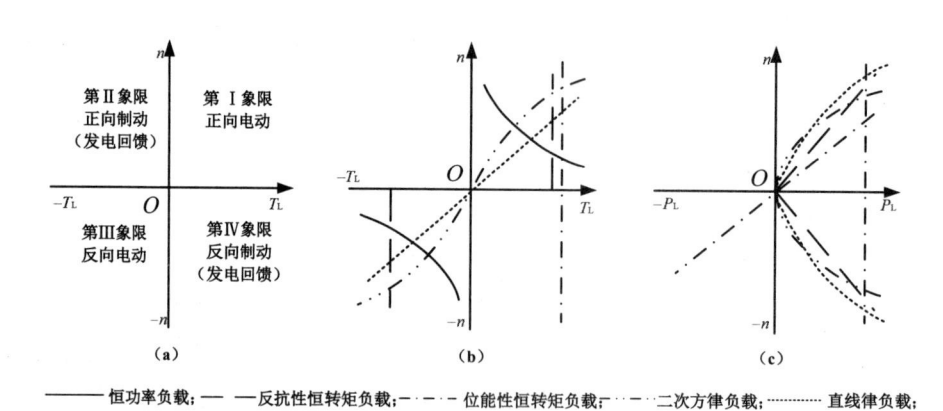

图3-1 电机的运行状态与负载特性

——恒功率负载；— 反抗性恒转矩负载；-·-·- 位能性恒转矩负载；-··- 二次方律负载；······ 直线律负载；

（3）位能性恒转矩负载特性。其特点是负载转矩 T_L 的大小与方向均为恒定，即与转速 n 无关。提升机带重物体的升降运动即为该类负载的最典型例子，重物无论提升（n 为正）或下降（n 为负），重物的重力总是向下，即负载转矩的方向不变。防止重物下降时太快，还需对电机施加制动力矩，所以 n 为负时运行于Ⅳ象限的制动状态。位能性恒转矩负载特性曲线如图3-1（b）中点划线所示，正转时位于第Ⅰ象限，反转时位于第Ⅳ象限。其功率特性曲线如图3-1（c）中的点划线所示，即正转时位于第Ⅰ象限，而反转时位于第Ⅲ象限。

（4）二次方律负载特性。又称平方减速转矩负载或风机、泵类负载，即典型负载为水泵、油泵、通风机和螺旋桨等一类机械装备。其特点是负载转矩 T_L 与转速 n 呈二次方律关系，如用 K_T、K_P 分别表示二次方律负载的转矩常数和功率常数，则结合式（3-1），即可分别得 $T_L = K_T n^2$，$P_L = \dfrac{K_T n^2 n}{9.55} = K_P n^3$。即其负载转矩特性曲线为二次抛物线，如图3-1（b）中双点划线所示，当正转时位于第Ⅰ象限，反转时位于第Ⅲ象限。而功率特性曲线即为三次抛物线，如图3-1（c）中双点划线所示，正转时位于第Ⅰ象限，反转时位于第Ⅳ象限。该类负载对电机的调速要求特别，在低速时负载阻转矩很小，系统效率很低，此时升速过程可适当加快，但随转速升高，负载的阻转矩将迅速增大，升速过程应适当减缓，并且所需功率成三次方律急剧增加，极易超过电机及其驱动控制器的容量，导致过热损坏，所以对最高转速及功率需设置限制值。

（5）直线律负载特性。也称为黏滞摩擦负载，其特征是负载转矩 T_L 与转速成正比，即负载转矩特性曲线为直线，如图3-1（b）中小圆点虚线所示，正转时位于第Ⅰ象限，反转时位于第Ⅲ象限。而负载功率 P_L 与转速 n 的二次方成正比，所以功率特性曲线为二次抛物线，如图3-1（c）中小圆点虚线所示，正转时位于第Ⅰ象限，反转时位于第Ⅳ象限。

现将上述各种典型机械的负载特性与汽车行驶所遇到的各类阻力加以比较，可以看出其中滚动阻力F_f、坡度阻力F_i和加速阻力F_j均与恒转矩负载特性类似,即其功率与车速成正比,而空气阻力F_w与二次方律负载特性类同,即风阻转矩随车速以二次方律递增,功率以三次方律增加,并且随车载质量增加行驶阻力F_f、F_i和F_j均随其成正比增加。由于汽车低速行驶时其阻力以F_f、F_i和F_j为主,高速时以F_w为主,由此说明车辆起步、加速时表现为反抗性恒转矩负载特性,在高速行驶时主要表现为恒功率负载特性,而在上下坡时又近似于位能性恒转矩特性。即电动汽车为多变型混合特性负载,所以用于一般工业机械的通用性调速控制系统难以满足电动汽车对动力驱动系统的要求。

3.2.4 电动汽车对动力驱动系统的具体要求

电动汽车为适应各种复杂多变的行驶工况需求,对动力驱动系统的负载特性匹配提出了独特的高要求,即需全面考虑每个工况行驶的不同需求,以免顾此失彼。通过对车辆在起步、加速、稳速、降速、爬坡、下坡、高速、低速、滑行、制动和停车等每一种行驶工况的特性要求进行全面分析、比较、归类,可总结得出电动汽车对动力驱动系统的八大性能要求。

(1)启动力矩大及过载能力强。不仅为满足汽车频繁起步要求,还希望在加速和上坡时,有相当的短时过载能力。

(2)限制电机过大的峰值电流。要求必须小于蓄电池允许的最大放电电流,以避免损坏蓄电池。普通电动机的启动电流往往较大,需设法改善电机的启动特性。

(3)调速范围宽。为满足汽车在各种高、低速工况下均能高效运行,要求电机既有较宽的调速范围,又能保持理想的调速特性。通常电机均在所设计的额定功率及其转速附近运行效率较高,而远离额定点时运行效率必降低,特别在低负荷、低转速时效率会更低。应设法在较低速时仍有较高效率,以尽可能省去或简化机械变速机构与其传动链从而减少机械摩擦损耗和车载质量,还能腾出空间供蓄电池安放和布局,也可降低成本。

(4)要求电机能正反转运行。以实现汽车倒车时不必通过齿轮切换来实现倒挡。

(5)要求电机能方便、高效地实现发电回馈。使得汽车在降速制动和下坡滑行时,便于通过电机发电回馈,将更多动能转换为电能自动回馈给蓄电池,提高续驶里程。

(6)设法使电机同时具有电磁制动功能。即利用电磁吸力使电机的定、转子相互吸住,以达到一定的制动效果。由于汽车频繁运行于启、停状态,较好的电磁制动能减少机械制动的运行频率,避免机械制动固有的热衰退现象,既提高汽车的制动效能及其恒定性,也增强车辆行驶的安全性。由于电磁制动的动态响应极快,需按制动时对车轮的受力分析,根据车轮与地面之间附着力、制动力、滑动率的关系,及时准确地对前、后、左、右车轮制动力进行适宜分配,提高汽车的安全性和操控性。

(7)要求调速响应快。提高电机的调速动态响应性,即可改善汽车行驶时的各种控制性能。

(8)运行平稳及可靠性高。要求电机运行平稳以减小振动与噪声,并且具有适当的故障容错性和较高的系统可靠性,确保电动汽车在故障时仍能"跛脚回家"以避免交通堵塞。

3.3 直流电机

直流电机因有调速性能好、过载能力强、控制简单等优势,曾在调速电机领域独占鳌头,直流电机同时也是电动车辆中应用最早且较广泛的电机。由于直流电机存在换向火花、电刷磨损及其电机本身结构复杂等问题,随着交流变频调速技术的发展,交流调速电机后来居上。虽然目前直流电机调速的应用在逐年减少,但它包含了电力调速系统中最基础的理论,仍有必要来分析讨论。

3.3.1 直流电机的基本原理

一台直流电机既可做电动机使用,也可做发电机运行,其原理分别建立在电磁力和电磁感应基础上。图 3-2 所示为直流电机的物理模型。其中,图 3-2(a)为直流电动机工作原理示意图;图 3-2(b)为直流发电机工作原理示意图。电机外圈固定有两个极性相对的永磁铁,称为主磁极;在主磁极的南极(S)与北极(N)之间,安放有一个空心筒状形铁芯,称为电枢铁芯;电枢铁芯和磁极之间的缝隙称为气隙;在电枢铁芯的空筒内安放一个线圈,称为电枢绕组;绕组两端焊接在两个互相绝缘的半圆形铜换向片上,由换向片构成的圆柱体称为换向器;为了使电枢和外电路相连,安装了固定不动的两个碳质电刷 A 和 B;电刷与换向器接触;当电枢转动时,电枢铁芯、电枢绕组及换向器随之旋转,而主磁极及电刷在空间内固定不动。

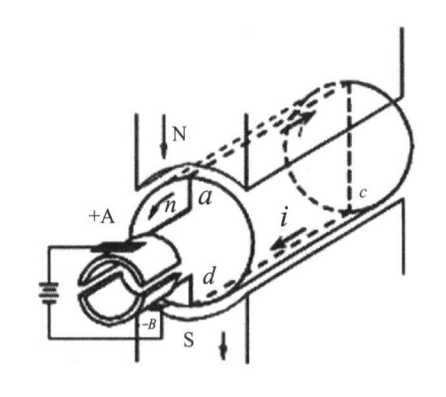

(a)直流电动机工作原理示意图 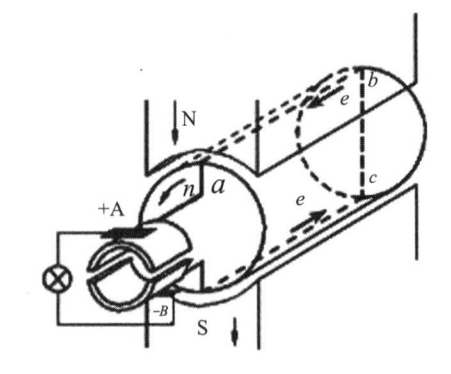　　(b)直流发电机工作原理示意图

图3-2 直流电机的物理模型

1. 直流电动机的工作原理

直流电动机可将直流电能转换成机械能,带动轴上的机械负载做功。在图 3-2(a)所示的电刷 A 和 B 上通入直流电源,当电动机正在图 3-2(a)所示位置时,导体的 ab 段恰好在 N 极下,而 cd 段在 S 极上。直流电流由电源正极经电刷 A 流入电枢绕组,在

线圈内部电流的方向是由 a 到 b，由 c 到 d，然后经电刷 B 返回电源负极。如果导体所处的磁通密度为 B，导体有效长度为 l，电流为 i，根据电磁力定律可知此时导体所受到的电磁力 F 为

$$F = Bli \quad (3-4)$$

受力方向由左手定则判定，即导体 ab 和 cd 受力产生转矩同为逆时针方向，使电机转子转动。电机转子转过 180°时，导体 ab 段与 cd 段正好对换，此时导体 cd 段在 N 极下，导体 ab 段在 S 极上。电流经电刷 B 由 d 端流入线圈，在线圈内部的方向是由 d 到 c，再由 b 到 a，仍如图中箭头所示。根据左手定则判定导体 ab 和 cd 受力产生的转矩仍为逆时针方向。由此可知，虽然导体内部电流方向变了，但受力产生的转矩方向不变，由此驱使转子连续旋转。

2. 直流发电机的工作原理

直流发电机可将机械能转换为直流电能。如图 3-2（b）所示，由原动机拖动转子电枢沿着逆时针方向旋转，当转子转到图 3-2（b）所示位置时，导体 ab 段正好在 N 极下，而导体 cd 段正好在 S 极上。如果此时导体所处的磁通密度为 B，导体有效长度为 l，导体的线速度为 v，则根据法拉第电磁感应定律，每根导体的感应电动势瞬时值 e 为

$$e = Blv \quad (3-5)$$

其方向用右手定则决定，即 N 极下的 ab 段导体电动势方向由 b 到 a，而 S 极上的 cd 段导体电动势方向由 d 到 c。如图 3-2(b)中箭头所示。线圈 abcd 的电动势大小恰好是 ab（或 cd）段导体电动势的 2 倍，方向以 a 端为正，d 端为负。此时电刷 A 极性为正，电刷 B 极性为负。当转子转过 180°时，导体的 ab 段与 cd 段正好对换，此时导体 cd 段在 N 极下，导体 ab 段在 S 极上，导体 cd 电动势方向由 c 到 d，导体 ab 电动势方向由 a 到 b，仍如图中箭头所示。此时线圈 abcd 的电动势方向是 d 端为正，a 端为负，但由于电刷不随换向片转动，仍然是电刷 A 极性为正，电刷 B 极性为负。可见转子连续旋转时，经过电刷和换向器，将电枢绕组内的感应交变电动势变换成由电刷 AB 间输出的直流电动势。

实际电机中的电枢不只是一个线圈，而是由许多按一定规律连接起来的线圈组成，并且主磁极对数也成倍增加，如此既提高电机的功率密度，也使所输出的转矩（电动机）或电动势（发电机）的脉振程度极大减少。由以上分析可知，同台直流电机只要改变外界条件，既可用作电动机，也能转换为发电机运行，这虽是适于各类电机的普遍原理，但因电机结构原理不同，转换的方便性，以及在电动或发电时效能也有所不同，而对电动汽车即希望两者均全面兼顾。

3.3.2 直流电机的基本结构

直流电机的结构有多种，其典型结构如图 3-3 所示。它主要由定子（固定部分）和转子（转动部分）两大部分组成。定子主要用来产生磁通和做电机的机械支撑，它包括机座、端盖、电刷装置等部件；转子用作产生电磁转矩或感应电动势，包括电枢铁芯、电枢绕组、换向器、转轴和风扇等部件。现对几个主要部件的功用分别简述如下。

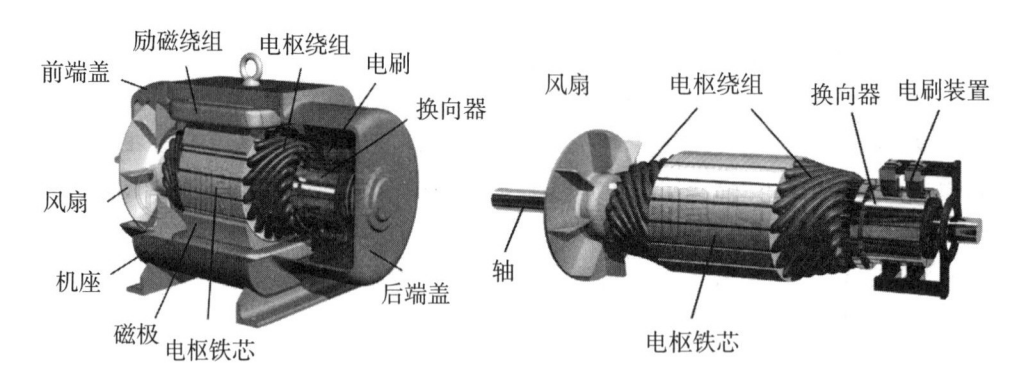

图3-3 直流电机结构图

1. 定子

（1）主磁极。主磁极的作用是在定子与转子间的气隙中建立磁场，使电枢绕组在该磁场的作用下产生电磁转矩或感应电动势。主磁极由主极铁芯（包括极身和极掌）和套在主极铁芯上的励磁绕组组成，如图 3-3 所示。主磁极总为偶数，且 N、S 极以间隔排列。为降低电枢旋转时极靴表面引起的涡流损耗，主极铁芯一般用 1.0~1.5mm 厚的低碳钢板冲片叠压而成。在小型直流电机中主磁极也可用永磁铁，即可省去励磁绕组成为永磁直流电机。

（2）机座。机座也称机壳，既是磁极间的磁通路，又被用来固定主磁极、换向极和端盖等。因此要求机座既要导磁性好，有足够的导磁面积，又有足够的机械强度和刚度。

（3）电刷装置。其作用为使旋转的电枢电路与静止的外电路接通，并与换向器配合进行逆变或整流。电刷装置固定不动，由电刷、刷握、握杆、握杆座以及铜丝辫等零部件组成。电刷放在刷握中由弹簧将电刷压在换向器表面上。刷握固定在刷杆上，刷杆装在刷杆座上，彼此间相互绝缘。整个电刷座装在端盖内圈上，可在一定范围内移动，用以调整电刷位置。

2. 转子

（1）电枢铁芯。电枢铁芯是电机主磁路的一部分，用来嵌置电枢绕组。为了减少电枢旋转时因磁通方向变化引起的铁芯损耗，常由涂有绝缘漆的 0.5mm 厚硅钢片叠压而成。

（2）电枢绕组。电枢绕组用来产生电磁转矩或感应电动势，是实现机电能量转换的关键部件。电枢绕组由电枢铁芯圆周上均匀环绕的多个线圈组成，每个线圈可以是单匝也可以是多匝，称为元件。每个元件的两端分别嵌放在相隔一定槽数电枢铁芯的两个槽中，所有元件按串联或并联方式连接成闭合回路。

（3）换向器。换向器作用是保证每个磁极下电枢导体的电流方向不变，以产生恒定方向的电磁转矩，或在电刷间得到直流电动势。由于电枢绕组由多个元件组成，每个元件的两个引出端需分别与两个换向片连接，所以换向器由多个彼此互相绝缘的铜制换向片组成。

3. 气隙

气隙虽不为结构部件，是定子磁极和转子电枢之间自然形成的缝隙，但气隙是主磁路的重要部分，气隙中磁场是电机进行机电能量转换的媒介，因此气隙大小对电机的运行性能影响很大。通常气隙越小磁损耗越小，但受机械加工精度和旋转同轴度限制，气隙随电机容量（体积）和最高允许转速的增加而增大。

3.3.3 直流电机的励磁方式

从前述直流电机的原理和结构可知，主磁极的励磁方式有永磁式和电励磁式两种。采用电励磁式需由励磁绕组供电，可分为他励和自励两类供电方式，而自励又分为并励、串励和复励三种，直流电机的各种电励磁方式如图3-4所示。

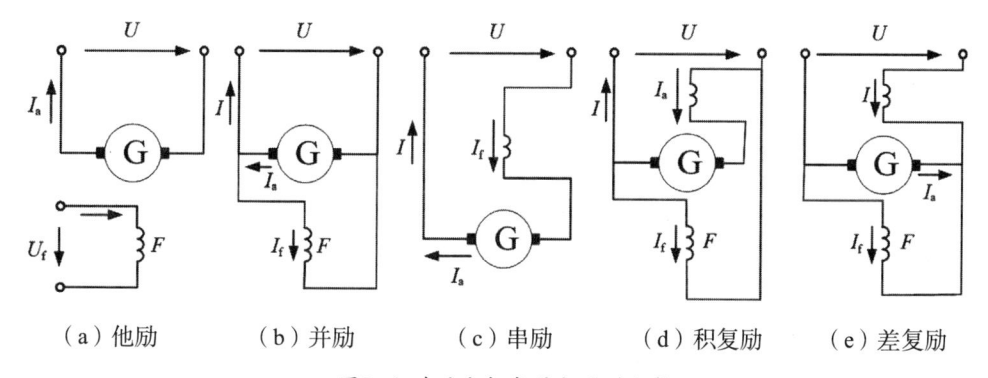

图3-4 直流电机各种电励磁方式

（a）他励　（b）并励　（c）串励　（d）积复励　（e）差复励

直流电机励磁绕组所耗功率虽只占整个电机功率的1%~3%，但性能随励磁方式不同会有很大差别。图3-5所示为直流电机采用不同励磁方式的机械特性比较。现利用图3-4与图3-5来介绍他励和自励方式的特点。

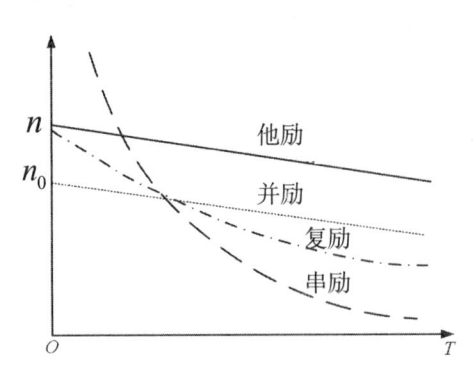

图3-5 直流电机采用不同励磁方式的机械特性比较

（1）他励。他励直流电机的励磁电路如图3-4（a）所示，特点是励磁线圈与转子电枢的电源分开，如此即可通过分别控制电机的励磁电流I_f和电枢电流I_a，实现对他励直流电机的各种控制，以扩大调速范围，实现在减速和制动时的再生制动。图3-5所示的实线为他励直流电机的机械特性，它是指电枢电压、励磁电流等所有[图3-4（a）中的电枢外串联电$R_C=0$控制参数不变时，电机电磁转矩T与转速n的关系曲线。他励直流电机具有良好的线性特征和稳定的输出特性，是直流调速领域内应用最广泛的一种电动机，也是电动汽车在直流电机中的首选电机。

（2）自励。自励直流电机的励磁电流与转子电枢取自同一电源，根据励磁绕组与电枢绕组的连接关系，又分为并励、串励和复励三种。并励直流电机的电路如图3-4（b）所示，励磁绕组与电枢绕组并联，即其端电压同为U，其励磁电流为I_f，图3-5所示的小圆点虚线为并励直流电机的机械特性曲线，它与永磁直流电机的机械特性相似。串励直流电机的电路如图3-4（c）所示，励磁绕组与电枢绕组串联，即使励磁电流与转子电枢电流相等，图3-5所示的虚线为串励直流电机的机械特性曲线，它具有启动转矩大及较宽的恒功率调速范围，以其良好的启动特性较适于电动汽车的起步要求，但由于机械特性很软使得加速性能较差，为此有人提出采用与他励直流电机相结合的方法，即在汽车起步时电机采用串励接线方式启动，其他运行工况下均采用他励直流电机方式驱动。复励直流电机的电路如图3-4（d）所示，其主磁极有两个励磁绕组，与电枢绕组并联的称为并励绕组，与电枢绕组串联的称为串励绕组，若这两个励磁绕组所产生的磁动势方向相同就称为积复励，否则称为差复励，图3-5所示的点划线为复励直流电机的机械特性曲线。

3.3.4 直流电机的拖动特性

下面以直流电动机的拖动特性为例，进行相关内容的介绍。

1. 直流电动机的启动特性

启动特性是指电机在恒定直流母线电压作用下，转速从零上升至稳定值过程中的转速、电流变化曲线。电机启动瞬间转速和反电势均为零，此时的启动电枢电流为

$$I_{\mathrm{s}} = \frac{U - \Delta U}{R} \qquad (3-6)$$

启动过程中的转速和电枢电流曲线如图 3-6 所示，从图中可以看出，由于管压降和电枢绕组阻值一般较小，启动电流在短时间内会很大，可能达到正常工作电流的几倍到十几倍。在允许范围内，启动电流大有助于转子加速，满载时电机也能很快启动。以额定工况为例电机刚启动时转速和反电势均为零，启动瞬间电枢电流迅速增大，使电磁转矩较负载转矩大很多，转速迅速增加；转速增加引起反电势增大，电枢电流增长变缓直至达到极大值，然后开始减小。电流减小导致电磁转矩减小，于是转速上升的加速度变小。当电磁转矩和负载转矩达到动态平衡时，转速稳定在额定值，整个电机系统保持稳态运行。

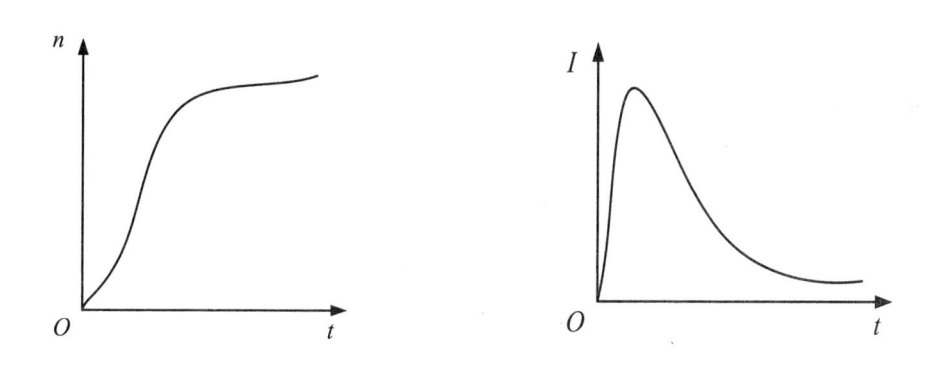

图 3-6 启动过程的转速和电流曲线

2. 直流电动机的工作特性

工作特性是指直流母线电压 U 不变的情况下，电枢电流、电机效率和输出转矩之间的关系。电枢电流随负载转矩的增大而增大，这样电磁转矩才能平衡负载转矩，保证电机平稳运行。电机输入功率为

$$P_1 = P_{\mathrm{cu}} + P_{\mathrm{e}} + P_{\mathrm{T}} \qquad (3-7)$$

上式中，P_{cu} 为电枢绕组的铜耗；P_{e} 为电磁功率；P_{T} 为逆变桥功率器件的损耗，其大小和电力电子器件特性有关。可见，电机的输入功率由电磁功率 P_{e} 和损耗 $P_{\mathrm{cu}}+P_{\mathrm{T}}$ 两部分组成，其中电磁功率是电源克服反电势所消耗的功率，经由磁场转化为机械能，以电磁转矩的形式作用于转子。考虑到负载端的损耗，这部分功率传递可以表示为：

$$P_{\mathrm{e}} = (T_{\mathrm{L}} + T_0)\omega = P_2 + P_0 \qquad (3-8)$$

上式中，ω 为电机机械角速度；T_{L} 为负载转矩；T_0 为对应于空载损耗的空载转矩；P_2 为

输出功率;P_0为空载损耗,包括铁芯损耗和机械摩擦损耗两部分。

其中电机效率为

$$\eta = \frac{p_2}{p_1} \tag{3-9}$$

可进一步改写为

$$\eta = 1 - \frac{RI}{U} - \frac{P_T + P_0}{UI} \tag{3-10}$$

为了求出效率的极值,令效率 η 对电流 I 的导数为零,即上式可推出等号左边的 P_T+P_0 不随负载变化;铜耗 P_{cu} 随着负载变化而变化,属于可变损耗。上式表明,当直流无刷电机的可变损耗等于不变损耗时电机的效率最高。图 3-7 给出了 U 不变时,直流无刷电机的电枢电流和效率随负载转矩变化的曲线。

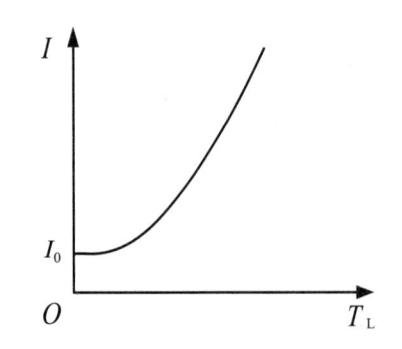

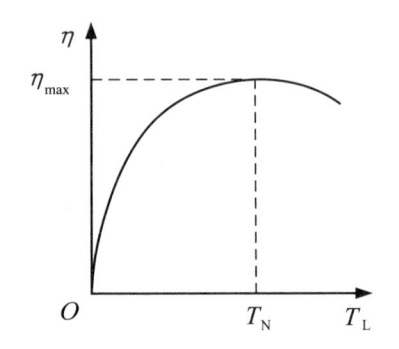

(a)电枢电流随负载转矩变化曲线　　(b)效率随负载转矩变化曲线

图 3-7　直流电机的工作特性

3. 直流电动机的调节特性

调节特性是指电磁转矩 T_a 不变的情况下,转速 n 和 U 之间的变化关系。不计功率器件损耗。图 3-8 所示为不同电磁转矩下直流无刷电机转速 n 随 U 变化的曲线,图中 $T_{a1}<T_{a2}<T_{a3}<T_{a4}$。由图 3-8 可见,调节特性存在死区,当 U 在死区范围内变化时,电磁转矩不足以克服负载转矩使电机启动时,转速始终为零。当 U 大于门限电压,超出死区范围时,电机才能启转并达到稳态,U 越大稳态转速也越大。由于存在静摩擦力,调节特性曲线组不过原点。

图3-8 直流电机的调节特性

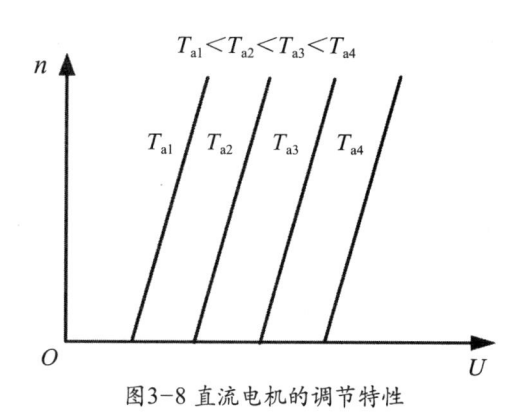

3.3.5 他励直流电机的调速

前述不同励磁方式直流电机的机械特性为电机本身固有机械特性。为满足各类生产机械对负载转矩特性的要求，在实际应用中需通过设法改变电机的各种控制参数来达到某种所需的人为机械特性。由于他励直流电机的可控参数多，易实现所要求的人为机械特性，所以在电动汽车的直流驱动方式中通常多选用他励直流电机。为此，需先给出直流电机电枢电动势和电磁转矩的两个数学公式，从而导出他励直流电机的机械特性数学方程式，即电机的电磁转矩与转速间的函数关系式 $n = f(T)$，然后才能说明如何改变方程式中相关参数获得所需的人为机械特性。

1. 直流电机电枢电动势和电磁转矩

（1）电枢电动势。电枢电动势是指直流电机正常工作时，电枢绕组切割气隙磁通所产生的电动势。无论发电机还是电动机，只要电枢旋转切割磁通就会有电枢电动势，若设电机极对数为 p；电枢绕组的总导体数为 N；电枢绕组的支路对数为 a；电机每极磁通为 Φ（Wb）。根据前述直流电机的结构原理导出直流电机电枢电动势 E_a（V）为

$$E_a = \frac{pN}{60a}\Phi n = C_e \Phi n \tag{3-11}$$

式中，n 为电动机转速（r/min）；C_e 为电动势常数，且 $C_e = pN/60a$。

由式（3-11）可知直流电机的电枢电动势 E_a 正比于电机的每极磁通 Φ 和其转速 n。

（2）电磁转矩。电磁转矩是指直流电机的电枢绕组流过电流时，载流导体在磁场中受力而形成的总转矩。按直流电机的结构原理可推得直流电机的电磁转矩 T（N·m）为

$$T = \frac{pN}{2\pi a}\Phi I_a = C_T \Phi I_a \tag{3-12}$$

式中，I_a 为电枢电流（A）；C_T 为转矩常数。

由式（3-12）可知直流电机的电磁转矩 T 正比于电机的每极磁通 Φ 和其电枢电流 I_a。电动势常数 C_e 和转矩常数 C_T 均决定于电机结构的设计参数，即对于已制电机的 C_e

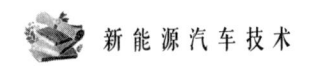

和 C_T 均为恒定常数,而由式(3-9)和式(3-10)可知两者之间的关系为

$$C_T = \frac{60}{2\pi}C_e = 9.55 C_e \qquad (3-13)$$

2. 他励直流电机的机械特性数学方程式

参考图 3-4(a)所示他励直流电机线图所给的电压方向,可得电枢回路的电压平衡方程式为 $U = E_a + (R_a + R_c)I_a$。把前述电枢电动势公式 $E_a = C_e \Phi n$ 及电磁转矩公式 $C_T \Phi I_a$ 代入上式,整理后即可得他励直流电机的机械特性数学方程式为

$$n = \frac{U}{C_e \Phi} - \frac{R_a + R_c}{C_e C_T \Phi^2}T = n_0 - \beta T \qquad (3-14)$$

式中,R_a 为电枢绕组的内电阻;R_c 为枢外串联电阻;n_0 为理想空载转速,$n_0 = U/C_e\Phi$;β 为机械特性斜率,$\beta = (R_a + R_c)/(C_e C_T \Phi^2)$。

当图 3-4(a)所示他励直流电机的电枢串联电阻 R_c 较大时,其机械特性曲线为斜率较大并穿越 3 个象限的直线,如图 3-9 所示。现按此图来分析其机械特性曲线中各相关特征点:

(1)理想空载转速 n_0。为图 3-9 中的 A 点,因为 $T = 0$,所以 $I_a = 0$,电枢压降 $(R_a + R_c)I_a = 0$,电枢电动势 $E_a = U$,此时电机的转速称为理想空载转速 $n_0 = U/C_e\Phi$。

(2)实际空载转速 n_0'。为电机在实际的空载状态下运行时,电机须克服轴承摩擦等所引起的空载转矩 T,此时虽然输出轴转矩 $T_2 = 0$,但其空载转矩 T_0 使转速下降,所以实际空载转速 $n_0' = n_0 - BT_0 < n_0$。

(3)堵转时转矩 T_k。为图 3-9 中的 B 点,因转时 $n = 0$,所以 $E_a = 0$,此时外加电压 U 与电枢压降 $I_a(R_a + R_c)$ 平衡,电枢电流 $I_a = U/(R_a + R_c) = I_k$,$I_k$ 即为堵转电流,它由外加电压 U 及电枢回路中的总电阻 $(R_a + R_c)$ 压降所决定,与 I_k 对应的电磁转矩 $T_k = C_T \Phi I_k$ 即为堵转转矩。需特别注意:通常电枢外串联电阻 R_c 较小或不接,当电机发生堵转时,其堵转电流 I_k 将很大,尤其对于电动汽车而言,巨大的堵转电流极易损坏蓄电池,必须要有相应保护措施。

(4)转速降 Δn。当电磁转矩 T 在 0 与 T_k 之间时,转速 $n > 0$,二者方向一致,电磁转矩为拖动转矩。当电磁转矩从 0 增加到 T 时,电机的转速将从 n_0 降到 $n = n_0 - \beta T$,即转速降 $\Delta n = \beta T$。其中,机械特性斜率 $B = (R_a + R_c)/(C_e C_T \Phi^2)$,它表示机械调速特性的软硬度,$\beta$ 大机械特性软,β 小机械特性硬。β 与电枢回路总电阻 $R_a + R_c$ 成正比,与气隙磁通的二次方成反比。

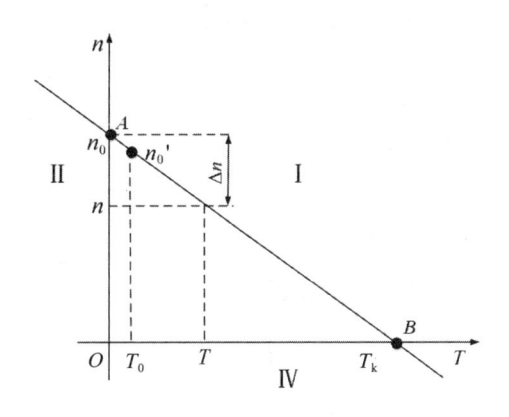

图3-9 他励直流电机的机械特性曲线

3. 他励直流电机的调速

通过对他励直流电机的机械特性数学方程式[式(3-12)]的分析,可知改变其中 U、Φ、R_c 三个参数即可改变转速 n。因此相应的调速方法也有降压、弱磁、串电阻三种:降压调速是改变电源电压 U 来获得恒转矩调速;弱磁调速是通过改变励磁电流 I_f,从而改变电机磁通量 Φ 来获得恒功率调速;串电阻调速是通过逐级改变电枢回路中所串电阻 R_c 来进行调速,它使机械特性变软,并增加了功耗,所以目前很少采用,主要用在大电动机的启动过程,即通过逐级减小电枢回路中所串电阻来减小启动电流。目前前两种方法采用较多,也是电动汽车中需配合采用的方法,现分别加以说明。

1)降低电源电压的恒转矩调速

保持他励直流电机的磁通为额定值,电枢回路不串电阻,将电源电压分别降低为 U_1、U_2、U_3 等不同值时,则可获得与固有机械特性平行的人为机械特性,如图3-10所示。图中所示的负载为恒转矩负载,在电源电压为额定值 U_e 时,其工作点为 e,电动机为额定转速 n_e;当电压降到 U_1 时,工作点为 A,转速为 n_A;电压为 U_2 时,工作点为 B,转速为 n_e 等。即转速随电源电压降低而降低,调速方向是从基速(额定转速 n_e)向下调节,且电源电压为不同值时,其机械特性的斜率都与固有机械特性的斜率相等,即特性较硬。通常电源电压控制在额定值以下,采用连续降低电源电压来实现恒转矩无级调速,以获得如图3-12所示的从基速到零速段的调速控制。

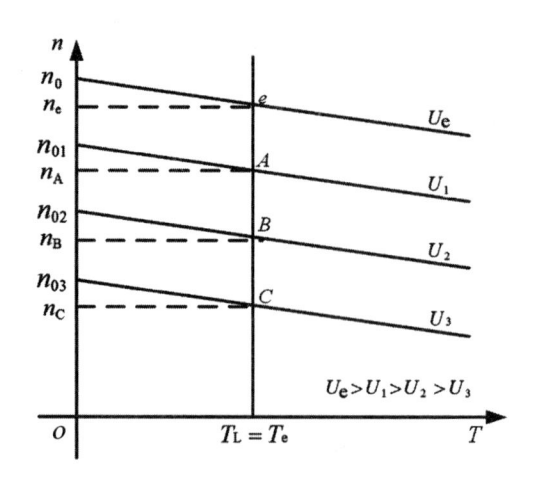

图3-10 降低电源电压的恒转矩调速

2）减弱磁通的恒功率调速

按前述分析由于机械特性斜率β与气隙磁通Φ的二次方成反比，为使机械特性尽可能硬，即要求磁通Φ要高。而通常电机额定运行时均已处在磁通近饱和状态，所以一般只能采用减磁通量的方法来调速，保持他励直流电机电源电压为额定值，电枢回路不串电阻，通过减小电机的励磁电流I_f，即减弱电动机磁通Φ时，其机械特性方程式为

$$n = \frac{U_e}{C_e\Phi} - \frac{R_a}{C_e C_T \Phi^2}T = n_0 - \Delta n \qquad (3-15)$$

由该式即可看出n_0随Φ的减弱成反比地增加，而Δn随Φ的二次方成反比地增加，若将近饱和额定磁通Φ_e的比例定为1，减弱后其比例也就小于1，平方后其比例就更小，因此n_0比Δn增加得快，即减弱磁通Φ后电动机的转速n将升高，调速方向是从基速（额定转速n_e）向上调节。弱磁调速的机械特性如图3-11所示。设电动机拖动恒转矩负载T_L运行于固有机械特性点e点上，转速为n_e。当磁通从Φ_e降到Φ_1时，转速n未能及时变化，而电枢电动势$E_a = C_e n n_e$则因Φ下降而减小，使电枢电流I_a增大。由于R_a较小，E_a稍有减少就能使I_a增加很多，此时虽然Φ减小了，但它减小的幅度小于I_a增加的幅度，所以电磁转矩$T=C_T\Phi I_a$还增大了。增大后的电磁转矩即为图3-11中的T，工作点由e点过渡到$\Phi=\Phi_1$的人为机械特性曲线上的C点。由于$T>T_L$，转速n上升，E_a随之增大，I_a及T也跟着下降，当T下降到$T=T_L$时，又建立新的转矩平衡，电机转速升至n_A稳定运行于A点。

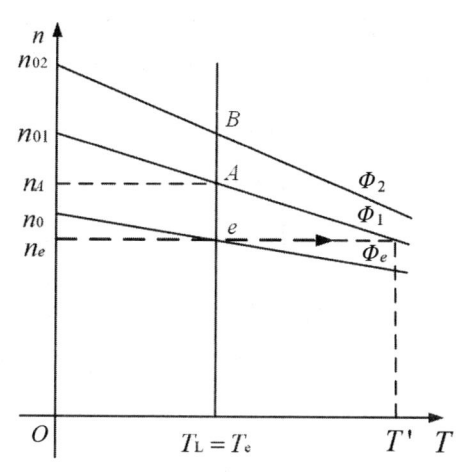

图3-11 弱磁调速的机械特性

在弱磁调速中,电枢电压U为额定电压U_e,若保持电枢电流I_a为额定电流I_e不变时,则代入公式(3-10)得输出转矩$T=C_T\Phi I_e$,再代入公式(3-13)即可得变化磁通Φ与转速n的关系式:

$$\Phi = \frac{U_e - I_e R_a}{C_e n} = \frac{C_1}{n} \tag{3-16}$$

式中,C_1为常数1,$C_1 = \dfrac{U_e - I_e R_a}{C_e}$。

于是电磁转矩可表示为

$$T = C_T \frac{C_1}{n} I_e - C_2 \frac{1}{n} \tag{3-17}$$

式中,C_2为常数2,$C_2 = C_1 C_T I_e$。

代入电机的输出功率公式有:

$$P = \frac{2\pi n}{60 \times 10^3} T = \frac{2\pi n}{60 \times 10^3} \frac{C_2}{n} = 常数 \tag{3-18}$$

上式说明弱磁调速时电机的输出功率为常数,与转速无关;允许输出转矩与转速成反比变化,即属恒功率调速方式。

由于励磁电流一般较小,因此弱磁调速控制方便,功耗也小,通过连续调节励磁电源的电压,即可实现无级的弱磁恒功率调速,以获得如图3-12所示的从基速到高速段的调速控制。他励直流电机弱磁升速能达到的最高转速,受电动机换向条件和机械强度的限制,一般他励直流电机的最高转速只能升到额定转速n_e的1~2倍,对于特制的调

速电机才可能升到 n_e 的 3~4 倍。在此需特别注意励磁电流 I_f 在运行中绝对不能为 0，否则 $\Phi \to 0$，$n \to \infty$，即将产生飞车，因此必须采取相应的互锁保护措施。

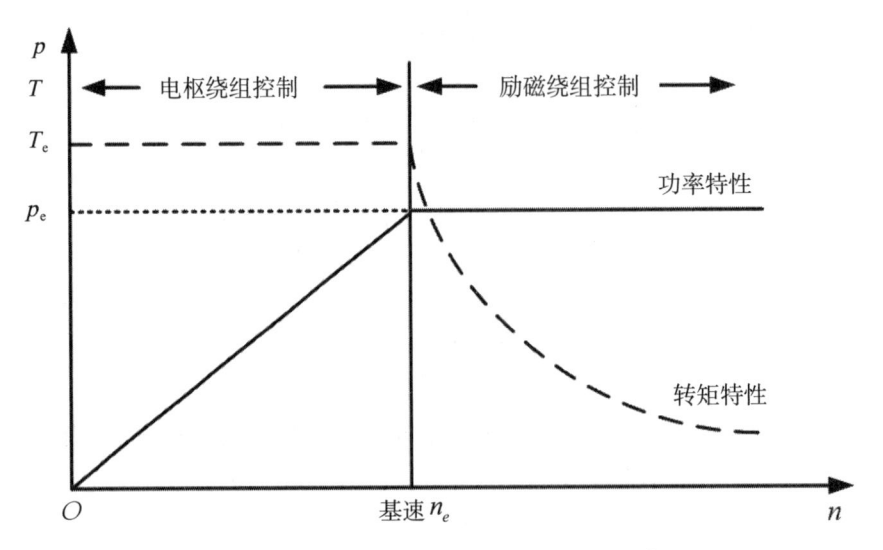

图3-12 低速恒转矩、高速恒功率的调速特性

为满足电动汽车的驱动电机有较宽的调速范围，通常同时采用降低电枢电压和减弱磁通两种调速法，以获得低速恒转矩、高速功率的调速特性，如图 3-12 所示。其中，实线为功率特性曲线，虚线为转矩特性曲线。

3.4 交流电机

3.4.1 交流电机的工作原理

交流电机与直流电机都是根据电磁力和电磁感应定律工作的，它们的最大区别是前者由交变电流所产生的旋转磁场相对导体的作用而工作；后者通过静止磁场相对导体作用而工作。因此要弄清楚交流电机的工作原理，主要需了解导体在旋转磁场中所产生的作用以及该旋转磁场如何产生的这两个方面。

1. 旋转磁场对导体的作用

如图 3-13 所示，当 U 形磁铁以转速 n_0 逆时针旋转时，处于磁场内的线圈导体将切割磁力线，若磁感应强度为 B，导体有效长度为 l，线圈导体的切割速度为 v，则产生的感应电动势为 $e = Blv$，其方向按右手定则决定，如图 3-13 中箭头所示。又由于线圈是闭合的，因而产生感应电流 i，方向如图中箭头所示。带电导体在磁场中即受电磁力 F 的作用，且有 $F = Bli$，受力方向满足左手定则，即如图中箭头所示。因此线圈在其旋转磁场的电磁力 F 作用下，也将沿逆时针方向旋转，转速为 n，且有 $n < n_0$。

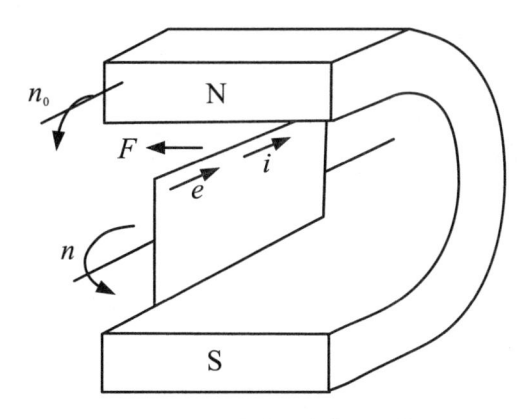

图 3-13 旋转磁场对导体的作用

2. 旋转磁场的产生

交流电机的定子绕组由空间中互为 120°的三相绕组构成，每相绕组中分别通入三相对称交流电，其波形如图 3-14 所示，即三相交流电为相位差互为 120°的正弦波。为说明原理，假设每相仅有一个线圈，如图 3-15 所示，并用符号⊕表示电流流入，符号⊙表示电流流出。同时给线圈 AX、BY、CZ 分别通入图 3-14 所示的相位差 120°的正弦波电流 i_A、i_B、i_C，下面分析当相位角 ωt 分别在 0°、60°、120°、180°几个特征位置时，三相绕组电流所产生磁场合成后的变化过程。当 $\omega t = 0°$ 时，AX 线圈中电流为 0，不产生磁场；BY 线圈中电流从 Y 端流入，B 端流出，按右手螺旋法则，产生的磁场方向为图 3-15（a）所示的 B_Y 向，同样 CZ 线圈中电流为从 C 端流入，Z 端流出，产生的磁场方向为图 3-15（a）所示的 B_Z 向，两者合成后磁场方向为图 3-15（a）中 NS 极位置。同理在 $\omega t = 60°$、120°、180°时的合成磁场分别为图 3-15（b）~（d）所示的 NS 极位置。由此比较每个瞬间的合成磁场，沿顺时针方向旋转 NS 极，即在定子绕组中通入三相交流电源时产生顺时针方向旋转的磁场。如改变三相交流电相序，所产生的合成磁场则沿逆时针方向旋转。该旋转磁场的转速即称为同步转速 n_0，其值为

$$n_0 = \frac{60f}{p} \tag{3-17}$$

式中，f 为通入定子的电流频率（Hz）；p 为电机的极对数。

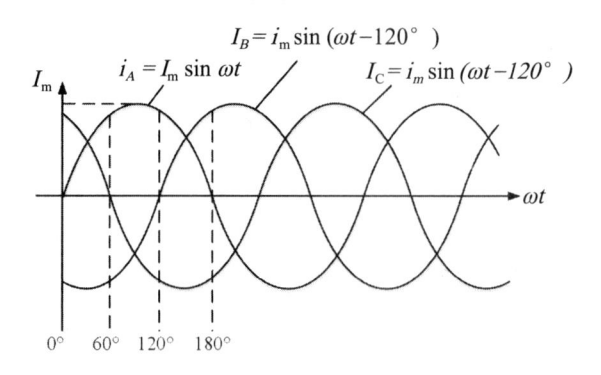

图3-14 三相对称的交流电波形

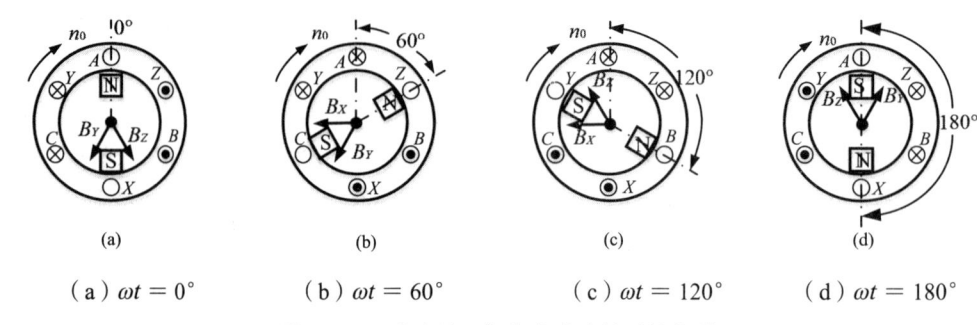

（a）$\omega t=0°$　（b）$\omega t=60°$　（c）$\omega t=120°$　（d）$\omega t=180°$

图3-15 不同时刻三相合成的旋转磁场位置

其旋转磁场在定子铁芯中产生磁通，转子绕组由于切割该磁场而感应出电动势，在闭合的转子绕组中将有感应电流流动，如前所述，该带电线圈在其旋转磁场的电磁力 F 作用下，也将随其旋转，转速为 n，并且 n 总是小于 n_0，即不可能达到同步转速 n_0，这是因为转子导体必须与旋转磁场之间有相对运动，转子导体才能感应产生电流，进而形成电磁转矩，因此该类电机即被称为异步电机。异步电机的转子导体中本来没有电流，是通过切割旋转磁场而感应生成的，因此异步电机也称为感应电机。如果在此转子绕组中另外通入直流励磁电流，使转子本身产生固定极性的磁场，定子旋转磁场的磁极与转子的异性磁极所产生的磁拉力会牵引转子与旋转磁场同速旋转，此即为同步电机的简单工作原理。

3. 转差率

综上所述，异步电机正常运行时，要使转导体感应电动势，转子转速 n 不能等于旋转磁场的同步转速 n_0，也就是必须存在转差转速 $\Delta n = n_0 - n$，转差转速 Δn 与同步转速 n_0 之比即称为异步电机的转差率 s，其值为

$$s = \frac{n_0 - n}{n_0} \tag{3-20}$$

转差率是异步电机运行中的一个重要基本参数，与电机的负载大小以及运行状态有

着密切关系。转差率越小转子转速越接近同步转速，电机效率也相应较高。通常异步电机在额定负载运行时的转差率为1%~6%。

4. 转差率与异步电机运行状态之间的关系

异步电机可以有三种运行状态，它与转差率s或转速n之间的关系可用图3-16来表示。

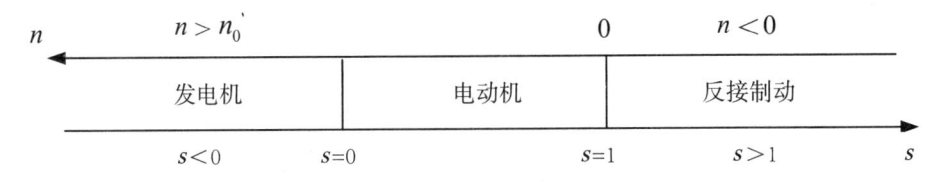

图3-16 转差率与异步电机的三种运行状态

（1）电动机运行状态。当$0 < n < n_0$或$0 < s < 1$时，为电动机运行状态。如前所述当转子与旋转磁场存在差速时，转子导体就能切割磁场感应电动势及电流，产生驱动型电磁转矩，电动机克服负载转矩与磁场同方向旋转，电动机从电源吸收电功率，通过轴输出机械功率。

（2）发电机运行状态。当$n > n_0$或$s < 0$时，为发电机运行状态。作为电动机运行的异步电机，靠其本身的电磁转矩是不可能使转速超过同步转速n_0的。但如果在轴上连接原动机，或者由其他转矩（如惯性转矩、重力转矩）去拖动异步电机，使其转速$n > n_0$，$s < 0$时，旋转磁场切割转子导体的方向将相反，使得导体的感应电动势方向改变，转子电流及电磁转矩的方向也随之改变，即电磁转矩变为制动转矩，原动机向异步电机输入机械功率。此时因转子电流改变，经磁动势平衡作用，定子电流也随之改变方向，将吸收电功率变为输出电功率，所以$n > n_0$，$s < 0$时，异步电机运行于发电机状态。对于电动汽车要在降速制动过程中实现发电回馈，其电机转速n不可能再升高，但是根据前述同步转速n_0的公式[公式（3-8）]，可看出n_0与其驱动电源频率f成正比，即可通过调频方式，降低f来减小n_0来达到发电回馈之目的。对于汽车下坡行驶时，随着位能下降的加速作用，n可能会大于n_0，但为确保安全也可结合降低电源频率f来实现发电回馈。

（3）反接制动状态。当$n < 0$或$n > 1$时，为反接制动状态。如电动机所带负载转矩很大，电动机不仅不能带动负载，反而会在负转矩作用下引起反向旋转。例如，在吊车起吊货物时，若货物过重，电动机不仅不能将货物吊起来，反而因货物过重下沉而使电动机反转，即转速n变为负值，电磁转矩即为制动转矩。此时电动机一方面从电网吸收电功率；另一方面又从轴上吸收机械功率，两部分功率变为电动机内部损耗，异步电动机运行于反接制动状态。

3.4.2 异步电机的结构及铭牌数据

三相异步电机主要由定子和转子两大基本部分组成，定子和转子之间有气隙，为了减小励磁电流，提高功率因数，气隙应做得尽可能小。按转子结构不同，异步电机分为笼型异步电机和绕线型转子异步电机两种，这两种电机的定子结构完全一样，仅转子结构不同。图 3-17 为三相绕线型转子异步电机的结构图。

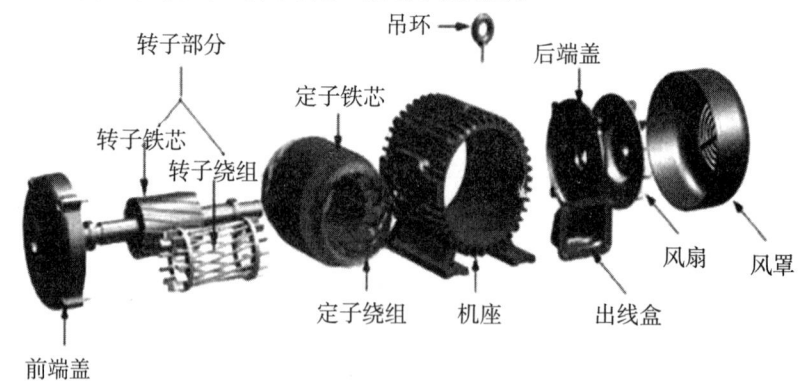

图3-17 三相绕线型转子异步电机的结构图

1. 定子的结构

异步电机的定子由定子铁芯、定子绕组和机座等组成（见图 3-18）。定子铁芯是电机磁路的一部分，为减少电机铁损，采用厚为 0.35~0.5mm、表面涂有绝缘漆的硅钢片冲槽叠装而成，片间绝缘可减少铁芯的涡流损耗。定子铁芯内圆上开有均匀分布的定子槽，用来嵌放定子绕组。定子绕组是电机的电路部分，三相电机有三组空间互相间隔 120°的三相绕组，每相绕组均由若干线圈连接组成，按一定规律嵌入定子铁芯线槽内。三相绕组的首、尾共有六个出线端，若将首尾相连引出三个接线端为角形连接方式；若将三个尾端并接在一起，由其首端同样引出三个接线端为星形连接方式。所以电机的接线盒可由三根线引出，但一般引出六根线，如此即可由用户根据需要接成星形或三角形。机座的作用主要是固定定子铁芯和支撑转子轴，要求有足够的强度和良好的通风散热条件，它的外壳表面通常铸有散热片，以扩大散热面积，其他还包括前后端盖、轴水盖、风罩、接线盒吊环等。

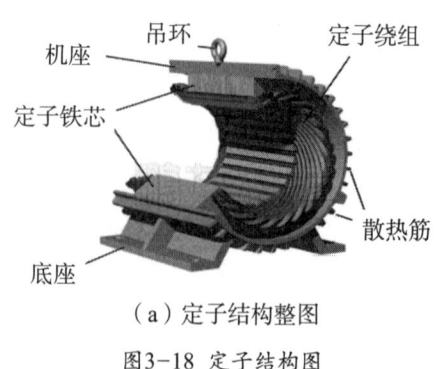

（a）定子结构整图

图3-18 定子结构图

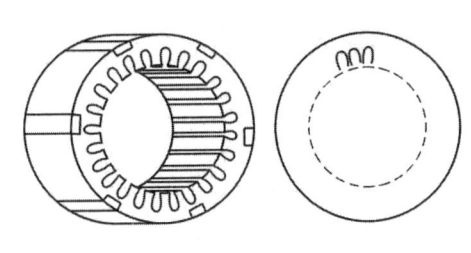

（b）定子铁芯　　　　　　　　（c）定子绕组

图3-18　定子结构图（续）

2. 转子的结构

异步电机转子主要由转子铁芯、转子绕组和转轴组成。转子铁芯也是磁路的一部分，同样由厚为 0.35～0.5mm、表面涂有绝缘漆的硅钢片冲槽叠装而成，铁芯与转轴必须可靠地固定，以便传递机械功率。转子绕组分为绕线型和笼型两种。绕线型转子铁芯的外周冲有均匀分布的转子槽，用来嵌放三相对称的转子绕组，转子绕组通常接成星形，将三条引出线分别接到装在其轴端的三个集电环上，并由压在其上的三个电刷把电路引出，即可在转子电路中串入外接可变电阻器，以改变转子的阻抗来调节电动机的运行状态和特性。笼型转子绕组由槽内的导条和端环构成多相对称闭合绕组，分为铸铝转子和铜排转子两种结构。铸铝式转子把导条、端环和风扇一起铸出，结构简单，制造方便，常用于中、小型电动机。铜排式转子把所有的铜条与端环焊接在一起，形成短路绕组，由于铜的导电率远高于铝，铜排转子结构的电机功率密度与效率均较高。对于电动汽车驱动用异步电机也较多采用铜排转子结构，甚至还有用铜银合金的，如此成本虽增加许多，但对汽车运行的长期节能效益还是合算的。电机笼型转子如果把铁芯去掉单看绕组部分，其形似鼠笼，因此称为笼型转子。

3. 三相异步电动机的铭牌数据

每台异步电动机的机座上都有一块铭牌，铭牌上标明生产厂家为用户规定的该台电动机正常运行时的各种额定数据，主要有如下数据。

额定功率 P_e：电动机额定运行时轴端输出的机械功率，单位为 W 或 kW。

额定电压 U_e：电动机额定运行时定子绕组应接入的电源线电压，单位为 V。

额定电流 I_e：电机在额定电压下，输出额定功率时，定子绕组的线电流，单位为 A。

额定频率 f_e：我国规定标准工业用电的频率（工频）为 50Hz。

额定转速 n_e：电动机在额定电压、额定功率及额定频率下的转速，单位为 r/min。

除此之外，铭牌上还标有定子绕组相数、连接方法、绝缘等级、功率因数、效率、温升和质量等。对绕线转子异步电动机还标有转子额定电压（指定子绕组加额定电压，转子开路时集电环之间的线电压）和转子额定电流。

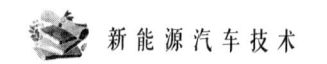

3.4.3 交流电机的拖动特性

下面对异步电动机的拖动特性进行相关介绍，具体内容如下。

1. 异步电动机工作特性

异步电动机的工作特性是指在额定电压和额定频率下，电动机的转速 n、输出转矩 T_2、定子电流 I_1、功率因 $\cos\varphi$ 及效率 η 等物理量随输出功率 P_2 变化的关系曲线，如图 3-19 所示。

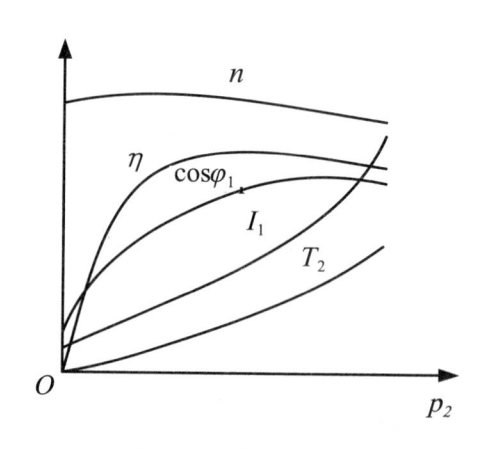

图3-19 异步电机工作特性

1）转速特性

电动机转速 n 与输出功率 P_2 之间的关系曲线称为转速特性曲线，如图 3-19 所示。空载时，输出功率 $P_2=0$，转子转速接近于同步转速 $s \approx 0$，当负载增加时，随负载转矩增加，转速 n 下降。额定运行时，转差率较小，一般为 0.01~0.06，相应的转速 n 随负载变化不大，与同步转速接近，故曲线 $n = f(P_2)$ 是一条微微向下倾斜的曲线。

2）转矩特性

输出转矩 T_2 与输出功率 P_2 之间的关系曲线 $T_2=f(P_2)$ 称为转矩特性曲线。空载时，$T_2=0$，$P_2=0$。随着输出功率 P_2 的增加，转速 n 略有下降。由于电动机从空载到额定负载这一正常范围内运行时，转速 n 变化很小，故转矩特性曲线近似为一稍微上翘直线。

3）定子电流特性

异步电动机定子电流 I_1 与输出功率 P_2 之间的关系曲线 $I_1=f(P_2)$ 称为定子电流特性曲线。空载时，转子电流 $I_2 \approx 0$，空载电流较小，约为额定电流的 1/2。当负载增加时，转子转速下降，转子电流增大，转子磁势增加。定子电流 I_1 及定子磁势也相应增加，以补偿转子电流的去磁作用，因此定子电流 I_1 随输出功率 P_2 的增加而增加，定子电流特性曲线是上升的。

4）功率因数特性

异步电动机功率因数 $\cos\varphi$ 与输出功率 P_2 之间的关系曲线称为功率因数特性曲线。

功率因数特性是异步电动机的一个重要性能指标。空载时，定子电流基本为无功励磁电流，故功率因数很低，约为 0.2。负载运行时，随着负载增加，转子电流增加，定子电流有功分量增加，功率因数逐渐上升。在额定负载附近，功率因数达到最高值，一般为 0.8~0.9。负载超过额定值后，由于转速下降，转差率 s 增大较多，转子频率增加，转子功率因数下降，转子电流无功分量增大，与之相平衡的定子电流无功分量增大，致使电动机功率因数下降。

5）效率特性

电动机效率 η 与输出功率 P_2 之间的关系曲线 $\eta=f(P_2)$ 称为效率特性。效率特性也是异步电动机的一个重要性能指标。效率等于输出功率 P_2 与输入功率 P_1 之比，即

$$\eta = \frac{P_2}{P_1} \tag{3-21}$$

空载时，$P_2=0$，$n=0$，随着负载 P_2 的增加，效率随之提高，当负载增加到可变损耗与不变损耗相等时，效率达最大值，此后负载增加，由于定子、转子电流增加，可变损耗增加很快，效率反而降低。

$\cos\varphi=f(p_2)$ 和 $n=f(P_2)$ 是异步电动机两个重要特性。由以上分析可知，异步电动机的功率因数和效率都是在额定负载附近达到最大值。因此选用电动机时，应使电动机容量与负载容量相匹配。电动机容量选择得过大，电机长期处于轻载运行，投资、运行费用高，不经济。若电动机容量选择过小，将使电动机过载而造成发热，影响其寿命，甚至损坏。

2. 异步电动机机械特性

异步电动机转速 n 与电磁转矩 T 之间的关系，即 $n=f(T)$，称之为机械特性。本书以固有机械特性为例来说明，其是指电动机在额定电压和额定频率下，按规定的接线方式接线，定子和转子电路不外接电阻或电抗时的机械特性。当电机处于电动机运行状态时，其固有机械特性如图 3-20 所示。固有特性上 N、M、A 三个点代表了异步电动机的三个重要工作状态。

（1）额定状态：这是电动机的电压、电流、功率和转速都等于额定值时的状态，工作点在特性曲线上的 N 点，额定运行时，转差率很小，一般 s=0.01~0.06，所以异步电动机额定转速 n_N 略小于同步转速 n_1，这表明固有机械的线性段为硬特性。额定状态反映了电动机的长期运行能力，因为 $T>T_N$ 则电流和功率都会超过额定值，电动机温度超过允许值，将会降低电机使用寿命。

（2）临界状态：这是电动机的电磁转矩等于最大转矩的状态，工作点在特性曲线上的 M 点。通常情况下，电动机在线性段 DM 上工作是稳定的，因此 M 点也是稳定运行的临界点。

（3）启动状态（堵转状态）：这是电动机刚接通电源，转子尚未转动的工作状态。工作点在特性曲线上的 A 点。堵转的状态表明了电动机的直接启动能力。

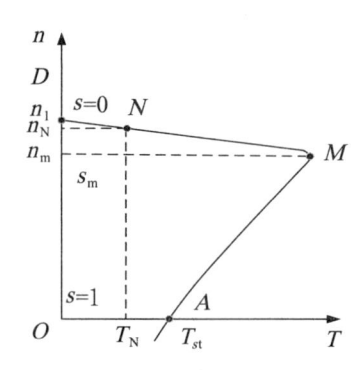

图3-20 异步电机固有机械特性

3.4.4 交流电机的调速方法

根据前述同步转速 n_0 公式和转差率 s 公式，经合并整理后即可推得交流电机的转速 n 公式为

$$n = n_0(1-s) = \frac{60f}{p}(1-s) \qquad (3-22)$$

从式（3-22）可知三相异步电机的调速方式主要有改变供电频率 f、极对数 P 和转差率 s 三大类。改变转差率调速法包括改变电机定子输入电压、定子回路串电抗器、绕线式异步电机转子回路串电阻、利用转差离合器、串级双馈调速（适用于绕线式异步电动机）等，该类调速法均存在使调速特性相应变软、调速范围较窄等缺陷；而改变定子绕组的极对数调速法通常仅为二级的有级调速。再由式（3-22）可看出，可通过改变异步电机定子供电电源的频率 f，即改变同步转速 n_0，从而改变转速 n。如果 f 连续可调，则可平滑地调节转速，即为变频调速。但随 f 的改变，为满足电机的机械特性，能与所选生产机械的负载特性匹配，还需改变相关的参数，现进一步分析如下。

1. 调频兼调压的要求

三相异步电机运行时，若忽略定子阻抗压降，则定子每相电压 U_1 为

$$U_1 \approx E_1 = 4.44fN_1k_1\phi \qquad (3-23)$$

式中，E_1 为气隙磁通在定子每相绕组中的感应电动势；N_1 为定子每相绕组的串联匝数；k_1 为基波绕组系数。由式（3-23）说明若端电压 U_1 不变，则随 f 的升高，气隙磁通 ϕ 将减小。设 C_M 为转矩系数，I'_2 为转子电流 I_2 的归算值，$\cos\varphi_2$ 为转子电路的功率因数，则交流异步电机的转矩公式为

$$T = C_M \varphi I'_2 \cos\varphi_2 \qquad (3-24)$$

由式（3-24）可以看出，φ的减小势必导致电机允许输出转矩T下降，使电机的利用率恶化。同时电机的最大转矩也将降低，严重时会使电机堵转。再按式（3-21），若使端电压U_1不变，则随f的减小，φ将增加，这就会使磁路饱和，励磁电流I_m上升，导致铁损急剧增加，这也是不允许的。因此在许多场合，要求在调频的同时改变定子电压U_1，以维持φ接近不变。根据U_1和f的不同比例关系，将有不同的变频调速方式。

根据电机学有关公式推导（在此直接给出结论），可知对恒转矩负载（T_L＝常数），要求$\dfrac{E_1}{f}$＝常数。而对恒功率负载（P_L＝常数），要求$\dfrac{U_1}{\sqrt{f}}$＝常数，为此用于交流电机的变频器通常要求具有调频兼调压的功能，即根据电机所带的负载特性，来设定电压U_1与频率f的关系。

2. 变频器的类型

变频器可分为交 - 交型、交 - 直 - 交型和直 - 交型三类。交 - 交型又称直接式变频器，它由两组反并联的变流器P组和变流器N组所组成，其输出频率一般不能高于电网频率，常用于低频大容量调速。交 - 直 - 交型又称带直流环节的间接式变频器，它由顺变器、中间环节和逆变器三部分组成，顺变器的作用是将交流转换为可调直流，作为逆变器的直流供电电源，因中间环节的不同又分为斩波器方式变频器、电压型变频器和电流型变频器等。交 - 交型和交 - 直 - 交型两种变频器均用于由交流电网供电的电动机。

电动汽车的车载电源为直流电，所以需选用直 - 交型变频器。直 - 交型变频器主要由 DC/DC 转换器和逆变器两大部分组成。其中逆变器是将可调直流电变为调频、调压的交流电，多采用 PWM（脉冲宽度调制）逆变器来完成。按其功率驱动元件同样被分为晶闸管和晶体管两种逆变器，为提高控制性能，目前较多采用晶体管逆变器，而 PWM 方法又有多种，其中正弦波调制（简称 SPWM）方法应用最为广泛。

本章课后思考题

1. 目前新能源汽车上的电机类型有哪些？
2. 直流电机包括哪几部分？
3. 交流电机包括哪几部分？
4. 新能源汽车上的驱动电机应满足哪些要求？
5. 国内新能源汽车常用的驱动电机是什么？
6. 目前新能源汽车上的驱动电机存在的问题有哪些？
7. 电机需定期检查什么？
8. 驱动电机需解决的技术问题有哪些？

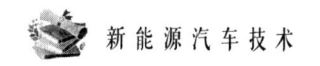

第四章 新能源汽车整车性能分析与动力匹配

动力电池系统作为电动汽车驱动能量源,与电动汽车驱动部件共同组成了电动汽车电驱动系统,需要根据车辆的底盘结构和性能指标要求,进行电驱动系统匹配,而这又需要综合考量车辆的动力性与经济性等因素。因此,本章详细介绍基于车辆动力性和经济性因素的电动车辆动力系统匹配流程及匹配实例分析。

4.1 纯电动车动力性

电动汽车的动力性是指在良好路面上直线行驶时,由汽车受到的纵向外力所决定,即基于纵向力学所能达到的平均行驶速度。电动汽车作为一种高效运行的装载工具,运输效率很大程度决定于其动力性,因此动力性是电动汽车各种性能中最基本、最重要的性能。本章将介绍电动汽车动力性的评价指标,分析行驶所受各种阻力,建立所需驱动力 - 行驶阻力平衡方程式,比较各类动力驱动装置的转速特性,进而说明其动力因数、行驶所需的附着条件等。前文已定义凡是最终由电机驱动,包括由蓄电池(也含串联式混合动力)、燃料电池等作为电力储能装置的电动汽车,所用的动力驱动系统均为电机型动力驱动系统。为便于介绍,在此声明:后述凡无特意说明,所述电动汽车均指最终由电机驱动的。

4.1.1 电动汽车动力系统的评价指标

电动汽车动力系统的评价指标应包括最高车速 u_{max}、加速时间 t、最大爬坡度 i_{max}、能量利用率、续驶里程、车载储能装置寿命。鉴于电动汽车所受节能减排要求或能源受限的特征,除了前三项传统汽车所需的动力性指标,还需增加后三项相关经济性指标。对传统汽车来说,通常发动机排量越大前三项均越高,而对电动汽车不仅与所配驱动电机大小相关,还与驱动控制、调速性能、短时过载能力及传动结构相关,对于后三项经济性指标也不仅取决于车载储能装置性能,还与动力驱动系统的效率和对其动能的回收率紧密相关。现分别说明如下。

1. 电动汽车的最高车速

最高车速一般是指汽车满载时在良好水平路面（混凝土或沥青）上车辆所能达到的最高行驶速度，单位为 km/h。电动汽车的最高车速主要取决于驱动电机所能输出的最大连续功率，也与所配备储能装置的最大功率，即其比功率有关，当然按后述分析也与车载质量等相关。电机调速所能达到的最高转速在驱动车轮后所能达到的也是最高车速，因此调速电机的最高转速指标也决定了汽车的最高车速。并且最高车速指标也很大程度地决定了电动汽车的制造成本。根据现有相关配套部件的技术水平，可粗略估算如将其最高车速分别指定为 60km/h、80km/h、100km/h、120km/h 等不同等级，其制造成本将按指数级上升。即降低最高车速指标其成本可低于传统车，为此有企业专注于低速车的生产。但低速车因加速性能差在错车并线中会阻碍交通流的顺畅程度，通过牺牲电动汽车性能来降低成本的方式会阻碍行业技术的发展和进步，因而受到了相关管理部门的制约。

2. 电动汽车的加速时间 t

加速时间也体现了电动汽车的加速能力，通常用汽车加速过程中的加速度 a、加速时间 t 和加速距离 S 来评价。其中加速时间又可分为原地起步加速时间和超车加速时间两项指标，单位均为 s。原地起步加速时间又用 0~100（或 50）km/h 的加速时间，或由静止到 400m（或 1km）的冲刺时间来表示；超车加速时间通常用从 40km/h 加速到 100km/h 所需的时间来表示；还可用加速过程中车速 – 时间关系的曲线来全面反映加速能力。由于超车时汽车与被超车辆并行，易发生安全事故，所以要求超车加速能力强，以缩短并行时间来提高行驶安全性。

电动汽车的加速性能主要取决于驱动电机所能输出的最大峰值功率及启动特性，可充分利用电机的短时过载能力来提高加速性能，但由于电机的过载能力通常在低速时优于高速运行时，所以起步加速指标比超车加速较容易满足，采用一挡齿轮减速或直驱方式均可省去换挡时间，即可缩短加速时间。以上分析也说明了优化电机调速控制策略也可缩短电动汽车的加速时间。

3. 电动汽车的最大爬坡度

爬坡能力是指汽车满载时在良好的路面上，以所能达到的最大驱动力行驶时所能爬行的最大坡度 i_{max}。其坡度用坡高与相应的水平距离之比来表示，其单位用百分比（%）表示。对于传统汽车采用最低变速挡来获得其最大驱动力；而对电动汽车可利用电机的低速短时过载能力来获得其最大驱动力。通常要求 i_{max} 在 30% 即坡度角为 16.7°左右。需进一步说明的是 i_{max} 代表了汽车爬坡能力的极限，它应比实际行驶中所遇到的道路最大坡度超出很多，这是由于在实际坡道行驶时，应考虑到在坡道上停车后能顺利起步加速、需克服松软坡道路面的大阻力、克服坡道上崎岖不平路面的局部大阻力等要求。不过对电动汽车可充分利用其电机的低速短时过载能力来应付，在此需特别说明：电机的过载能力与当时的速度和过载时间关系甚大，即速度越低、时间越短，过载能力越大，

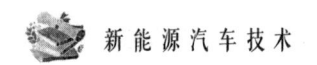

所以对 1~2min 就能解决的低速路障即可利用,而用在高原地区上长坡时就必须按驱动电机的连续运行功率来考虑。对越野汽车要求在各种坏路或无路条件下行驶,因而对爬坡能力要求更高,它的最大爬坡度可达 60%。

4. 电动汽车的能量利用率 H

电动汽车的能量利用率 H 是指汽车以几种特定速度行驶单位里程所耗能量,指定车速可代表其特定工况,如 20km/h、60km/h、120km/h 等。通常用每千瓦·时所能行驶的公里数 [km/(kW·h)] 表示,也用 kW·h/km 表示。电动汽车的能量利用率 H 一般应比传统内燃机汽车高 30% 以上。

5. 电动汽车的续驶里程

续驶里程表示电动汽车一次充满电(或储能)能够行驶的最大里程数,通常用"××km"来表示。这是考核纯电动汽车性能的一个重要指标,也是目前电动汽车推广普及的瓶颈。它不仅决定于所配蓄电池的容量及其性能,也与驱动电机效率和动能的回收率关系密切。

6. 电动汽车的车载储能装置寿命

这主要是考核由蓄电池作车载储能装置的纯电动汽车,所配蓄电池的使用寿命。即所配蓄电池最多能行驶的里程数,通常用"××km"来表示。燃料电池寿命远高于蓄电池。

4.1.2 电动汽车的行驶阻力

汽车在水平路面上直线匀速行驶时,除了需克服来自地面与轮胎相互作用而产生的滚动阻力 F_f,还要克服来自车身与空气相互作用而产生的空气阻力 F_w。而在汽车直线上坡行驶时,又需克服其重力沿坡道的分力,称为坡度阻力 F_i。当汽车加速行驶时,还要克服汽车本身的惯性力即加速阻力 F_j。因此,汽车直线行驶时的总阻力 $F_总$ 为

$$F_总 = F_f + F_w + F_i + F_j \tag{4-1}$$

上述各种行驶阻力中,滚动阻力和空气阻力在任何行驶条件下都存在。坡度阻力或加速阻力只有汽车上坡行驶或加速行驶时才存在。显然汽车下坡或减速行驶时,汽车重力沿坡道的分力或惯性力已不是行驶阻力,而变成了汽车的动力。

汽车行驶所需功率 P 需通过驱动车轮传递,以克服总行驶阻力 $F_总$(N)。对于汽车行驶的速度,为便于后述分析在此声明:凡用符号 u 表示的单位均为 m/s,而用符号 u_a 表示的单位为 km/h。按此计算总行驶阻力所消耗功率 P(kW)为

$$P = \frac{F_总 u_a}{3\,600} \tag{4-2}$$

现分别讨论上述四种汽车的行驶阻力。

1. 滚动阻力

车轮滚动时轮胎与路面接触区产生法向和切向的相互作用力,并使轮胎和支承路面产生相应的变形,轮胎和支承路面的相对刚度决定了变形的特点。当弹性轮胎在硬路面(混凝土或沥青路)上滚动时,轮胎变形是主要的。此时由于轮胎变形有内部摩擦而产生了弹性迟滞损失,使轮胎变形时对它所做的功不能全部回收。图4-1(a)所示为轮胎在硬支承路面上受径向载荷时的变形曲线,图中 OCA 为加载时变形曲线,面积 $OCABO$ 为加载过程中对轮胎所做的功。ADE 为卸载时变形曲线,面积 $ADEBA$ 为卸载过程中轮胎恢复变形所放出的功。由图可知两条曲线不重合,其面积之差 $OCADEO$ 为加载与卸载过程中的能量损失。此能量消耗于轮胎各组成部分相互间的摩擦,及其橡胶、帘布等物质的分子之间的摩擦,最后被转化为热能消失于大气中。而汽车若在软路面上行驶时,则是同时产生轮胎变形和路面变形,同样使更多物质分子产生摩擦热能损耗于大气中。该损失统被称为弹性物质的迟滞损失。

进一步分析可知,这也正是该迟滞损失引起阻碍车轮滚动的一种阻力偶。当车轮不滚动时地面对车轮的法向反作用力前后对称分布,而当车轮滚动时如图4-1(b)所示,在法线 $n-n'$ 前后相对应点 $d-d'$ 变形 δ [对应于图4-1(a)的点 F] 虽然相同,但由于弹性迟滞现象,处于压缩过程的前部 d 点的地面法向反作用力 F_{zd} [对应图4-1(a)中加载过程的轮胎压缩受力 CF],就会大于处于恢复过程的后部点地面法向反作用力 $F_{zd'}$ [对应图4-1(a)中卸载过程的轮胎恢复时受力 DF]。由图即可看出 $F_{zd} > F_{zd'}$,如此即使地面法向反作用力的前后分布并不对称,而是前面大于后面,从而使反作用力的合力 F_z 向前移了一个距离 a,如图4-1(b)所示,它随弹性迟滞损失增大而变大。合力 F_z 与法向载荷 W 大小相等,方向相反。利用上述分析,即可具体讨论从动轮、驱动轮的受力分析,以及影响滚动阻力 F_f 的因素如下。

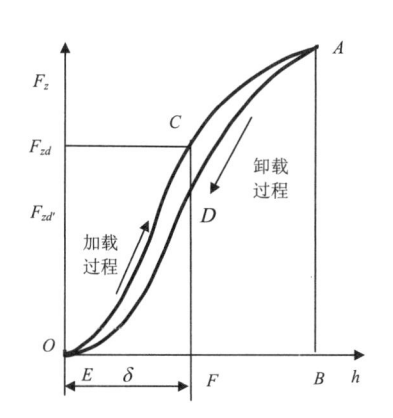

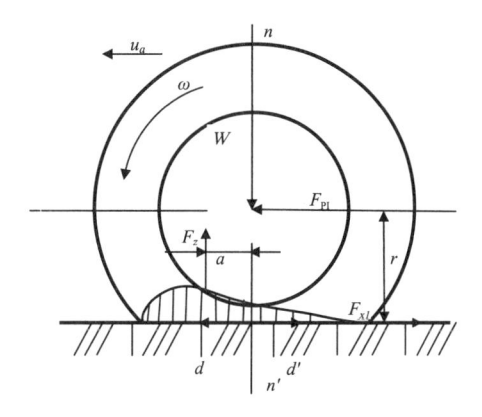

(a)轮胎的径向变形曲线　　(b)轮胎因弹性迟滞现象引起的变形与受力变化

图4-1 轮胎在硬路面上滚动时的受力变形

1）从动轮受力分析

如果将法向反作用力 F_z 平移至与通过车轮中心的垂线重合，则从动轮在硬路面上滚动时的受力情况如图4-2（a）所示，即滚动时有滚动阻力偶矩 $T_f=aF_z$ 阻碍车轮滚动。由图4-2（a）可知，欲使从动轮在硬路面上保持匀速滚动，必须在车轮中心加一推力 F_{P1}，它与地面切向反作用力 F_{x1} 构成一对力偶矩来克服上述滚动阻力偶矩 T_f。由平衡条件得：

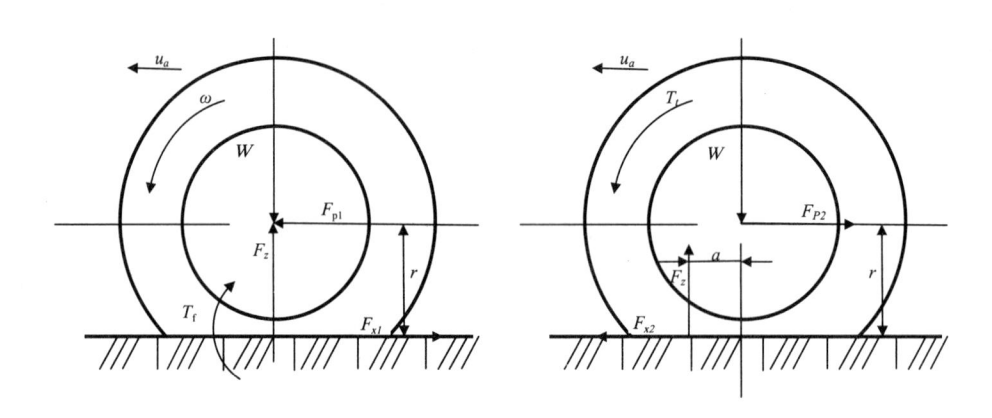

（a）从动轮的受力情况　　　　（b）驱动轮的受力情况

图4-2 车轮在硬路面上滚动时的受力情况

$$F_{P1}r = T_f \tag{4-3}$$

故

$$F_{P1} = \frac{T_f}{r} = F_z \frac{a}{r} \tag{4-4}$$

式中，r 为车轮半径。若令 $f=a/r$，且考虑到 F_z 与 W 的值大小相等，常将 F_{P1} 表示为

$$F_{P1} = Wf \text{ 或 } f = \frac{F_{P1}}{W} \tag{4-5}$$

式中，f 为滚动阻力系数，$f=a/r$，既与轮胎弹性变形引起迟滞损失而使其合力 F_z 所偏移距 a 相关，也与车轮半径、轮胎气压等相关。

由上式可知，滚动阻力系数 f 是指在一定条件下，车轮滚动所需推力 F_f 与车轮所受径向载荷 W 之比，即要使车轮滚动，单位车重所需的推力。所以车轮的滚动阻力 F_f，等于车轮径向垂直载荷 W 与滚动阻力系数 f 之乘积，即

$$F_f = Wf = W\frac{a}{r} \quad \text{且} \quad F_f = \frac{T_f}{r} \tag{4-6}$$

如此在分析汽车行驶阻力时，就不必具体考虑车轮滚动时所受的滚动阻力偶矩，而只要知道滚动阻力系数 f 来求其滚动阻力 F_f。以简化对动力性的分析。

2）驱动轮受力分析

图 4-2（b）所示为驱动轮在硬路面上等速直线滚动时的受力图。图中 F_{x2} 是由驱动转矩 T_t 所引起的道路对驱动轮的切向反作用力。F_{P2} 为车架通过悬架作用于驱动轴的水平反推力，也是驱动轴作用于车轮的水平力。法向反作用力 F_z 也由于轮胎迟滞现象而使其作用点向前移了一个偏移距 a，即在驱动轮上也同样作用有滚动阻力偶矩 T_f。由平衡条件得：

$$F_{x2}r = T_t - T_f \text{ 或 } F_{x2} = \frac{T_t}{r} - \frac{T_f}{r} = F_t - F_f \tag{4-7}$$

式中，F_t 为克服滚动阻力所需的驱动力，即为驱动转矩 T_t 除以车轮半径 r。

由上式可知，真正作用在驱动轮上驱动汽车行驶的力为地面对车轮的切向反作用力 F_{x2}，它的数值为驱动力 F_t 减去驱动轮上的滚动阻力 F_f。

通过以上分析可知，轮胎的弹性迟滞损失是以车轮滚动阻力偶矩的形式表现为汽车行驶的一种阻力。如果不考虑其他因素，汽车在水平道路上直线行驶的滚动阻力 F_f 计算式为

$$F_f = fG = fmg \tag{4-8}$$

式中，G 为汽车重力；f 为滚动阻力系数；m 为汽车质量；g 为重力加速度，$g = 9.8 \text{m/s}^2$。

若汽车重力 G 单位为 N，则滚动阻力所消耗的功率 P_f 计算式为：

$$P_f = \frac{F_f u_a}{3\,600} = \frac{fG u_a}{3\,600} \tag{4-9}$$

3）影响滚动阻力 F_f 的因素

由式（4-8）可知滚动阻力 F_f，除了与汽车载重 G 成正比，也与滚动阻力系数 f 相关，而 f 又与路面类型、行驶车速以及轮胎的构造、材料、气压等有关，现分析如下。

（1）与路面类型相关的滚动阻力系数。如表 4-1 所示，为汽车在各种路面上以中、低速行驶时，滚动阻力系数的大致数值。

表4-1 滚动阻力系数 f 的数值

路面类型	滚动阻力系数	路面类型	滚动阻力系数
良好的沥青或混凝土路面	0.010~0.018	一般的沥青或混凝土路面	0.018~0.020
碎石路面	0.020~0.025	良好的卵石路面	0.025~0.030
干燥的压紧土路	0.025~0.035	雨后的压紧土路	0.050~0.150
坑洼的卵石路面	0.035~0.050	泥泞土路（雨季或结冻期）	0.100~0.250
干砂	0.100~0.300	湿砂	0.060~0.150
结冻路面	0.015~0.030	压紧的雪道	0.030~0.050

（2）行驶车速。行驶车速对滚动阻力影响较大，如图4-3所示，斜交轮胎和子午线轮胎在车速100km/h以下时，滚动阻力随车速而缓慢增加，但当超过某一车速（如约140km/h）时增长就开始加快，尤其达到临界车速（如约200km/h）时，滚动阻力将随车速按指数规律迅速增长。此时轮胎会出现驻波现象，所谓驻波现象是指在高速行驶时，轮胎离开地面后由于变形所产生的扭曲而不立即恢复，其残余变形所形成的一种波即为驻波，此时轮胎周缘不再为圆形而呈明显的波浪状，其波形是在轮胎刚离开地面时波的振幅为最大，并按指数规律沿轮胎圆周衰减。发生驻波后不但使滚动阻力显著增加，而且轮胎温度也快速增加。后果是大量发热导致轮胎破损或爆胎，所以必须注意轮胎的两个最重要的参数：极限速度和承载量。

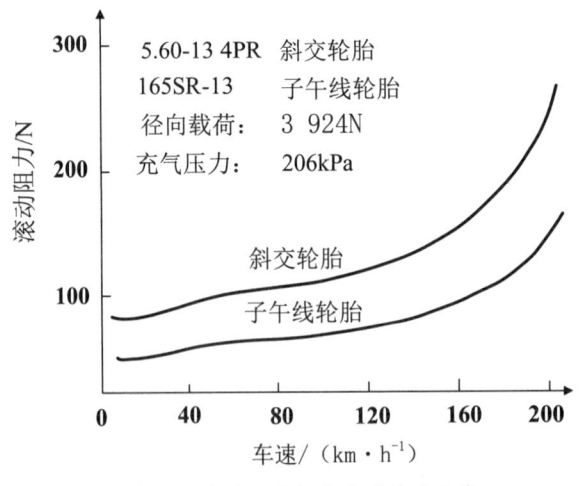

图4-3 滚动阻力与车速的关系曲线

（3）轮胎的结构与材料。轮胎的结构、帘线（棉、人造丝、尼龙、钢丝）和橡胶的品质，对滚动阻力都有影响。如图4-4所示，给出了几种不同轮胎结构的滚动阻力系数随车速及其充气压力而变化的曲线，从中即可看出子午线轮胎比斜交轮胎的滚动阻力系数小。这是因为子午线轮胎的胎线层数比斜交轮胎少，一般为4层，从而可减小层与层之间的摩擦损耗，并且子午线轮胎有带束层，轮胎着地后胎冠切向变形及相对滑移比普通轮胎要小，而且子午线轮胎的胎侧薄，径向变形恢复快。如此减少了轮胎内磨损，从而降低滚动阻力。通常子午线轮胎的滚动阻力比普通斜交轮胎要小20%~30%，约可节约能耗5%~10%。

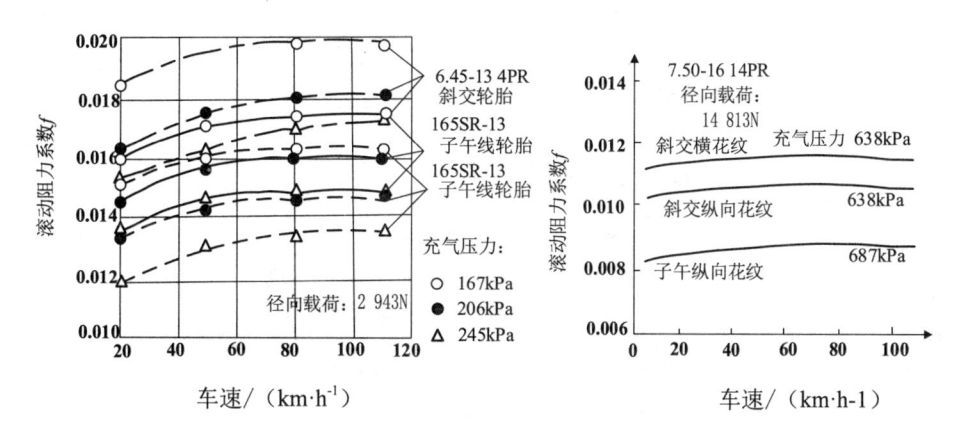

（a）不同气压对滚动阻力系数的影响； （b）轮胎结构对滚动阻力系数的影响

图4-4 滚动阻力系数与车速、轮胎结构、充气压力的关系曲线

（4）轮胎的气压。气压越高，轮胎变形及由其产生的迟滞损失就越小，滚动阻力也越小。从图4-4（a）中可看出三种不同气压对滚动阻力系数的影响。而图4-5所示为滚动阻力系数与充气压力的关系。由此可看出滚动阻力系数随充气压力的增大而减小，由式（4-2）可知滚动阻力系数$f=a/r$，，即f取决于偏移距a的大小，而偏移距a决定于轮胎在垂直载荷作用下，被压缩的径向下沉变形量。对相同轮胎来说，下沉变形量主要取决于轮胎的承载负荷和胎内气压，气压下降使下沉量增大，滚动阻力系数随之增加，从而能耗上升。轮胎气压在标准范围，是减少轮胎偏移距，从而减小滚动阻力来降低能耗的有效措施。

（5）驱动力的影响。由于在驱动状况下，轮胎作用有驱动转矩，胎面相对于地面有一定程度的滑动，增加了轮胎滚动时的能耗。图4-6所示为由试验得到的滚动阻力系数（包括胎面滑动损失）与驱动力系数的关系曲线。驱动力系数为驱动力与其径向载荷之比。由图可看出滚动阻力系数随驱动力系数的增大而迅速增加，但在气压较低时反而增得相对较慢，并且驱动力系数变化对子午线轮胎的滚动阻力系数的影响相对也较小。

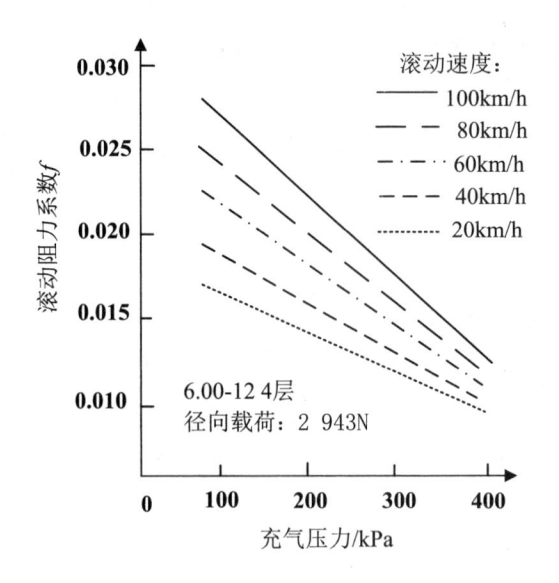

图4-5 滚动阻力系数与充气压力关系

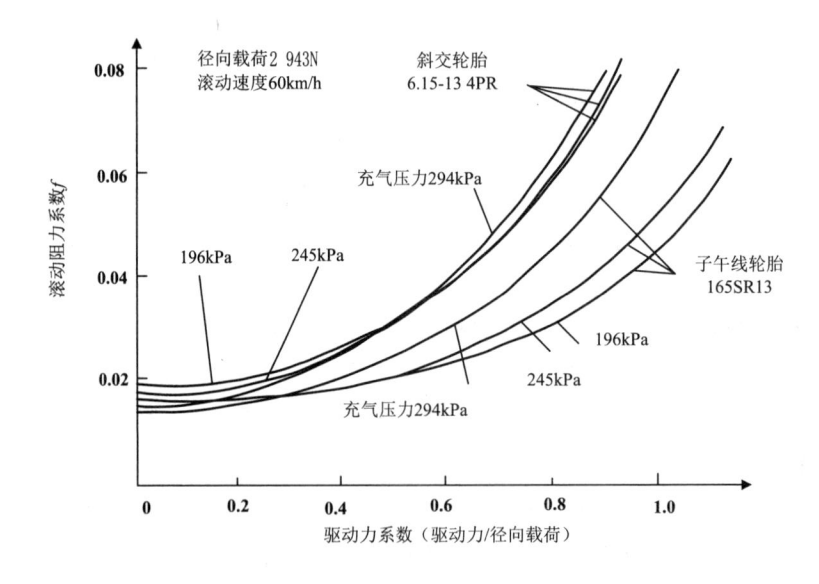

图4-6 滚动阻力系数与驱动力系数的关系曲线

（6）转弯行驶时的影响。汽车转弯时由于轮胎发生侧偏，会使滚动阻力大幅增加，图4-7所示为总质量34.5t的半挂车，在绕半径33m的圆周转弯行驶与直线行驶时，滚动阻力随车速变化的比较。试验表明转弯行驶时的滚动阻力，要比直线行驶时增加50%~100%。但在一般动力性分析中，常会忽略转弯所增加的滚动阻力，应引起注意。

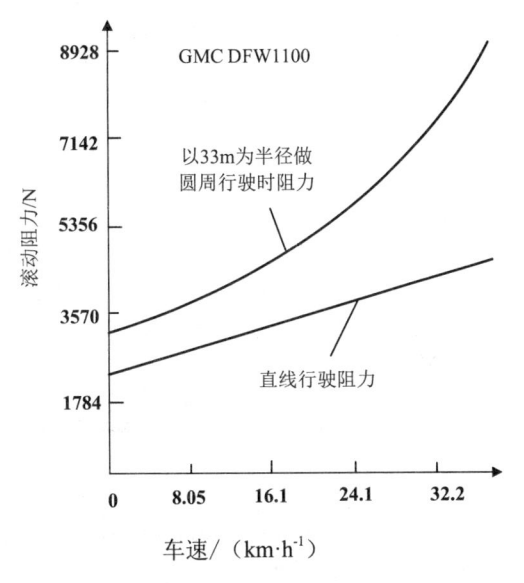

图4-7 转弯与直线行驶时滚动阻力随车速变化的比较

综上所述，汽车行驶时的滚动阻力与路况、车速、轮胎类型及其气压等均相关，为了节约电动汽车能耗需从多方面来改进，如能按车速路况随时调整轮胎气压就可节约能耗，增加续驶里程。在进行动力性分析时，若无试验得到的准确滚动阻力系数 f 值，可利用经验公式来估算，设车速为 u_a，滚动阻力系数 f 可用式（4-10）来估算车速较低的货车：

$$f = 0.0076 + 0.000056 u_a \tag{4-10}$$

对于车速较高的轿车需改用下式来估算 f：

$$f = f_0 + f_1\left(\frac{u_a}{100}\right) + f_4\left(\frac{u_a}{100}\right)^4 \tag{4-11}$$

式中，系数 f_0、f_1、f_4 可参考表4-2，其由德国布伦瑞克工业大学车辆研究所在直径2m的钢鼓试验台上进行各种轮胎的滚动阻力系数测定时，对所测试验数据曲线按式（4-11）拟合而得。

表4-2 德国布伦瑞克工业大学车辆研究所对测试验数据曲线按式（4-10）拟合所得系数

系数	最高速为 180km/h 的 SR 级	最高速为 210km/h 的 HR 级	SR-M+S
f_0	0.0072~0.0120	0.0081~0.0098	0.0085~0.0120
f_1	0.00025~0.00280	0.0012~0.0025	0.0025~0.0034
f_4	0.00065~0.002	0.0002~0.0004	0.0005~0.0010

注：SR-M+S 为用于泥浆和积雪覆盖路面的 SR 级

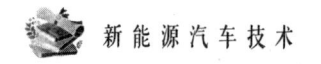

2. 空气阻力

汽车直线行驶时受到的空气作用力在行驶方向的分力称为空气阻力。空气阻力分为压力阻力和摩擦阻力两部分。压力阻力是作用在汽车外形表面上的法向压力的合力在行驶方向上的分力，图4-8所示为车身表面上的空气法向压力分布。摩擦阻力是由于空气的黏性在其车身表面所产生切向力的合力在行驶方向的分力，摩擦阻力与车身的表面积及表面质量有关。压力阻力又被分为形状阻力、干扰阻力、内循环阻力和诱导阻力四部分。

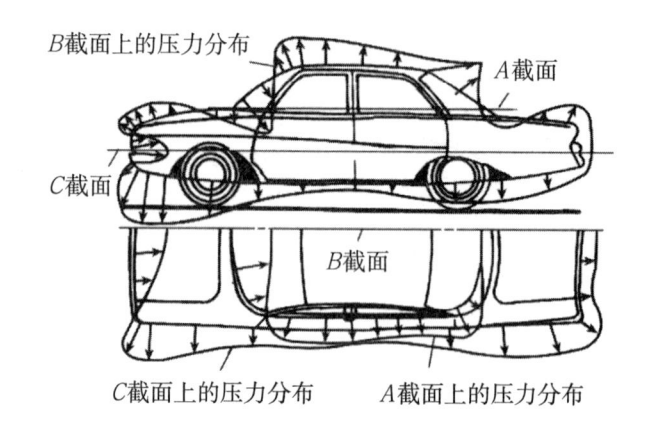

图4-8 车身表面上的法向压力分布

（1）形状阻力。汽车行驶时，其正面的气流和后部产生的涡流等所引起车身的前后压力差，所以又称为压差阻力。车身的主体形状、各个部件表面形状及其交接处的转折方式是影响形状阻力的主要因素。实验表明车身外形的优化设计，可使形状阻力减少一半之多，并且它占了整个空气阻力的大部分。表4-3所示为各种车身形状的空气阻力系数变化值。

（2）干扰阻力。由汽车表面凸起物引起的气流干扰而产生的阻力。对干扰阻力影响较大的有不平滑的头灯、车门把手、前保险杠、风窗上部的帽檐、排水槽、后视镜、外凸的门铰链、天线等一些构件，以及凸出于车身底座以下的底盘部分。

（3）内循环阻力。车内冷却系统以及车身通风等所需空气流经车体内部时所引起的阻力。如设法去除通风处不必要的边角或给予其空气流以适当的导向，即可有效减小内循环阻力。

（4）诱导阻力。它是空气升力在水平方向的投影。空气升力是由于流经车顶的气流速度大于流经车底的气流速度，使得车底的空气压力大于车顶，从而使空气作用在车身垂直方向所形成的压力差。由于实际上的升力并不与汽车的行驶方向垂直，而是向后倾斜，所以诱导阻力也是空气升力在行驶方向上的分力。

一般轿车各部分空气阻力的大致比例为形状阻力占58%，干扰阻力占14%，内循环阻力占12%，诱导阻力占7%，摩擦阻力占9%，即其中91%为压力阻力。

在汽车行驶速度范围内，根据空气动力学原理，空气阻力的数值通常与气流相对速度的动压力 $\rho u_r^2/2$ 成正比。即空气阻力的计算式为

$$F_w = \frac{1}{2} C_D A \rho u_r^2 \qquad (4\text{-}12)$$

式中，C_D 为空气阻力系数，与车辆形状特征有关，常由实验测得，通常也是流体力学中表征黏性影响的相似准则数，即雷诺数 Re 的函数，在车速较高、动压力较高而相应气体的黏性摩擦较小时，C_D 将不随 Re 而变化；A 为迎风面积，即汽车在行驶方向上的投影面积，单位为 m^2；ρ 为空气密度，一般 $\rho=1.2258 N \cdot s^2 \cdot m^{-4}$。$u_r$ 为汽车与空气的相对速度，无风时即为汽车的行驶速度 u（m/s）。

本节只讨论无风条件下的汽车运动，u_r 即为汽车行驶速度 u_a。如 u_a 以 km/h、A 以 m^2 计，并将空气密度 ρ 的数值代入，则空气阻力 F_w（N）为

$$F_w = \frac{C_D A u_a^2}{21.15} \qquad (4\text{-}13)$$

而空气阻力所消耗的功率 P_w 为

$$P_w = F_w u = \frac{C_D A u_a^3}{76\,140} \qquad (4\text{-}14)$$

上述公式表明，空气阻力与行驶速度的二次方成正比，若汽车行驶速度增加一倍，空气阻力是原空气阻力的四倍，而空气阻力所消耗功率是原车速消耗功率的八倍。因此电动汽车随着最高车速指标的增加，要求其驱动电机的功率以三次方倍率增加。此外，空气阻力还与空气阻力系数 C_D 和迎风面积 A 成正比。迎风面积 A 主要由汽车宽度和高度决定，它受到乘坐使用空间的限制，通常以降低空气阻力系数 C_D 作为降低空气阻力的主要手段，表 4-3 列出了各种车身形状的空气阻力系数 C_D 与空气阻力所消耗的功率 P_w。

表4-3 各种车身形状的空气阻力系数与空气阻力所消耗功率

车身形状	空气阻力系数 C_D	当$A=2m^2$、无风时,四种车速由空气阻力所消耗功率 P_w(kW)			
		40km/h	60km/h	120km/h	160km/h
敞篷汽车	0.5~0.7	1	7.9	27	63
厢式车身(两厢式)	0.5~0.6	0.91	7.2	24	58
折背式车身(三厢式)	0.4~0.55	0.78	6.3	21	50
楔式车身,前灯和保险杠集成在车身内,车身底部覆盖,优化冷却气流	0.3~0.4	0.58	4.6	16	37
前灯和所有车轮包在车身内,车身底部覆盖	0.2~0.25	0.37	3.0	10	24
K型车身(小阻断面)	0.23	0.38	3.0	10	24
最佳流线型设计	0.15~0.20	0.29	2.3	7.8	18

其他车辆的空气阻力系数:货车、大型载重汽车的 C_D 为 0.8~1.5;公共汽车的 C_D 为 0.6~0.7;流线型客车的 C_D 为 0.3~0.4;摩托车的 C_D 为 0.6~0.7。

按现代车身空气动力学,低空气阻力系数 C_D 的轿车车身应遵循下列要点。

(1)车身前部。发动机盖部位应向前下倾,面与面交接处的棱角应为圆弧状,其风窗玻璃应尽可能"躺平"且与车顶圆滑过渡。前支柱应圆滑,侧窗应与车身相平。尽量减少灯、后视镜等凸出物,凸出物的形状应接近流线型。在保险杠下面的前方,应装有合适的扰流板。车轮盖应与轮胎相平。

(2)整车。整个车身应向前倾斜1°~2°。水平投影应为"腰鼓"形,后端稍稍收缩,前端呈半圆形。

(3)汽车后部。应采用舱背式或直背式。并安装后扰流板,最好是当车速超过120km/h时,尾翼会自动升高160mm,为车身增加30%的下压力;在车速低于80km/h,尾翼又会自动降低。若用折背式,则行李箱盖板至地面距离应高些,长度要短些。后面应采用鸭尾式结构。

(4)车身底部。车身底部的所有零部件应在车身下平面内且较平整,最好有平滑的盖板盖住底部。盖板从车身中部或由后轮以后向上稍稍升高。

(5)前部冷却通风口。仔细选择进风口与出风口的位置,应有高效率的冷却水箱、精心设计的内部风道。

3.坡道阻力

当汽车上坡行驶时，如图4-9所示，汽车重力沿坡道方向的分力称为汽车的坡度阻力。坡道阻力 F_i 为

$$F_i = G\sin\alpha \tag{4-15}$$

式中，α 为道路的坡度角。

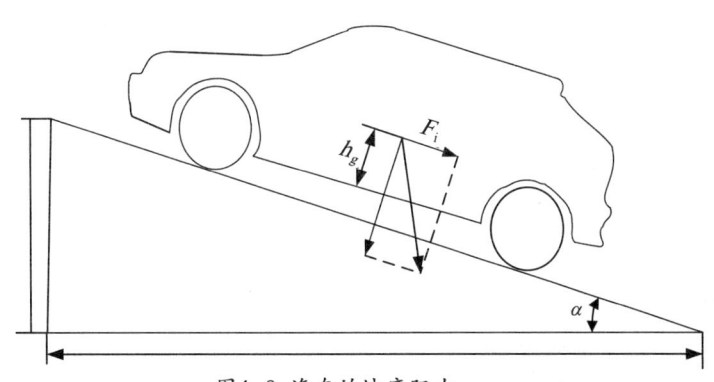

图4-9 汽车的坡度阻力

根据我国的公路工程设计规范，高速公路平原微丘区最大坡度 i 为3%，山岭重丘区 i 为5%；一级汽车专用公路平原微丘区最大坡度 i 为4%，山岭重丘区 i 为6%；一般四级公路平原微丘区 i 为5%，山岭重丘区 i 为9%。可见一般路面的坡度均较小。当 $\alpha < 10°$ 时，则

$$\sin\alpha \approx \tan\alpha = i \tag{4-16}$$

故

$$F_i = G\sin\alpha \approx G\tan\alpha = Gi \tag{4-17}$$

图4-10为坡度 i 与道路坡道角 α 的换算图。

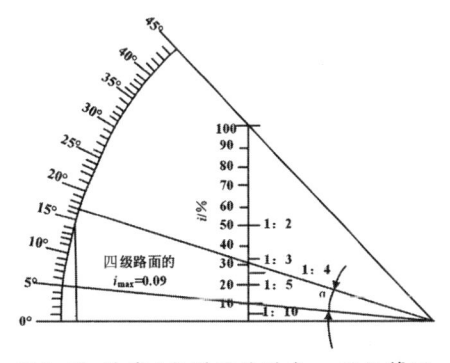

图4-10 坡度 i 与道路坡道角 α 的换算图

当坡度较大时按上式近似计算结果误差较大，仍应按式（4-15）计算坡度阻力 F_i。当汽车上坡时其重力垂直于坡道路面的分力为 $G\cos\alpha$，所以汽车在坡道上行驶时

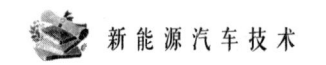

的滚动阻力为 $F_f = Gf\cos\alpha$。

由于坡度阻力和滚动阻力均属于与道路相关的阻力，而且均与汽车重力成正比，所以可将这两种合在一起称作道路阻力，以 F_ϕ 表示，即

$$F_\phi = F_f + f_i = G\cos\alpha + G\sin\alpha \tag{4-18}$$

当 α 较小时，$\cos\alpha \approx 1, \sin\alpha \approx i$，则

$$F_\phi \approx Gf + Gi + G(f+i) = G\psi \tag{4-19}$$

式中，$\psi = f + i$，称为道路阻力系数。

当下坡时坡度阻力 F_i 即为负值。汽车用于爬坡所消耗的功率 P_i 为

$$P_i = \frac{F_i u_a}{3\,600} = \frac{Gu_a \sin\alpha}{3\,600} \tag{4-20}$$

4. 加速阻力

汽车加速行驶时，需要克服其质量加速运动而产生的惯性力，即为加速阻力 F_j。汽车的质量 m 被分为平移质量和旋转质量两部分。汽车加速时，不仅汽车的平移质量产生惯性力，且因旋转质量的加速旋转还要产生惯性力偶矩。为便于计算，一般把旋转质量的惯性力偶矩转化为平移质量的惯性力，并以大于1的旋转质量换算系数 δ 计入。所以汽车的加速阻力 F_j 为

$$F_j = \delta m \frac{du}{dt} \tag{4-21}$$

式中，du/dt 为汽车行驶加速度（m/s²）。

加速阻力 F_j 作用在汽车的质心上，其方向与加速度方向相同，即加速为正，降速为负。

传统汽车的旋转质量换算系数 δ_t 主要与发动机飞轮的转动惯量 I_f（kg·m）、车轮的转动惯量 I_w（kg·m）以及传动系的传动比有关。通过推导可得系数 δ_t 的计算式为

$$\delta_t = 1 + \frac{\sum I_w}{mr^2} + \frac{I_f i_0^2 \delta_T}{mr^2} i_g^2 = 1 + \delta_1 + \delta_2 i_g^2 \tag{4-22}$$

式中，i_0 为主传动比；η_T 为传动系效率；i_g 为变速器的速比；δ_1 为车轮的换算系数；δ_2 为飞轮及传动系的换算系数。

其中，δ_1、δ_2 主要与车型有关，通常轿车的在 0.05~0.07 之间；货车的在 0.04~0.05 之间；一般传统汽车的在 0.03~0.05。而对于纯电动汽车由于不存在发动机，即发动机飞轮的转动惯量 I_f 应改为驱动电机的转动惯量 I_d，因而明显减小。经后述分析推导可得，由单台电机驱动经一挡齿轮减速的电动汽车其旋转质量换算系数 δ_d 为

$$\delta_\mathrm{d} = 1 + \frac{\sum I_\mathrm{w}}{mr^2} + \frac{I_\mathrm{d} i_0^{\ 2} \eta_\mathrm{T}}{mr^2} \quad (4\text{-}23)$$

而由直驱轮毂电机驱动的电动汽车其旋转质量换算系数 δ_dt 为

$$\delta_\mathrm{dt} = 1 + \frac{\sum I_\mathrm{w}}{mr^2} \quad (4\text{-}24)$$

该式与上两式比较虽省去了后面部分，但由于车轮内装有电机等，使转动惯量 I_w 极大增加，所以 δ_dt 值估计会大于 δ_d，但有时也会小于传统汽车的值，因其 δ_2 要乘以 i_g 的二次方倍。

4.1.3 电动汽车的驱动力 - 行驶阻力平衡

本节从克服上述阻力引出汽车行驶所需的驱动力，从而分析导出汽车行驶方程式，进而比较各类驱动装置的转速特性，分析其对满足驱动力 - 行驶阻力平衡所存在的利弊。

1. 汽车的驱动力

电动汽车的动力系统无论是由发动机和电机混合组成的混合型系统，或是仅由电机驱动的电机型系统，所产生的转矩经传动系传至驱动轮上，（或由轮毂电机直接）产生驱动力矩 T_t，驱动轮在 T_t 的作用下给地面作用一圆周力 F_0（见图 4-11），地面对驱动轮的反作用力 F_t 即为驱动力。设车轮半径为 r，则驱动力 F_t 为

$$F_\mathrm{t} = \frac{T_\mathrm{t}}{r} = \frac{T_{qg} i_o \eta T}{r} \quad (4\text{-}25)$$

式中，T_q 为动力系统输出的转矩，若为发动机转矩则用 T_{tq} 表示，若为电机转矩则用 T_{dq} 表示，若由轮毂电机驱动则为单台电机转矩与台数的乘积；i_g 为变速器传动比，对由单台电机经一挡齿轮减速的即为1；i_0 为主减速器传动比；η_T 为传动系效率，对轮毂直驱则 i_0 与 η_T 均为1。

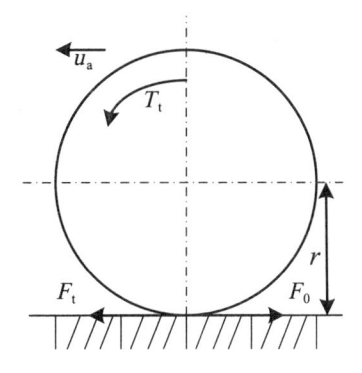

图 4-11 汽车的驱动力

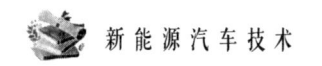

计算驱动力即为确定汽车动力性指标,为此先要找出影响驱动力及动力性的各种因素。

1)影响驱动力及其动力性的各种因素

汽车驱动力与动力系统的转速特性直接相关,也与车载能源特性、传动系结构及其机械效率等有关;而汽车动力性除了与驱动力直接相关,还与汽车造型及其结构轻量化、轮胎的特性、使用条件等有关。现逐项说明如下。

(1)动力系统的转速特性

动力系统的转速特性可用驱动力-车速、驱动转矩-车速、驱动功率-车速三种关系曲线来分析,也有三种相应的动力平衡图来描述。在此利用传统发动机外特性和使用外特性的曲线来比较说明,并初步讨论电机与发动机的动力特性比较,而在后述将会对各类驱动装置的转速特性进行全面比较分析。

传统发动机的转速特性,即发动机功率 P_e、转矩 T_{tq} 和有效燃油消耗率 b 随发动机曲轴转速 n 的变化关系曲线,也称为发动机特性曲线。节气门全开或高压油泵在最大供油位置时的速度特性称为发动机的外特性。发动机的外特性表示发动机所能达到的最高性能。根据外特性可得出发动机最大功率、最大转矩、最低油耗率及其相应转速的数值。发动机制造厂提供的发动机特性曲线是在试验台上未带空气滤清器、水泵、风扇、消声器、废气净化器和发电机等附件时测得的。而在汽车上实际使用时要带上全部的附件,此时测得的发动机外特性曲线称为使用外特性曲线。通常使用外特性与外特性相比:汽油机的最大功率约小15%;货车柴油机的最大功率约小5%;轿车与轻型货车柴油机的最大功率约小10%。

上述台架试验曲线是在发动机各种工况相对稳定、各转速不变的情况下测得的,而在实际使用时,发动机工况常是不稳定的,驾驶员为了适应行驶工况需要不断改变节气门。例如,汽车在加速工况时,发动机是在节气门迅速增大,曲轴转速连续由低到高的变化过程中工作,由于气流的惯性使充气上升滞后,燃油的惯性和黏度比空气大而使混合气变稀,以及雾化不良、燃烧缓慢等综合影响的结果,此时发动机热状况和可燃混合气的浓度等都与台架试验时不同。这时发动机能提供的功率一般要比台架试验的功率低5%~8%。

图 4-12 给出了发动机的最小稳定工作转速 $n_{\min}$，以及允许的发动机最高转速 $n_{\max}$，从中即可了解发动机的调速范围，以及功率 P_e、转矩 T_{tq}、有效燃油消耗率 b 随其发动机曲轴转速 n 的变化趋势。已知动力系统的转矩、转速与功率的关系为

$$T_L = \frac{P_L}{\omega} = \frac{P_L}{\frac{2\pi n}{60}} = \frac{9.55 P_L}{n} \tag{4-26}$$

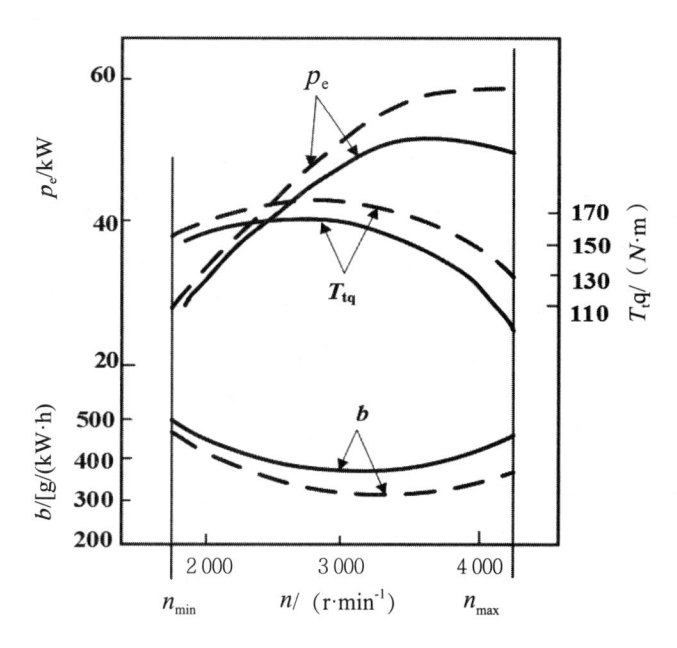

图4-12 发动机外特性和使用外特性的比较

驱动轮的转矩、驱动力与车轮半径符合式（4-25）；而汽车行驶车速 u_a、动力系统输出转速 n（r/min）与车轮半径 r（m）的关系式为

$$u_a = \frac{2\pi \times 60}{1\ 000} \frac{rn}{i_g i_0} = 0.377 \frac{rn}{i_g i_0} \tag{4-27}$$

发动机与电机的动力特性曲线比较如图 4-13 所示。其中 4 条实线是发动机经 4 个挡位变速的动力特性曲线，而虚线是电机采用低速恒转矩和高速恒功率相结合调速所得的动力特性曲线，从图中可看出电机的输出虽未经多挡位机械变速，但也基本拟合了发动机的四条经不同挡位变速的动力特性曲线。

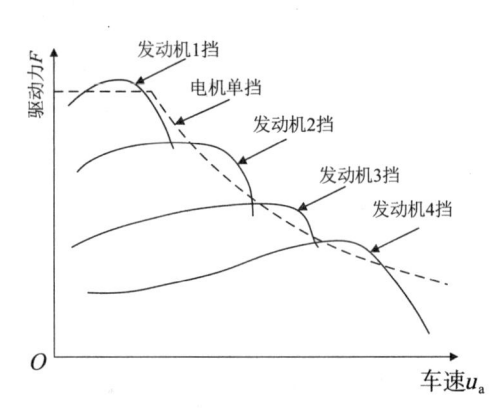

图4-13 发动机与电机的动力特性比较

通过对电机与发动机的动力特性进行比较分析，即可总结出汽车采用电机驱动与由发动机驱动相比的两大主要优势。第一，对于发动机由于能高效产生转矩时的转速 n 被限制在一个很窄的范围内，如图4-12所示，约在 3 000r/min 附近时效率最高，即通常设计为直接挡的车速约 60km/h 时燃油最省，为此必须通过庞大而复杂的变速机构来适应这一特性。而电机可通过低速恒转矩结合高速恒功率调速来获得相当宽广的速度范围以高效产生转矩，因此现已普遍采用电机经一挡齿轮减速增扭的驱动方式。且电机现代控制理论还使直接转矩控制技术得到越来越多的应用，数控机床伺服驱动早已对此做了验证，其调速范围也完全可满足汽车行驶的变速要求。第二，电机产生转矩的快速响应性指标要比发动机高出两个数量级，若发动机的动态响应时间是 300ms，则电机只为 3ms。电机作为整个控制系统的执行元件，其快速响应指标的提高即为实现性能更好的控制功能提供了必要前提，以便于实施各种电动汽车性能优化技术。

电机均能运行于正反电动与发电的四个过程，从而实现倒车无须经机械切换，降速制动时采用发电回馈。

一般电机都有一定的短时过载能力，质量良好的电机能达到数分钟内过载额定功率的三倍甚至更高倍数，这对于一般汽车的起步、短时加速超车、爬短坡等都能满足其要求。而对于发动机来说，上述诸多优势是无法比拟，有的根本无法实现，所沿袭传统汽车的结构形式也将使电机驱动的各项应有技术优势难以发挥。

（2）车载能源特性。

这主要要求车载储能装置具有较大的功率密度，能瞬时提供大电流、大功率给驱动电机。所以为同时满足前述电动汽车动力系统的三项动力性和三项经济性指标，需采用比功率较大的超级电容或飞轮储能器与一般比功率较小而能量密度较大的蓄电池组合。

（3）传动系结构及其机械效率。

由于输入传动系的功率 p_m 经传动系至驱动轮的过程中，为克服传动系各部件间的摩擦需消耗部分功率。设传动系损失的功率为 P_t，则传动系的机械效率 $\eta_T = (P_{in} - P_T)/$

P_{in}。在等速行驶时 $P_{in}=P_e$,故 $\eta_T=(P_e-P_T)/P_{in}$。传动系的功率损失由变速器、传动轴、万向节、主减速器等部件的功率损耗所组成。也可分为机械损耗和液力损耗两大类:机械损耗是指齿轮传动副、轴承、油封等处的摩擦损失,与其啮合齿轮的对数、传递的转矩等有关;液力损耗指消耗于润滑油的搅动、润滑油与旋转零件之间的表面摩擦等处的功率损失,与润滑油品质、温度、箱体内的油面高度及其旋转件的转速等有关。传动系效率可在专用试验台测得,传动系各部件所测的传动效率值:双级减速器 $\eta_T=92\%$,单级减速器 $\eta_T=96\%$,传动轴的万向节 $\eta_T=98\%$。如电动汽车的传动系仅按其中效率较高的两个部件连接计算,则传动系的效率即为 $\eta_T=96\%\times98\%=94\%$。显然连接的部件增多,效率也随之下降,电机传至驱动轮的有效功率也会降低,即使汽车动力性变差。因此需充分发挥电机驱动已有的各种技术优势,采用尽可能少的传动环节,必要时还需通过改善机械传动的润滑条件来提高其传动效率。

(4)汽车造型及其结构轻量化

根据前述对空气阻力的分析可知,改进汽车造型以降低空气阻力系数 C_D 和减小汽车迎风面积 A,即可减小空气阻力,而由式(4-14)可知克服空气阻力消耗的功率与车速的三次方成正比,可见对高速行驶的汽车来说,空气阻力因数 C_D 和汽车迎风面积 A 对其动力性的影响是非常显著的。

车载质量对汽车动力性的影响也很大,由式(4-8)、式(4-15)、式(4-21)可知汽车的滚动阻力、坡度阻力、加速阻力都与车载质量成正比。因此现代汽车采用铝合金、镁合金以及聚合物基复合材料等来减轻汽车自身质量以提高其动力性。

(5)轮胎特性与车轮半径。

按前述分析采用子午线轮胎,适当提高轮胎气压均可减小滚动阻力,有利于改善动力性。

由式(4-25)、式(4-27)可知,车轮半径 r 与驱动力 F_T 成反比,而与行驶车速 u_a 成正比。在分析过程中,车轮处于无载时的半径称为自由半径,汽车静止时车轮中心至轮胎与道路接触面间的距离称为静力半径 r_s。由于径向载荷的作用使轮胎显著变形,所以静力半径小于自由半径。为便于试验实测计算,常将车轮几何中心到速度瞬心的距离称为滚动半径 r_r,具体说来,若车轮转动圈数为 n_w,即使车轮滚动所经过距离 S,符合式:$S=2\pi n_w r_r$。所以对汽车作动力学分析时,应采用车轮的静力半径 r_s;而当做运动学分析时,应采用车轮的滚动半径 r_r。但通常也可不计它们间的差别,统称为车轮半径 r,即认为半径 $r_s \approx r_r \approx r$。

(6)汽车使用条件。

汽车的使用条件主要指道路条件和气候条件等。道路的附着系数大、滚动阻力系数小、弯道少,汽车的动力性就好。如在恶劣路况下,由于路面与轮胎间的附着系数减小、滚动阻力增加,因而使汽车动力性变差。遇到风、雨、雪、高温、严寒等气候条件也均不利于汽车的动力性。另外对汽车的正确维护保养和合理调整也有利于提高汽车的动力性，且良好的驾驶技能也有助于发挥汽车的动力性，如加速时能适时迅速换挡，可减少加速时间。换挡熟练、合理冲坡，有助于提高汽车的爬坡能力。现代电动汽车应尽可能通过微机智能化控制来充分发挥电机驱动的技术优势及其各项有利因素，以减少对人工技能的依赖性。

2）按驱动力-行驶阻力平衡确定动力性三项指标

根据汽车驱动力 F_T 与行驶总阻力 $F_总$ 平衡，利用式（4-1）即可得

$$F_t = F_总 = F_f + F_w + F_i + F_j \tag{4-28}$$

再按前述给出的动力系统驱动力和逐项分析所得行驶阻力，即可得

$$\frac{T_Q I_G I_0 \eta_T}{r} = Gf\cos\alpha + \frac{C_D A}{21.25}u_a^2 + G\sin\alpha + \delta_m \frac{du}{dt} \tag{4-29}$$

考虑到一般道路的坡道角不大，$\cos\alpha \approx 1, \sin\alpha \approx \tan\alpha = i$，式（4-29）可写为

$$\frac{T_Q I_G I_0 \eta_T}{r} = Gf + \frac{C_D A}{21.25}u_a^2 + G\sin\alpha + \delta_m \frac{du}{dt} \tag{4-30}$$

该式表明了汽车行驶时驱动力与行驶阻力之间相互关系的普遍情况。当动力系统的转速特性、变速器传动比、主减速比、传动效率、车轮半径、空气阻力系数、汽车迎风面积以及汽车质量等基本确定后，便可利用此式分析在附着性能良好的典型路面，如在混凝土、沥青路面上的行驶能力，即确定汽车的动力系统在所能输出的最大动力情况下，可能达到的最高车速、加速能力和爬坡能力。为清晰而形象地表明汽车行驶时驱动力与行驶阻力间的平衡关系，常用图解法来进行分析，即将驱动力与其车速的关系曲线、所遇到的行驶阻力与车速的关系曲线均一起绘制在同一个坐标图上，以找出两者相交的平衡点。为能同时表明变速器不同挡位时对动力性指标的影响，在此先采用动力系统为发动机来表明其基本方法，然后再引入电动汽车由电机作为动力系统的表述过程。

（1）确定最高车速。

图4-14为传统汽车驱动力-行驶阻力平衡图，发动机的输出动力通过五挡变速器传动至驱动轮，具有五种驱动力随车速不同而变化的曲线，如图中实线所示。在绘有驱动力图的基础上，然后画上滚动阻力（图中小圆点虚线）与空气阻力相叠加的 $F_f + F_w = f(u_a)$ 曲线（图中虚线），即为驱动力-行驶阻力平衡图。图中第五挡驱动力 F_{t5} 曲线与 $F_f + F_w =$ 曲线的相交点即为所能达到的最高车速 u_{amax}，此时驱动力与行驶阻力为相等的平衡点，由图示最高车速约为170km/h。由图还可看出，当车速低于 u_{amax} 时，驱动力大于行驶阻力，汽车即可利用剩余驱动力进行加速或爬坡。当需要在较低车速匀

速行驶时，即可减小节气门开度，发动机此时只需运行于部分负荷状态，相应得到图中点划线所示的驱动力曲线，即汽车达到与 F_f+F_w 曲线相交的新平衡点，图示车速约为110km/h。

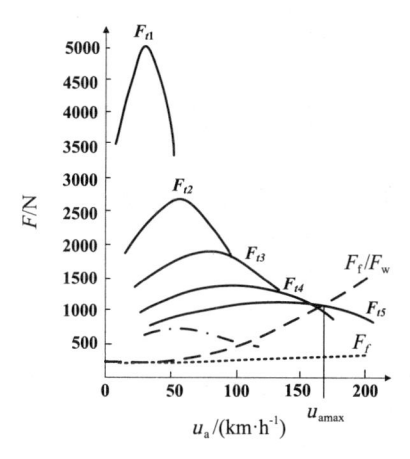

图4-14 传统汽车驱动力-行驶阻力平衡图

若采用电机为驱动源，如图 4-15 所示，为电动汽车驱动力－行驶阻力平衡图。电机输出动力经一挡齿轮传动至驱动轮，并利用电机提供相应的过载能力。图示实线为电机通过低速恒转矩结合高速恒功率调速，连续运行的动力特性曲线；而虚线即为可运行 5min 的过载动力特性曲线。由于要求汽车的最高车速指标为连续长期运行，所以需采用连续动力特性曲线与 F_f+F_w 曲线的相交点为所能达到的最高车速 u_{amax}，图示最高车速约为 130km/h。而对于加速或爬坡，即可充分利用电机的短时过载能力。且通常电机的过载能力与其过载时间关系很大，即过载时间越短过载倍数越大。所以对于由电机驱动的电动汽车最难满足的动力性指标还是最高车速。当然对行驶于高原地区的盘山公路，需长期爬坡就另当别论了。

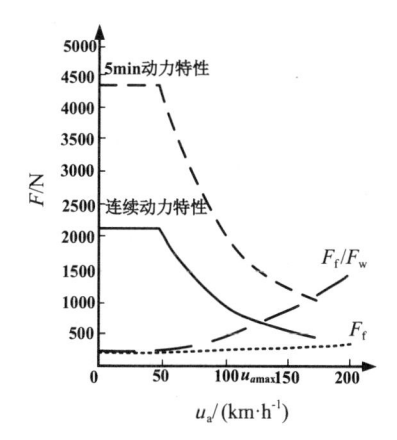

图4-15 电动汽车驱动力-行驶阻力平衡图

（2）确定加速时间 t。

汽车的加速能力通常由在水平良好路面行驶所能产生的加速度 a 来评价。但因加速度数值不易测量，所实际常用加速时间 t 来表述汽车加速能力。利用式（4-28）和式（4-30），并设 $F_i = 0$，即可得

$$\frac{du}{dt} = \frac{1}{\delta_m}[F_t - (F_f + F_w)] \tag{4-31}$$

为此利用图 4-16 所示的各挡 $F_{t1}F_{t2}F_{t3}F_{t4}F_{t5}$ 曲线，均降低 $F_f + F_w$ 曲线高度，再按比例 δ_m 缩小，即获得各档节气门全开时的加速度曲线，如图 4-17 所示。由图可看出挡位越高加速度越小，即 I 挡的加速度最大。但是有的越野汽车因 I 挡的 δ 值很大，使得 II 挡加速度会大于 I 挡的加速度。

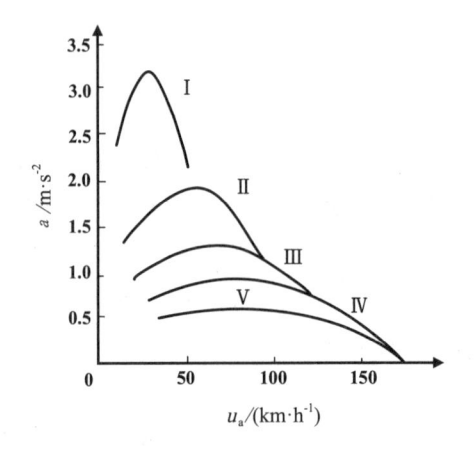

图4-16 传统汽车的行驶加速度曲线

为获得从某车速 u_a 到加速至较高车速 u_{a2} 所需的时间 t，按运动学可得

$$dt = \frac{1}{a}du \tag{4-32}$$

$$t = \int_0^t dt = \int_{u_{a1}}^{u_{a2}} \frac{1}{a}du = \frac{1}{3.6}\int_{u_{a1}}^{u_{a2}} \frac{1}{a}du = A \tag{4-33}$$

即加速时间 t 可通过对加速度的倒数 $1/a$ 的积分来获得。如此即可采用图解积分法，先将图 4-16 所示的 $a-u_a$ 曲线转化为 $1/a-u_a$ 曲线，如图 4-17（a）所示。然后按积分为曲边图形面积，即通过求其曲线下两个速度区间的面积而获得该速度区间的加速时间。常采用图解积分法来求面积之和，即将积分区域划分成若干个小区间，如图 4-17（b）所示，通过分别确定 $\Delta_1, \Delta_2, \Delta_3, \Delta_4, \cdots$ 然后求和获得加速时间 t。

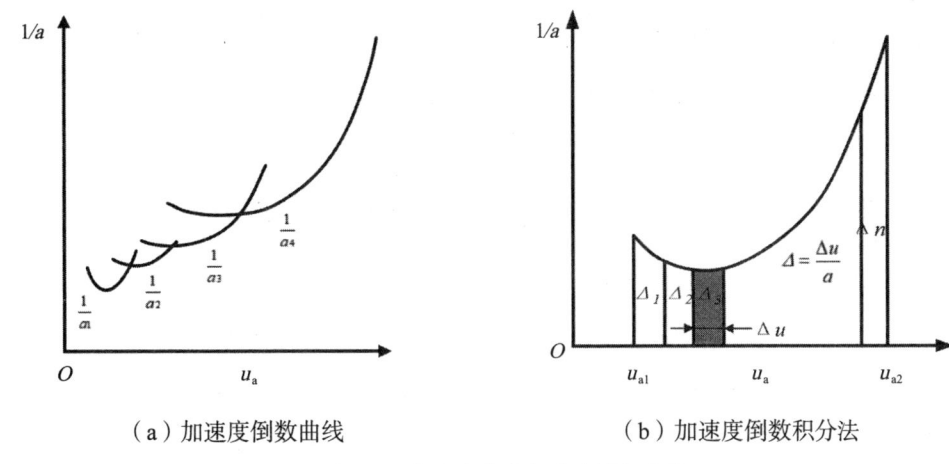

(a) 加速度倒数曲线　　　　　　　　　(b) 加速度倒数积分法

图4-17 传统汽车的加速度倒数曲线

对于电动汽车的加速度及其加速时间的求解，同样利用图4-18所示的连续运行驱动力曲线和运行5min的过载驱动力曲线，均降低F_f+F_w曲线高度，再按比例缩小，即获得相应的加速度曲线，如图4-18（a）所示。再将图4-18（a）所示的a-u_a曲线转化为$1/a$-u_a曲线，如图4-18（b）所示。然后按前文所述分别求其曲线下的低速恒转矩调速和高速恒功率调速两个区间的面积进而获得该速度区间的加速时间。由于加速时间均在1min内，即可利用电机短时过载能力，以及随过载运行时间缩短过载倍数也增加，从而进一步缩短加速时间。

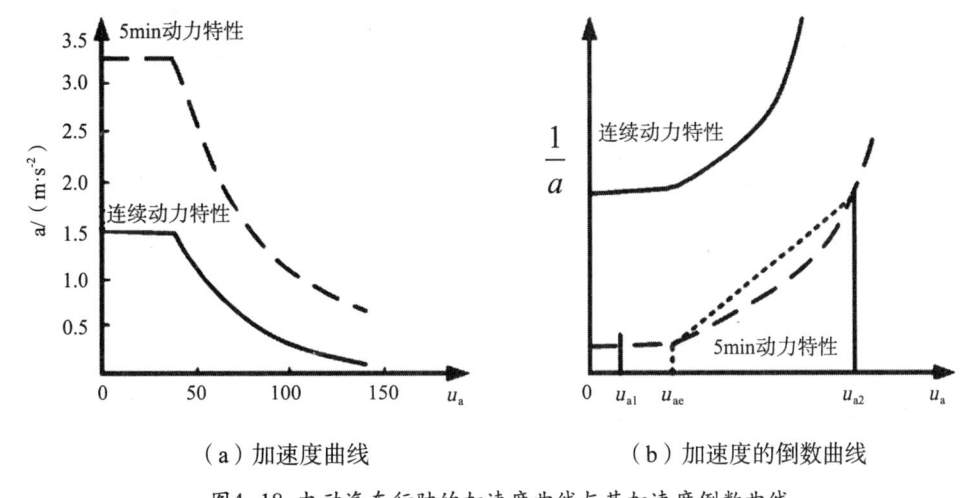

(a) 加速度曲线　　　　　　　　　(b) 加速度的倒数曲线

图4-18 电动汽车行驶的加速度曲线与其加速度倒数曲线

为方便起见按图4-18（b）所示，可分别求其低速恒转矩调速区间曲线下约为矩形的面积和高速恒功率调速区间曲线下约为梯形（图示小圆点虚线下）的面积，再求两个区间的面积之和，由图示可知要比实际加速曲线面积大，即按近似处理求得的加速

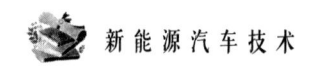

时间要比实际加速时间略长。如此利用式（4-30），设坡度 $i=0$，并按电动汽车普遍为一挡变速，即 $i_g i_0 = i_0$，可得

$$\frac{du}{dt} = \frac{21.15T_{dq}i_0\eta_T - 21.15rGf - rC_DAu_a^2}{21.25r\,\delta_m} \quad (4\text{-}34)$$

根据车速 u_a（km/h）$=3.6u$（m/s），并将电机转矩 T_{dG} 用过载转矩 T_{dG} 代入，可得加速时间 t 为

$$t = \int\limits_0^t dt = \int\limits_{u_1}^{u_2} \frac{dt}{du} du$$

$$= \frac{\delta_m}{3.6}\int\limits_{u_{a1}}^{u_{a2}} \frac{21.25r}{21.25T_{dG}i_o\eta_T - 21.15rGf - RC_DAu_a^2} du_a \quad (4\text{-}35)$$

由于车速 u_a 在加速过程中是动态变化的，必要时取其平均值 $u_a=(u_{a1}+u_{a2})/2$ 代入。并结合图 4-18（b），可求得低速恒转矩调速区的加速时间 t_T 为

$$t_T = \frac{\delta_m}{3.6}\frac{21.15r(u_{ae} - u_{a1})}{21.15T_{dGe}i_0\eta_r - 21.15rGf - rC_DA\left[(u_{ae} + u_{a1})/2\right]^2} \quad (4\text{-}36)$$

式中，T_{dGe} 为电机额定转速时对应的过载转矩。实际上随速度降低过载转矩可更大增加，即为更低加速时间。由于恒功率调速时转矩是随速度增加而减小，为方便起见取其平均值，设末速度 u_{a2} 时所对应的过载转矩为 T_{dG2}，则 $T_{dG}=(T_{dGe}+T_{dG2})/2$。为提高计算准确度可分成多段速度区间来计算。如此参考图 4-19（b），可求得高速恒功率调速区的加速时间 t_p 为

$$t_p = \frac{1}{2}\frac{\delta_m}{3.6}\frac{21.15r(u_{a2} - u_{ae})}{21.15T_{dG}i_0\eta_r - 21.15rGf - rC_DA\left[\frac{u_{ae} + u_{a2}}{2}\right]^2} + t_T\frac{(u_{a2} - u_{ae})}{(u_{ae} - u_{a1})} \quad (4\text{-}37)$$

即汽车从初速度 u_{a1} 到末速度 u_{a2} 所需加速时间 $T=t_T+t_p$。

（3）确定最大爬坡度 i_{max}。

汽车的爬坡能力同样需由驱动力 - 行驶阻力平衡图来获得，通常汽车的爬坡能力是指在良好路面上克服 F_f+F_w 后的余力全部用来克服坡度阻力时，即以等速行驶所能爬上的坡度，此时 $\frac{du}{dt}=0$，即 $F_i=(F_f+F_w)$。通常汽车最大爬坡度均能达 30%，所应采用 $F_i=G\sin\alpha$ 来表述坡度阻力，利用式（4-29）可得

$$G\sin\alpha = \frac{T_q i_g i_o \eta_T}{r} - (Gf\cos\alpha + \frac{C_D A u_a^2}{21.15}) \quad (4\text{-}38)$$

即

$$a = \arcsin\frac{F_t - (F_f + F_w)}{G} \quad (4\text{-}39)$$

利用图 4-14 所示的传统汽车驱动力 - 行驶阻力平衡图，结合上式即可获得汽车所能爬上的坡道角 α，再根据 $\tan\alpha = i$ 求得相应坡度值 i，从而可作出图 4-19 所示的传统汽车爬坡度图。从图示可知，采用最低 I 挡在速度约 26km/h 时可获得最大爬坡度 $i_{\max} = 50\%$，而采用 II 挡爬坡时最大爬坡度明显减小，在速度约 46km/h 时爬坡度约为 23%。对于最高挡的爬坡度亦应有所重视，尤其对于经常以最高挡行驶的货车等，如最高挡爬坡度过小，会迫使行驶中遇到相应坡度时就要经常换挡，如此就会影响行驶的平均车速。

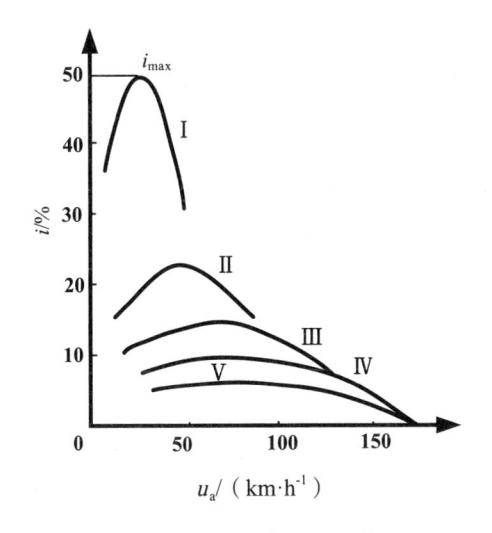

图4-19 传统汽车的爬坡度图

对电动汽车的爬坡能力同样参照上述方法分析，利用图 4-18 所示的相应驱动力曲线，即可作出图 4-20 所示的电动汽车爬坡度图。从图示可知，利用电机的 5min 过载能力，在速度约 46km/h 以下均可获得最大爬坡度 $i_{\max}$ 约为 44%；而连续运行期间所持动力的爬坡能力也可从中比较得出。

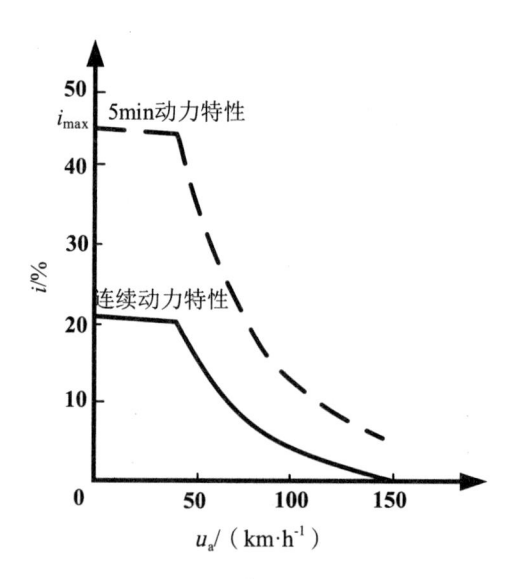

图4-20 电动汽车的爬坡度图

3）动力因数与动力特性图

由式（4-8）、式（4-15）、式（4-21）可知，汽车行驶的滚动阻力 F_f、坡度阻力 F_i、加速阻力 F_j 都与车载质量 G 成正比。其中，F_f、F_i 由于均属于与道路相关的阻力，前述已将其合并为道路阻力 F_ψ 来表示，并定义了道路阻力系数 $\psi=f+i$。为便于分析，也有将用于克服与 G 相关的 F_f，F_i，F_j 三种阻力的驱动力归属为一类，并除以 G，可用无量纲的动力因数 D 来表示。再结合式（4-28）及相关表示式，即有

$$D=\frac{F_t-F_w}{G}=\frac{F_f+F_i+F_j}{G}=\psi+\frac{\delta}{g}\frac{du}{dt} \qquad (4\text{-}40)$$

动力因数 D 与车速 u_a 的关系曲线被称为动力特性图，利用驱动力 F_t 与车速 u_a 的关系曲线（图4-15中的实线）结合关系式（4-21）即可获得。图4-21所示为由图4-16转换而成的传统汽车动力特性图。利用动力特性图也同样能采用图解法确定动力性评价指标，在此分别简述如下。

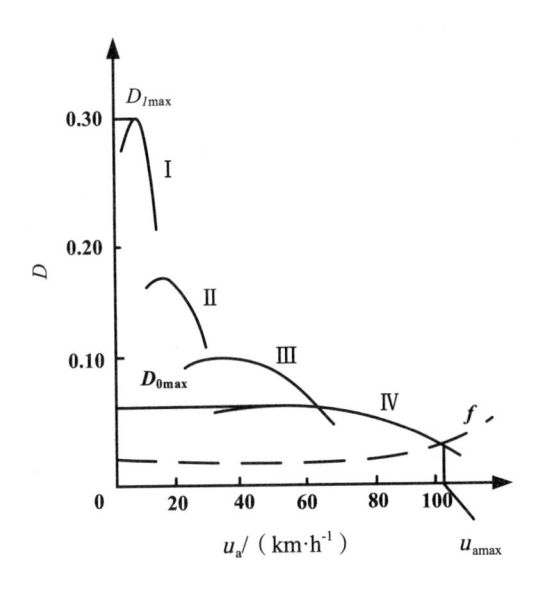

图4-21 传统汽车的动力特性图

（1）计算最高车速。因计算最高车速时 $\dfrac{\mathrm{d}u}{\mathrm{d}t}=0$，$i=0$，所以 $D=f$，如此只要在动力特性图上作出滚动阻力系数曲线 $f\text{-}u_a$（见图4-21中虚线），它与 $D\text{-}u_a$ 曲线的相交点即为最高车速 $u_{a\max}$。

（2）计算爬坡度。计算最大爬坡度时 $\dfrac{\mathrm{d}u}{\mathrm{d}t}=0$，因此 $D=\psi=f+i$，即 D 曲线与 f 曲线之间的距离就可表示汽车的上坡能力。但最大爬坡度 $i_{\max}$ 通常较大，此时以 $i_{\max}=D_{1\max}-f$，计算误差较大，需采用下式计算：

$$D_{1\max}=f\cos\alpha_{\max}+\sin\alpha_{\max} \tag{4-41}$$

对上式需利用三角恒等式，代入化简整理后可得

$$\alpha_{\max}=\arcsin\dfrac{D_{1\max}-f\sqrt{1-+f^2}}{1+f^2} \tag{4-42}$$

然后再根据 $\tan\alpha_{\max}=i_{\max}$ 换算成最大爬坡度。注意，若 $D_{1\max}>1$，则意味着 i 已大于1。

（3）计算加速时间。加速时 $i=0$，故

$$\dfrac{\mathrm{d}u}{\mathrm{d}t}=\dfrac{g}{\delta}(D-f) \tag{4-43}$$

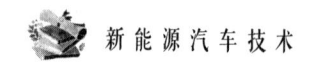

按前述方法即可求得加速度值，作出加速度曲线。然后再计算加速度的倒数，并作出加速度倒数曲线，用图解积分即可计算出加速时间。

2. 汽车行驶方程式

为获得电动汽车行驶方程式，在此先按所导出的传统汽车行驶方程式计算，然后再借此推导电动汽车采用单台电机经一挡齿轮减速的行驶方程式，和采用直驱轮毂电机的行驶方程式。

1）传统汽车行驶方程式

根据物理学动能定理：匀速平移物体动能 $E_平 = mu^2/2$，匀速旋转体动能 $E_转 = I\omega^2/2$，其中 m 为平移物体质量，u 为其物体平移速度，I 为旋转体转动惯量，ω 为旋转体角速度。以此可推得质量为 m、车速为 u（m/s）时，汽车的动能为

$$E = \frac{1}{2}mu^2 + \frac{1}{2}\sum I_w \left(\frac{u}{r}\right)^2 + \frac{1}{2}I_r\left(\frac{i_g i_0 u}{r}\right) \tag{4-44}$$

汽车匀速前进时受到外力的功率（N·m/s）为

$$P = -(F_f + F_w + F_i)u \tag{4-45}$$

汽车内力的功率（N·m/s）即发动机的驱动功率为

$$P_e = T_{tq}\omega_e = \frac{T_{tq} i_g i_0}{r}u \tag{4-46}$$

设传动系摩擦力转换到车轮轮缘的阻力为 F_r，则传动系摩擦阻力的负功率 P_r 为

$$P_r = -F_r u \tag{4-47}$$

现参考图4-22来推导 F_r 值，当汽车加速或无级变速器速比变化时，主要为飞轮的发动机旋转质量有相应的角加速度 $d\omega_e/dt$，它们间的关系可由式（4-48）求得：

$$\omega_e = i_g i_0 \omega = \frac{i_g i_0 u}{r} \tag{4-48}$$

式中，ω 为车轮角速度；i_g 为有级或无级式变速器传动比。

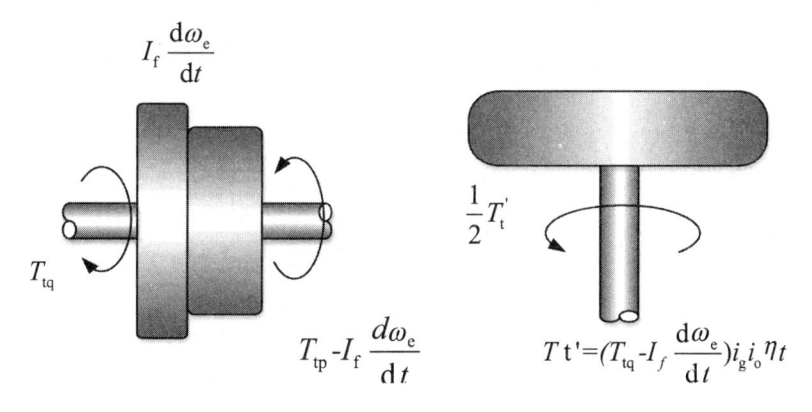

(a) 发动机飞轮受力图　　　　(b) 驱动轮受力图

图4-22 加速时传动系的受力情况

因无级式变速器传动比是随时间而变化的，所以

$$\frac{d\omega_e}{dt}=\frac{i_0}{r}\left(i_g\frac{du}{dt}+u\frac{di_g}{dt}\right) \tag{4-49}$$

若只考虑飞轮的转动惯量，则加速时作用于驱动轮的转矩为

$$T'=(T_{tq}-I_f\frac{d\omega_e}{dt})i_g i_0 \eta_T \tag{4-50}$$

设传动系无任何摩擦阻力，则作用于驱动轮的转矩为

$$T_t''=(T_{tq}-I_f\frac{d\omega_e}{dt})i_g i_0 \tag{4-51}$$

由此得传动系中各处摩擦转换到驱动轮处的摩擦阻力转矩 T_r 为

$$T_r=T_t''-T_t'=(T_{tq}-I_f\frac{d\omega_e}{dt})i_g i_0(1-\eta_T) \tag{4-52}$$

将式（4-41）代入式（4-42），即得传动系中各处摩擦转换到车轮周缘的总摩擦阻力 F_r 为

$$F_r=\frac{T_r}{r}=\frac{T_{tq}i_g i_0(1-\eta_T)}{r}-\frac{I_f(1-\eta_T)}{r^2}\frac{du}{dt}-\frac{I_f i_g u(1-\eta_T)}{r^2}\frac{di_g}{dt} \tag{4-53}$$

于是得传动系摩擦损耗的功率 P_r 为

$$P_r=-F_r u=-\left[\frac{T_{tq}i_g i_0(1-\eta_T)}{r}-\frac{I_f(1-\eta_T)}{r^2}\frac{du}{dt}-\frac{I_f i_g u(1-\eta_T)}{r^2}\frac{di_g}{dt}\right]u \tag{4-54}$$

根据汽车整体动能对时间的变化率等于所有作用力的功率，即为

$$\frac{dE}{dt}=P+P_e+P_r \tag{4-55}$$

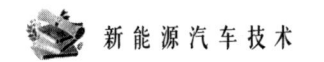

将式（4-44）对时间 t 求导可得

$$\frac{\mathrm{d}}{\mathrm{d}t}\left[\frac{1}{2}mu^2+\frac{1}{2}\frac{\sum I_\mathrm{w}}{r^2}u^2+\frac{1}{2}\frac{I_\mathrm{f}}{r^2}u^2\right]=\left[m+\frac{\sum I_\mathrm{w}}{r^2}+\frac{I_\mathrm{f}}{r^2}\right]u\frac{\mathrm{d}u}{\mathrm{d}t}+\frac{I_\mathrm{f}i_\mathrm{g}u^2}{r^2}\frac{\mathrm{d}i_\mathrm{g}}{\mathrm{d}t} \quad (4\text{-}56)$$

将式（4-45）、式（4-46）、式（4-54）分别代入式（4-56）的右式可得

$$\left[-F_\mathrm{f}-F_\mathrm{w}-F_\mathrm{i}-\frac{T_\mathrm{tq}i_\mathrm{g}i_0}{r}-\frac{T_\mathrm{tq}i_\mathrm{g}i_0(1-\eta_\mathrm{T})}{r}+\frac{I_\mathrm{f}(1-\eta_\mathrm{r})}{r^2}\frac{\mathrm{d}u}{\mathrm{d}t}+\frac{I_\mathrm{f}i_\mathrm{g}u(1-\eta_\mathrm{T})}{r^2}\frac{\mathrm{d}i_\mathrm{g}}{\mathrm{d}t}\right]u$$

$$=\left[-F_\mathrm{f}-F_\mathrm{w}-F_\mathrm{i}+F_\mathrm{t}+\frac{I_\mathrm{f}(1-\eta_\mathrm{r})}{r^2}\frac{\mathrm{d}u}{\mathrm{d}t}+\frac{I_\mathrm{f}i_\mathrm{g}u(1-\eta_\mathrm{T})}{r^2}\frac{\mathrm{d}i_\mathrm{g}}{\mathrm{d}t}\right] \quad (4\text{-}57)$$

对上述两式按式（4-55）合并整理即可获得传统汽车的行驶方程式：

$$F_\mathrm{t}=F_\mathrm{f}+F_\mathrm{w}+F_\mathrm{i}+\left(m+\frac{\sum I_\mathrm{w}}{r^2}+\frac{I_\mathrm{f}\eta_\mathrm{T}}{r^2}\right)\frac{\mathrm{d}u}{\mathrm{d}t}+\frac{I_\mathrm{f}i_\mathrm{g}\eta_\mathrm{T}u}{r^2}\frac{\mathrm{d}i_\mathrm{g}}{\mathrm{d}t} \quad (4\text{-}58)$$

式（4-58）右边两项即为汽车的加速阻力 F_j：

$$F_\mathrm{j}=\left(m+\frac{\sum I_\mathrm{w}}{r^2}+\frac{I_\mathrm{f}\eta_\mathrm{T}}{r^2}\right)\frac{\mathrm{d}u}{\mathrm{d}t}+\frac{I_\mathrm{f}i_\mathrm{g}\eta_\mathrm{T}u}{r^2}\frac{\mathrm{d}i_\mathrm{g}}{\mathrm{d}t}=\delta_\mathrm{t}m\frac{\mathrm{d}u}{\mathrm{d}t}+\frac{I_\mathrm{f}i_\mathrm{g}\eta_\mathrm{T}u}{r^2}\frac{\mathrm{d}i_\mathrm{g}}{\mathrm{d}t} \quad (4\text{-}59)$$

由上式可得传统汽车旋转质量换算系数 δ_t 为

$$\delta_\mathrm{t}=1+\frac{\sum I_\mathrm{w}}{mr^2}+\frac{I_\mathrm{f}\eta_\mathrm{T}}{mr^2} \quad (4\text{-}60)$$

对于汽车变速器为有固定传动比情况，则变速比 i_g 对时间 t 的变化率 $\dfrac{\mathrm{d}i_\mathrm{g}}{\mathrm{d}t}=0$，所以加速阻力 $F_\mathrm{j}=\delta_\mathrm{m}\mathrm{d}u/\mathrm{d}t$，即前述传统汽车的旋转质量换算系数 δ 是用于固定传动比的变速器。若汽车装有传动比连续变化的无级变速器，加速阻力为上述两项之和，其中第二项加速阻力是由于传动比变化率 $\mathrm{d}i_\mathrm{g}/\mathrm{d}t$ 使发动机飞轮加速而产生的。但严格说来，实际上汽车加速中踩加速踏板时，发动机或驱动电机的转速均是动态变化的。所以应根据车速 u 与驱动电机的转速 n 的关系 $2\pi rn=ui_0$ 来推导电动汽车的行驶方程式。

2. 单台电机经一挡齿轮减速的电动汽车行驶方程式

此时应将发动机飞轮的转动惯量 I_f 改为电机的转动惯量 I_d，该值因此会大大减小，车轮的转动惯量 I_w 不变。发动机输出转矩 T_tq 改为电机输出转矩 T_dq，变速器的传动比 i_g 应改为 1。如此前述式（4-30）、式（4-44）、式（4-46）也均需做相应更改，而式（4-

48）将 $2\pi rn = ui_0$ 代入后，式（4-49）被改为

$$\frac{dw_e}{dt} = 2\pi \frac{dn}{dt} \qquad (4-61)$$

将其代入式（4-52），即得

$$T_r = T_t'' - T_t' = (T_{dq} - 2\pi I_d \frac{dn}{dt})i_0(1-\eta_T) \qquad (4-62)$$

按前述推导，传动系摩擦损耗的功率 P_r 被改为

$$P_r = -u\frac{T_r}{r} = -\left[\frac{T_{dq}i_0(1-\eta_T)}{r} - \frac{2\pi I_d i_0(1-\eta_T)}{r}\frac{dn}{dt}\right]u \qquad (4-63)$$

将 $2\pi rn = ui_0$ 代入式（4-44）后对时间求导可得

$$\frac{dE}{dt} = \frac{d}{dt}\left(\frac{2\pi^2 r^2}{i_0^2} + \frac{2\pi^2}{i_0^2}\sum I_w + \frac{2\pi i_0}{r}I_d\right)n^2 = \left(\frac{4\pi^2 r^2}{i_0^2}m + \frac{4\pi^2}{i_0^2}\sum I_w + 4\pi^2 I_d\right]n\frac{dn}{dt} \qquad (4-64)$$

再由 $2\pi rn = ui_0$ 将 n 改为 u，并将 $\frac{dn}{dt} = \left(\frac{i_0}{2\pi r}\right)\frac{du}{dt}$ 代入得

$$\frac{dE}{dt} = \left[\frac{2\pi r}{i_0}m + \frac{2\pi}{i_0 r}\sum I_w + \frac{2\pi i_0}{r}I_d\right]u\frac{dn}{dt} = \left(m + \frac{\sum I_w}{r^2} + \frac{i_0^2}{r^2}I_d\right)u\frac{du}{dt} \qquad (4-65)$$

同样将式（4-45）、更改后的式（4-46）、式（4-63）分别代入式（4-55）中的右式，然后将 $\frac{dn}{dt} = \left(\frac{i_0}{2\pi r}\right)\frac{du}{dt}$ 代入可得

$$\left[-F_f - F_w - F_i + \frac{T_{dq}i_0}{r} - \frac{T_{dq}i_0(1-\eta_T)}{r} + \frac{2\ I_d i_0(1-\eta_r)}{r}\frac{dn}{dt}\right]u$$

$$= P + P_e + P_r = \left[-F_f - F_w - F_i + F_t + \frac{I_d(1-\eta_T)}{r^2}\frac{du}{dt}\right]u \qquad (4-66)$$

将上述两式按式（4-55）合并整理即得单台电机经一挡齿轮减速的电动汽车行驶方程式：

$$F_{t} = F_{f} + F_{w} + F_{i} + \left[m + \frac{\sum I_{w}}{r^{2}} + \frac{I_{d}\eta_{T}}{r^{2}}\right]\frac{du}{dt} = F_{f} + F_{w} + F_{i} + F_{j} \quad (4\text{-}67)$$

由式（4-34）即得汽车的加速阻力 F_j 为

$$F_{j} = \left[m + \frac{\sum I_{w}}{r^{2}} + \frac{I_{d}\eta_{T}}{r^{2}}\right]\frac{du}{dt} = \delta_{d} m \frac{du}{dt} \quad (4\text{-}68)$$

即由单台电机驱动经一挡齿轮减速的电动汽车旋转质量换算系数 δ_d 为

$$\delta_{d} = 1 + \frac{\sum I_{w}}{mr^{2}} + \frac{I_{d}\eta_{T}}{mr^{2}} \quad (4\text{-}69)$$

3）由直驱轮毂电机驱动的电动汽车行驶方程式

与前述单台电机经一挡齿轮减速的电动汽车相比，I_d 应为 0，但车轮的转动惯量 I_w 增加 2 倍多；传动比 $i_0=1$，传动系摩擦损耗的功率 P_r 为 0。参照式（4-67）可得由直驱轮毂电机驱动的电动汽车行驶方程式为

$$F_{t} = F_{f} + F_{w} + F_{i} + \left(m + \frac{\sum I_{w}}{r^{2}}\right)\frac{du}{dt} \quad (4\text{-}70)$$

同样其旋转质量换算系数 δ_{dt} 为

$$\delta_{dt} = 1 + \frac{\sum I_{w}}{mr^{2}} \quad (4\text{-}71)$$

3. 各类驱动装置的转速特性比较

动力系统的转速特性比较可用驱动力 - 车速、驱动转矩 - 车速、驱动功率 - 车速三种关系，分别与行驶所遇阻力、所需转矩、所需功率相平衡来分析。为此还需介绍其功率平衡。

1）汽车的功率平衡

功率平衡即表示汽车动力系统所输出功率经传动系传递至车轮，按能量守恒，汽车行驶的每一瞬间，动力系统发出的功率 P_e 始终等于机械传动所耗与克服行驶所遇阻力的全部功率。汽车运动阻力所消耗功率有滚动阻力功率 P_f、空气阻力功率 P_w、坡度阻力功率 P_i、加速阻力功率 P_j。按前述分析并经单位换算（功率单位均为 kW），即可整理出如下汽车功率平衡方程式：

$$P_{e} = \frac{1}{\eta_{T}}\left(\frac{Gfu_{a}}{3\,600} + \frac{C_{D}A}{76\,140} + \frac{Giu_{a}}{3\,600} + \frac{\delta_{m}u_{a}}{3\,600}\frac{du}{dt}\right) \quad (4\text{-}72)$$

（1）功率平衡图（见图4-23）。

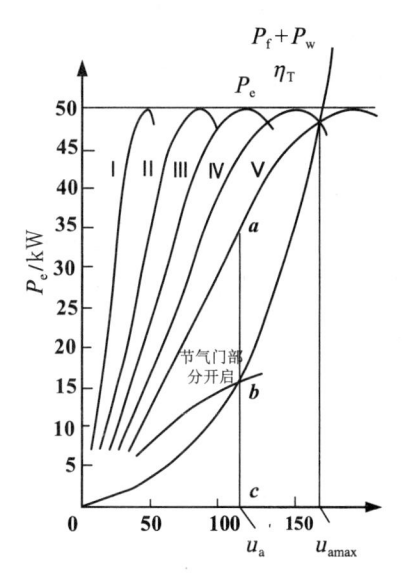

图4-23 传统汽车的功率平衡图

与力的平衡处理方法类同，功率平衡方程式也可采用图解法来求得其平衡点。即以纵坐标表示功率，横坐标表示车速，将动力系统输出功率 P_e、汽车行驶时的阻力功率 $(p_f+p_w)/\eta_T$ 与车速的关系曲线绘制在坐标图中。图4-23所示为传统汽车的功率平衡图。其中，Ⅰ～Ⅴ五条实线为五挡功率曲线和阻力功率曲线。可根据汽车的行驶车速 u_a（km/h）、动力系统输出转速 n（r/min）与车轮半径 r（m）的关系式（4-15），将动力系统输出功率 P_e 与转速 n 的关系 P_e-n 转换为 P_e-u_a 关系。即按发动机的外特性结合各挡变速比获得发动机各挡功率曲线，或电机额定功率及其过载功率的特性曲线，通过式（4-15）转换后绘制于图中。参见图4-25可知，发动机在不同挡位时，功率 P_e 大小均不变，只是各挡的功率曲线所对应车速位置不同，且低速挡时车速低，所占的速度变化区域窄；高速挡时车速高，所占速度变化区域宽。而对由电机驱动的额定功率与过载功率的特性曲线则不同，其过载功率即可作为后备功率用于加速或爬坡。按式（4-5）或式（4-6），结合式（4-38）可知，滚动阻力功率 p_f 在低速范围为一斜直线，高速时由于其系数 f 随车速 u_a 而增大，所以 p_f 随 u_a 以更快速率增加，而空气阻力功率 p_w 则随之以三次指数律递增。两者叠加后的阻力功率 $(p_f+p_w)\eta_T$ 曲线为随 u_a 以越来越大的斜率增加。所高速行驶时，汽车主要克服空气阻力功率。如图4-25所示，发动机功率Ⅴ挡曲线与阻力功率曲线的相交点对应的车速即为该车的最高车速 u_{amax}。

（2）后备功率。

汽车在良好水平路面以车速 u_a 等速行驶时，所需阻力功率为图4-23中的线段 bc 所示，其节气门只需部分开启，发动机功率曲线如图中小圆点虚线所示。但发动机在节气门全开启以相应速度运行时,经同样 V 挡变速传输可达功率为图中的线段 ac 所示,为此将动力系统所能输出的功率与其行驶阻力功率的差值称为后备功率 P_{eb},即可表示为

$$P_{eb} = P_e - \frac{P_f - P_w}{\eta_T} = \overline{ac} - \overline{bc} = \overline{ab} \qquad (4-73)$$

利用此式即可绘制动力系统后备功率 P_{eb} 与行驶车速 u_a 的关系曲线图,图 4-24 所示为图 4-23 所对应的后备功率曲线图,即将 P_e-u_a 曲线按 $(p_f+p_w)/\eta_T$-u_a 关系同步降低获得。后备功率即用于加速和爬坡,后备功率越大说明汽车的动力性越好,但部分负荷运行时动力系统的负荷率低。在后备功率曲线图上再添加上坡度阻力功 P_i-u_a 曲线,或加速阻力功率 P_j-u_a 曲线,即可确定汽车的爬坡能力或加速能力。

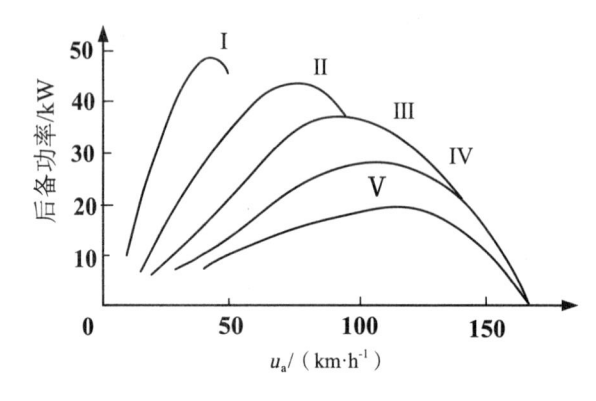

图 4-24 传统汽车的后备功率

利用功率平衡法更便于定性分析设计、使用中的有关动力性和负荷率的问题,对分析汽车动力系统的能耗经济性特别有用。有时还结合转矩平衡法,即利用 T_e-u_a 曲线来分析。在此先按传统汽车对动力特性的分析方法,通过对三种发动机特性曲线的对比分析,说明内燃机须采用庞大而复杂的变速机构来使特性匹配的原因。进而对目前用于电动汽车的三种驱动电机负载特性进行比较,分析对汽车行驶于多变工况特性的适应性。

2) 三种发动机的特性比较

图 4-25 所示为三种发动机的特性曲线比较。其中,图 4-25(a)是目前正普遍应用的活塞式内燃机特性曲线;图 4-25(b)为按理想要求所假象的一种能在不同转速下发出恒功率的发动机特性曲线;图 4-25(c)是早期应用于汽车的活塞式蒸汽机特性曲线,它除在很低转速外,具有近似于恒功率的特性。

再按这三种发动机的特性曲线,作出均无变速器,即采用一挡齿轮减速增扭驱动,且具有同样汽车质量及最高车速的驱动力-行驶阻力平衡图,如图 4-26 所示。三种发动机虽然具有同等的最大功率,但活塞式内燃机的汽车在低速时后备功率甚小,能提供的驱动力也很小,这是因其发动机功率在低转速时颇小之故。若不配备变速器,只能通过小于约为 $i=6\%$ 的坡度;而近似于恒功率的蒸汽机汽车可以克服 30% 以上的坡度;

更有甚者，恒功率发动机的汽车在低速时，若不存在地面附着力对驱动轮的限制，几乎可克服任何坡度，所以称其为理想的发动机驱动特性曲线。对各类驱动电动汽车电机的特性也需以此来比较哪一种更接近理想特性。

通过上述分析可知，活塞式内燃机必须通过变速机构才能适应汽车行驶时多变工况的要求，尤其采用可无级变速的液力变矩器，可使其运行于最大功率时，具有与恒功率发动机汽车同样的动力性。活塞式内燃机与蒸汽机相比，由于体积小、质量轻、技术成熟而使成本较低，加上油品油质的提高，所以近百年来活塞式内燃机一直作为最适用的汽车发动机被选用。

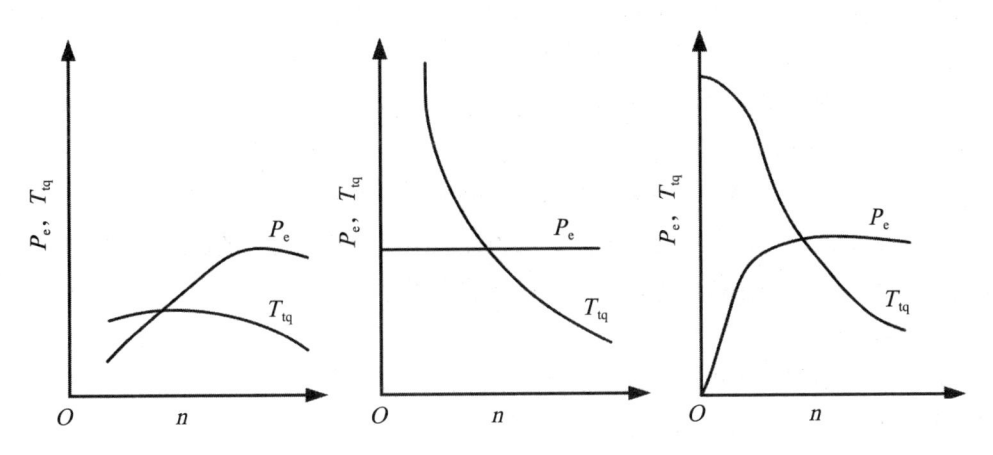

（a）普遍应用的活塞式内燃机；　（b）理想恒功率发动机；　（c）早期应用的活塞式蒸汽机

图4-25　三种发动机的特性曲线比较

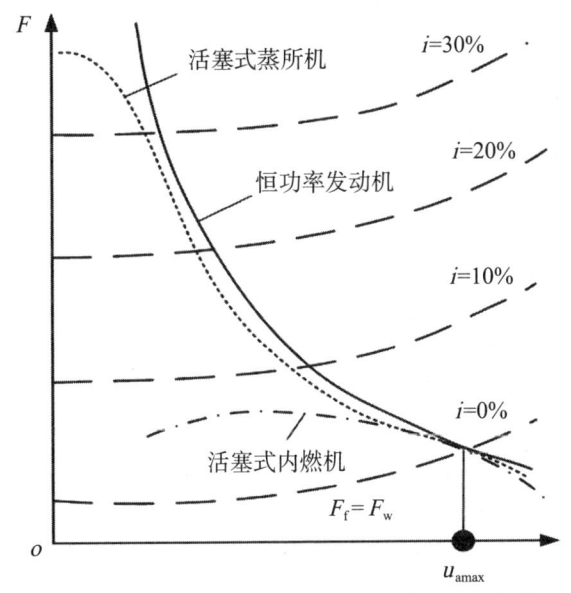

图4-26　三种发动机的驱动力-行驶阻力平衡图

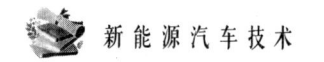

4.1.4 电动汽车的附着条件与汽车的附着率

本节将介绍附着力、附着条件、附着率等基本概念，分析汽车在纵向坡道上加速上坡时的受力，确定汽车在不同行驶条件下的附着率。

1. 汽车行驶的附着条件

由上节驱动力-行驶阻力平衡分析可知，当汽车驱动力 F_t 等于滚动阻力 F_f、空气阻力 F_w 和坡度阻力 F_i 之和时，后备驱动力等于零，汽车将维持等速行驶；当汽车驱动力大于这三个阻力之和时，后备驱动力大于零，可用于克服加速阻力使汽车加速行驶；当驱动力小于三个阻力之和时，汽车将不能开动，正在行驶中的汽车将减速直至停车。所以动力系统的驱动力是决定汽车动力性的主要因素，即满足汽车行驶的驱动条件式为

$$F_t \geqslant F_f + F_w + F_i \tag{4-74}$$

汽车行驶的驱动条件只是汽车行驶的必要条件，还不够充分。如汽车遇到冰雪坡道路面或驱动轮陷入泥坑，驱动轮在路面上滑转，汽车不能行驶，此时即使有再大的驱动力，也只能引起车轮在路面上急剧加速滑转，因地面切向反作用力不能随之提高，汽车的动力性也未能发挥。由此可见，汽车的动力性能不仅受到驱动力的制约，它还受驱动轮的轮胎与地面附着力（俗称抓地能力）条件的限制。

1）附着力 F_φ

地面对轮胎切向反作用力的极限值 $F_{X\max}$ 称为附着力 F_φ。在硬路面上，附着力 F_φ 与驱动轮的法向反作用力 F_Z 成正比，常写成

$$F_{X\max} = F_\varphi = F_{Z\varphi} \tag{4-75}$$

式中，φ 称为附着系数，决定于轮胎、路面和使用条件。常见路面的平均附着系数如表4-4所示。

表4-4 常见路面的平均附着系数

路面条件	附着系数 φ	路面条件	附着系数 φ
干混凝土或沥青路面	0.7~0.8	湿混凝土或沥青路面	0.5~0.6
干燥的碎石路	0.6~0.7	干土路面	0.5~0.6
湿土路面	0.2~0.4	滚压后的雪路	0.2~0.3

2）附着条件

附着条件为地面作用在驱动轮上的切向反力 F_X 不能大于驱动轮的附着力 F_φ，否则驱动轮将会发生滑转，对于后轮驱动的汽车有

$$\frac{T_t - T_{f2}}{r} = F_t - F_{f2} = F_{X2} \leqslant F_{Z2\varphi} = F_\varphi \quad \text{或} \quad F_t \leqslant F_{Z2\varphi} + F_{f2} = F_{Z2\varphi} + F_{Z2}f \tag{4-76}$$

由于滚动阻力系数 f 比附着系数 φ 小得多，故可略去 $F_{Z2}f$ 项，并将上式推广到一

般汽车，即可得汽车行驶的附着条件式为

$$F_t \leqslant F_{Z\varphi}\varphi \tag{4-77}$$

式中，$F_{z\varphi}$在为作用于对应驱动轮上的法向反作用力（N）。

将汽车行驶的驱动条件式（4-74）和汽车行驶的附着条件式（4-77）连起来写，可得

$$F_f + F_w + F_i \leqslant F_t \leqslant F_Z \tag{4-78}$$

式（4-78）是汽车能够行驶的必要与充分条件，合称为汽车行驶的驱动 - 附着条件。

3）附着率 C_φ

按前述后轮驱动时的附着条件有 $F_{X2}/F_{Z2} \leqslant \varphi$，为此定义后轮驱动汽车的驱动轮附着率 $C_{\varphi 2}=F_{X2}/F_{Z2}$，于是后轮驱动汽车的附着条件也可表示为 $C_{\varphi 2} \leqslant \varphi$；同理，若为前轮驱动时附着条件为 $F_{X1}/F_{Z1} \leqslant \varphi$，为此定义前轮驱动汽车的驱动轮附着率 $C_{\varphi 1}=F_{X1}/F_{Z1}$，即前轮驱动汽车的附着条件也可表示为 $C_{\varphi 1} \leqslant \varphi$。因切向反力 F_X 随驱动力 F_t 而变，所以附着率 C_φ 也随驱动力 F_t 而变，附着率 C_φ 越小或路面附着系数越大，附着条件越容易满足。

2. 汽车附着力与地面法向反作用力

汽车附着力 F_φ，决定于附着系数 φ 及地面作用于驱动轮的法向反作用力 F_Z。附着系数主要取决于路面种类及其状况，在一般动力性分析中常取其平均值，如表4-4所示。并且车轮的运动状况及其速度对附着系数也有影响，尤其在制动状态。汽车在行驶状态中，通常在加速上坡时，附着条件最不易满足。在此即按该工况来分析路面作用在车轮上的法向力 F_Z 和切向力 F_X。而驱动轮的地面法向反作用力与汽车的总体布置、车身形状、行驶状况及道路坡度有关。

图4-27为汽车在加速上坡时的受力图。图中，G 为汽车重力；a 为道路坡度角，h_g 为汽车质心高；F_w 为空气阻力；T_{f1}、T_{f2} 为作用在前、后轮上的滚动阻力偶矩；T_{jw1}、T_{jw2} 为作用在前、后轮的惯性阻力偶矩；F_{jw1}、F_{jw2} 为作用于车身上，并位于前、后轮接地点上方的空气升力；F_{Z1}、F_{Z2} 为作用于前、后轮的地面法向反作用力；F_{X1}、F_{X2} 为作用在前、后轮上的地面切向反作用力，其方向与采用前驱或后驱相关，图示即为前驱；a、b 为汽车质心至前、后轴之距离。

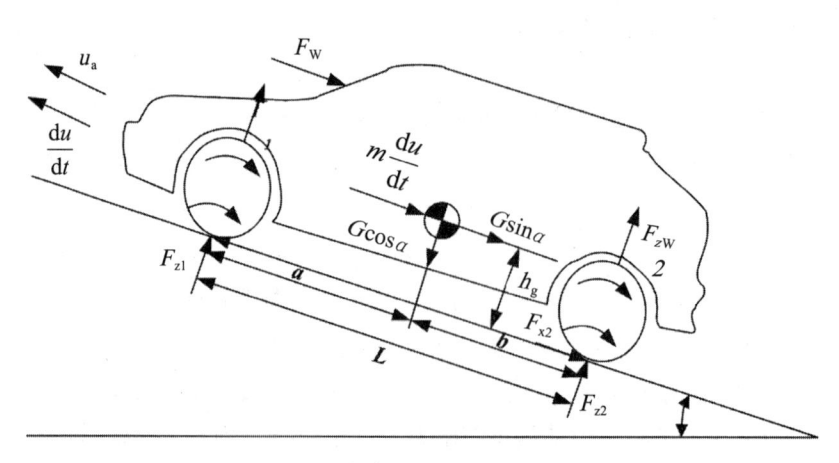

图4-27 汽车在加速上坡时的受力图

然后将作用在汽车上的诸力分别对前、后轮与道路接触面中心点取力矩，则可得

$$F_{Z1} = G\left(\frac{b}{L}\cos\alpha - \frac{h_g}{L}\sin\alpha\right)\left(\frac{G}{g}\frac{h_g}{L} + \frac{\sum I_w}{Lr} \pm \frac{I_f i_g i_0}{Lr}\right)\frac{du}{dt} - F_{Zw1} - G\frac{rf}{L}\cos\alpha \quad (4\text{-}79)$$

$$F_{Z2} = \left(G\frac{b}{L}\cos\alpha - \frac{h_g}{L}\sin\alpha\right) + \left(\frac{G}{g}\frac{h_g}{L} + \frac{\sum I_w}{Lr} \pm \frac{I_f i_g i_0}{Lr}\right)\frac{du}{dt} - F_{Zw2} + G\frac{rf}{L}\cos\alpha \quad (4\text{-}80)$$

因为 F_W 与 F_{Zw1}、F_{Zw2} 均是在风洞中实测所获得的，所以在式（4-77）中不能再计入 F_W 对前、后轮与道路接触面中心的力矩。

由式（4-79）、（4-80）可看出，前、后轮的地面法向反作用力 F_{Z1}、F_{Z2} 均可划分为下述四部分。

1）静态轴荷的法向反作用力 F_{Zs}

即为汽车重力分配到前、后轴分量所产生的地面法向反作用力，分别为

$$F_{Zs1} = G\left(\frac{b}{L}\cos\alpha - \frac{h_g}{L}\sin\alpha\right) \quad (4\text{-}81)$$

$$F_{Zs2} = G\left(\frac{b}{L}\cos\alpha + \frac{h_g}{L}\sin\alpha\right) \quad (4\text{-}82)$$

由上式可看出它主要与质心位置及坡度角有关。并且上坡时，前轮的 F_{Zs1} 减少，而后轮的 F_{Zs2} 增加，因此采用后驱易满足附着条件。

2）动态分量 F_{Zd}

由加速过程中产生的惯性力、惯性阻力偶矩所造成的地面法向反作用力部分，分别为

$$F_{Zd1} = -\frac{G}{g}\left(\frac{h_g}{L} + \frac{g}{G}\frac{\sum I_w}{Lr} \pm \frac{g}{G}\frac{I_f i_g i_0}{Lr}\right)\frac{du}{dt} \qquad (4\text{-}83)$$

$$F_{Zd2} = \frac{G}{g}\left(\frac{h_g}{L} + \frac{g}{G}\frac{\sum I_w}{Lr} \pm \frac{g}{G}\frac{I_f i_g i_0}{Lr}\right)\frac{du}{dt} \qquad (4\text{-}84)$$

式中，"±"号是当动力系统的旋转体（即发动机飞轮或电机转子）旋转方向与车轮方向一致时取"+"号，否则取"-"号。并要求其旋转体的轴线垂直于汽车纵向的垂直平面，即与车轮轴线一致，所以要求发动机或电机的安装位置均为横置。而其旋转方向与车轮一致时，由式（4-83）、（4-84）可看出汽车在加速前进时，前轮的垂直载荷F_{Zd1}减得较多，而后轮的F_{Zd2}也增得较多，即适于后轮驱动方式；否则前轮F_{Zd1}减得较少，而后轮F_{Zd2}也增得较少，较适于前轮驱动方式。但总是采用后驱更易满足附着条件。其中，旋转质量应包括车轮和动力系统的旋转体两部分：车轮的惯性阻力偶矩为$\frac{\sum I_w}{r}\frac{du}{dt}$；动力系统旋转体的惯性阻力偶矩为$\frac{I_f i_g i_0}{r}\frac{du}{dt}$，而平移质量的惯性力为$\frac{G}{g}\frac{du}{dt}$。

由于旋转质量惯性阻力偶矩的数值较小，一般性分析中即可忽略不计，尤其对于电动汽车由单台电机经一挡齿轮减速的数值更小；但对于由轮毂电机驱动的电动汽车，其中I_f已不存在，而I_w增加许多，结果同样使得前轮的F_{Zd1}减得较多，后轮的F_{Zd2}也增得较多。

3）空气升力F_{Zw}

由于流经汽车顶部与底部的空气流速不一样，产生了作用于汽车的空气升力。通常将空气升力分解为作用于前、后轮接地点的前、后空气升力。可通过试验来确定其前、后空气升力系数C_{Lf}、C_{Lr}进而按下式计算前、后空气升力：

$$F_{Zw1} = \frac{1}{2}C_{Lf}A\rho \qquad (4\text{-}85)$$

$$F_{Zw2} = \frac{1}{2}C_{Lr}A\rho \qquad (4\text{-}86)$$

图4-28所示为20世纪末10年间传统轿车空气升力系数的变化发展过程。从中可发现其空气升力系数的变化较大，其变化趋势均接近于0，而后轴系数还在正负间变化。

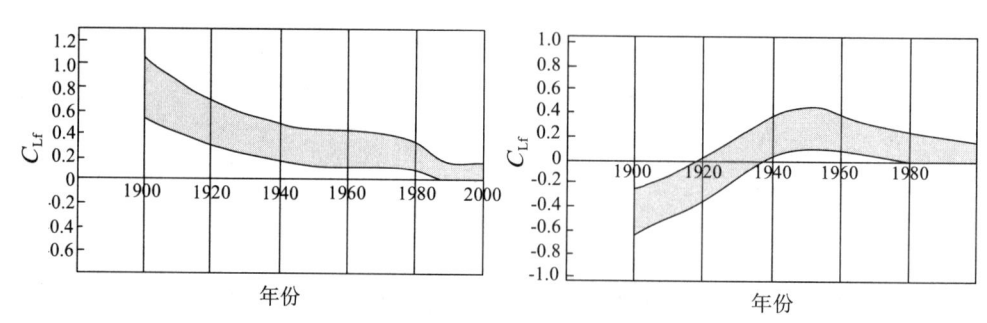

(a) 前轴空气升力系数的变化发展过程　　(b) 后轴空气升力系数的变化发展过程

图4-28 传统轿车空气升力系数的变化发展过程

单从增大附着力考虑应尽可能减小空气升力，而从减小滚动、上坡、加速三种阻力考虑则应适当增大空气升力，因三种阻力均与车轮的法向载 $W=G-F_{Zw}$ 成正比，所提高空气升力 F_{Zw} 即减小车轮法向载荷 W，从而可同时减小三种行驶阻力以达到节能的目的，但这必须在确保汽车行驶安全稳定性的前提下进行。图4-29所示为在车身前方底部加装前阻风板，和在车身的后上部加装后扰流板对空气升力系数 C_{Lf}、C_{Lr} 及其空气阻力系数 C_D 的影响。对此可通过调节其扰流挡风板来控制空气对汽车车身的升力，以实现在降速制动或下坡滑行时，控制扰流板来减小其升力 F_{Zw}，如此即可提高该工况下所需的地面附着力以提高安全稳定性，也因增大了车轮法向载荷 W，增加了可回收电能；又由于采用四轮驱动（参见后述分析）可极大提高附着利用率，所以可在正常行驶所需附着力足够大时，控制扰流板来适当增加汽车空气升力 F_{Zw}，以减小车轮法向载荷 W，从而减小与 W 成正比的三种行驶阻力，即以增大动力因数 D 来减小汽车行驶阻力。如此在不同工况下通过控制升力 F_{Zw} 以确保在满足附着力条件下实现节能最大化。参考图4-28可知，升力 F_{Zw} 的可调节量还是较大的，关键是如何通过调节扰流挡风板的升降高度及摆动角度来有效控制升力 F_{Zw}，即需结合空气动力学知识和更多实验来确定。

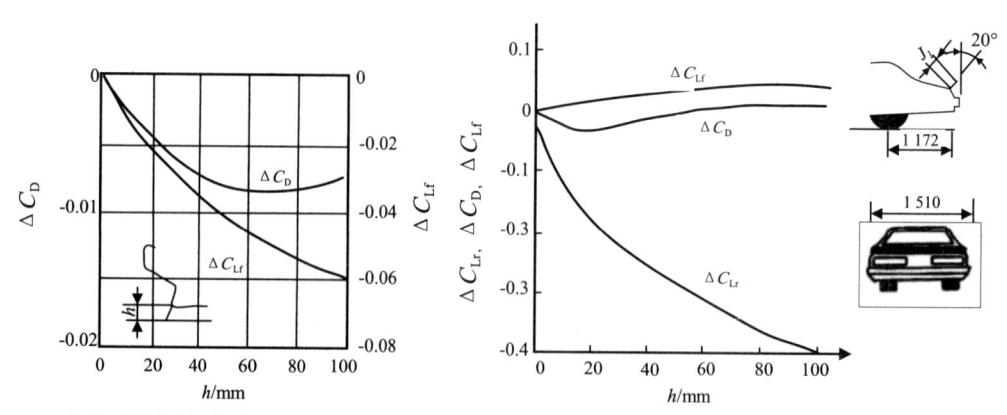

(a) 前阻风板高度 h 对 C_D、C_{Lf} 的影响　　(b) 后扰流板高度 h 对 C_D、C_{Lf}、C_{Lr} 的影响

图4-29 前阻风板、后扰流板对空气升力系数 C_{Lf}、C_{Lr} 及其空气阻力系数 C_D 的影响

4）滚动阻力偶矩所产生部分 F_{Zf}

即为式（4-79）、（4-80）中的最后一项 $Grf\cos\alpha/L$，由于该项相对甚小，可忽略不计。忽略旋转质量惯性阻力偶矩和滚动阻力偶矩之后，汽车作用于前、后轮的地面法向反作用力 F_{Z1}、F_{Z2} 即可简化为

$$F_{Z1} = F_{Zs1} - F_{Zw1} - \frac{G}{g}\frac{h_g}{L}\frac{du}{dt} \quad (4-87)$$

$$F_{Z2} = F_{Zs2} - F_{Zw2} + \frac{G}{g}\frac{h_g}{L}\frac{du}{dt} \quad (4-88)$$

由式（4-87）和式（4-88）可知，汽车加速时 F_{Z1} 减小，而 F_{Z2} 增大，说明后驱车更易满足附着条件。

3.驱动轮上的地面切向反作用力

切向反作用力的最大值同样出现在汽车加速爬坡工况，为此也按此工况进行分析。

图 4-30 为前轮驱动汽车在坡道加速行驶时，从动轮、驱动轮和车身的受力图。图中，G_{w1}、G_{w2} 为驱动轮、从动轮的重力 m_1、m_2 为驱动轮、从动轮的质量；W_B 为车身重力；m_B 为车身的质量；F_{P1}、F_{P2} 为驱动轴、从动轴作用于驱动轮、从动轮上而平行于路面的力；T_t' 为驱动轴作用于车轮的转矩；T_{f1}、T_{f2} 为作用在前、后轮上的滚动阻力偶矩；T_{jw1}、T_{jw2} 为作用在前、后轮的惯性阻力偶矩；F_{Z1}、F_{Z2} 为作用在前、后轮的地面法向反作用力；F_{x1}、F_{x2} 为作用在前、后轮的地面切向反作用力，图示为前驱车，若为后驱车则 F_{x1}、F_{x2} 方向相反，若为四驱车，则地面作用于车轮的 F_{x1}、F_{x2} 方向均与汽车前进方向一致；L 为汽车的轴距；a'、b' 为车身质心至前、后轴的距离。

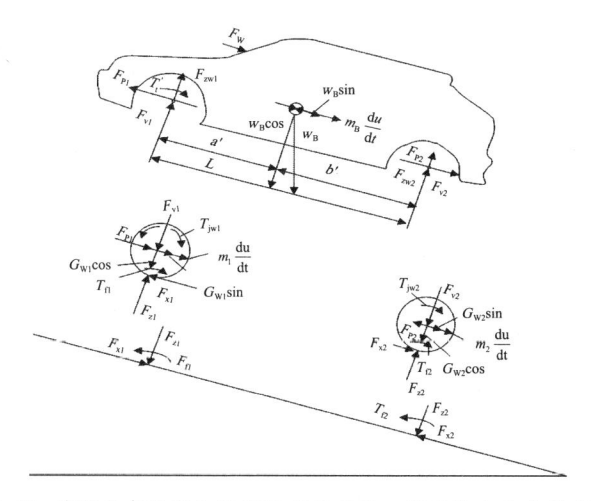

图 4-30 前驱车在坡道加速行驶时从动轮、驱动轮和车身的受力

将整车分解为从动轮（后轮）、车身、驱动轮（前轮）三部分，现分别分析其各自受力如下。

（1）后从动轮受力分析。参见图 4-30 右下角的从动轮受力图，可得

$$F_{p2} = m_2 \frac{du}{dt} + G_{w2} \sin\alpha + F_{X2} \tag{4-89}$$

与

$$F_{X2} r = T_{f2} + T_{jw2} \tag{4-90}$$

即

$$F_{X2} = \frac{T_{f2}}{r} + \frac{T_{jw2}}{r} \tag{4-91}$$

因 T_{jw2} 的数值很小可忽略不计，故

$$F_{X2} = F_{f2} \tag{4-92}$$

所以

$$F_{p2} = F_{f2} + G_{w2} \sin\alpha + m_2 \frac{du}{dt} \tag{4-93}$$

（2）车身受力分析。由图示上部的车身受力图有下式左部，再将上式 F_{p1} 代入得下式右部：

$$F_{p1} = F_{p2} + F_w + W_B \sin\alpha + m_B \frac{du}{dt} = F_{f2} + F_w + (W_B + G_{w2})\sin\alpha + (m_B + m_2)\frac{du}{dt} \tag{4-94}$$

（3）前驱动轮受力分析。图 4-30 所示左下角的前驱动轮受力图，按其受力平衡可得

$$F_{X1} = F_{p1} + G_{w1} \sin\alpha + m_1 \frac{du}{dt} \tag{4-95}$$

将上式的 F_{p1} 代入得

$$F_{X1} = F_{f2} + F_w + G \sin\alpha + m \frac{du}{dt} = F_{f2} + F_w + F_i + F_j' \tag{4-96}$$

注意此处的 F_j' 为 $m \frac{du}{dt}$，与不同，因忽略了 T_{jw}。

4. 附着率及其影响因素

附着率 C_φ 是指汽车直线行驶状况下，充分发挥驱动力作用时要求的最低附着系数。

由于切向反力 F_W 随驱动力 F_t 而变，所以附着率 C_φ 也随驱动力 F_t 而变，即随驱动力 F_t 增大所要求的最低附着系数也随之变大。由此说明汽车在加速、上坡或高速行驶时的附着率 C_φ 加大，附着条件也就较难满足。为此先来分析该两种行驶工况下的附着率。

1）加速、上坡行驶时的附着率

根据式（4-87）、（4-88）求得前、后轮地面法向反作用力 F_{Z1}、F_{Z2}，根据式（4-95）、式（4-96）求得驱动轮地面切向反作用力 F_{X1}、F_{X2}，即可确定前驱动轮或后驱动轮的附着率。

（1）后轮驱动汽车。

对于后轮驱动汽车，其后驱动轮的附着率为

$$C_{\varphi 2}=\frac{F_{X2}}{F_{Z2}}=\frac{F_{f1}+F_{w}+F_{i}+F'}{F_{Zs2}-F_{Zw2}+\frac{G}{g}\frac{h_g}{L}\frac{du}{dt}} \tag{4-97}$$

在加速、上坡时，主要的行驶阻力为加速阻力和坡度阻力，忽略滚动阻力 F_{f1}、空气阻力 F_w 和其升力 F_{zw2}，故后驱动轮的附着率被简化为

$$C_{\varphi 2}=\frac{F_i+F_j'}{F_{Zs2}+\frac{Gh_g}{gL}\frac{du}{dt}}=\frac{G\sin\alpha+\frac{Gdu}{gdt}}{G\left(\frac{a}{L}\cos\alpha+\frac{h_g}{L}\sin\alpha\right)+\frac{Gh_g}{gL}\frac{du}{dt}} \tag{4-98}$$

对上式右部上下除 $\cos\alpha$，再用 $i=\tan\alpha=\sin\alpha/\cos\alpha$ 代入，整理即得

$$C_{\varphi 2}=\frac{i+\frac{1}{\cos\alpha}\frac{du}{du}}{\frac{a}{L}+\frac{h_g}{L}\left(i+\frac{1}{\cos\alpha}\frac{du}{du}\right)} \tag{4-99}$$

令 $i+\frac{1}{\cos\alpha}\frac{1}{g}\frac{du}{dt}=q$ 为包含加速阻力在内的等效坡度，则

$$C_{\varphi 2}=\frac{q}{\frac{a}{L}+\frac{h_g}{L}q} \tag{4-100}$$

由于 $C_{\varphi 2}$ 为加速上坡行驶时要求的地面附着系数，故在一定附着系数 φ 的路面上行驶时，汽车能通过的最大等效坡度为

$$q_2=\varphi\left(\frac{a}{L}+\frac{h_g}{L}q\right)=\frac{\frac{a}{L}}{\frac{1}{\varphi}-\frac{h_g}{L}} \tag{4-101}$$

（2）前轮驱动汽车。

同理可得前轮驱动汽车的前驱动轮附着率为

$$C_{\varphi 1}=\frac{q}{\frac{a}{L}-\frac{h_g}{L}q} \tag{4-102}$$

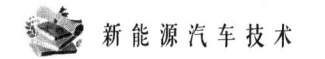

在一定附着系数 φ 值的路面上，能通过的最大等效坡度为

$$q_1 = \frac{\dfrac{b}{L}}{\dfrac{1}{\varphi} + \dfrac{h_g}{L}} \qquad (4\text{-}103)$$

比较上述前、后轮驱动汽车能通过的最大等效坡度 q 式，即可看出，当 $a = b$ 时后轮驱动汽车能通过的等效坡度更大。

（3）四轮驱动汽车。

对四轮驱动汽车的分析，需先设定前、后轴转矩 T_{t1}、T_{t2} 的分配系数，在此设前轴的转矩分配系数为 a_c。如此 $T_{t1} = a_c(T_{t1} + T_{t2})$；$T_{t2} = (1 - a_c)(T_{t1} + T_{t2})$。如为前轮驱动，则 $a_c = 1$；如为后轮驱动，则 $a_c = 0$。在四轮驱动汽车中：如奥迪（Audi）的 $a_c = 0.5$；宝马（BMW）325i 的 $a_c = 0.37$；M. B. 4Matic 的 $a_c = 0.35$。根据式（4-95）、式（4-96），并忽略滚动阻力 F_f、空气阻力 F_w，按其 a_c 值，即可分别确定前、后轮的切向反作用力 F_{x1}、F_{x1} 为

$$F_{X1} = a_C G(\sin\alpha + \frac{1}{g}\frac{du}{dt}) \qquad (4\text{-}104)$$

$$F_{X2} = (1 - a_C) G(\sin\alpha + \frac{1}{g}\frac{du}{dt}) \qquad (4\text{-}105)$$

而所要求的附着率也按转矩分配系数来分担，即前、后驱动轮的附着率 $C_{\varphi 1}$、$C_{\varphi 2}$ 分别为

$$C_{\varphi 1} = \frac{a_C q}{\dfrac{b}{L} - \dfrac{h_g}{L} q} \qquad (4\text{-}106)$$

$$C_{\varphi 2} = \frac{a_C q}{\dfrac{b}{L} + \dfrac{h_g}{L} q} \qquad (4\text{-}107)$$

当等效坡度一定时，如前轮附着率 $C_{\varphi 1}$ 较大，则前驱动轮的驱动力将先达到地面附着力而滑转，后驱动轮驱动力也保持在前轮刚开始滑转时的数值不再增加。通常前、后驱动轮的附着率不相等，汽车的等效坡度 q 受附着率 $C_{\varphi 1}$ 较大驱动轮的限制，所以希望前、后轮驱动力可通过调节系数能使其自动同时达到附着力极限值。但动力系统由发动机或单台电机驱动，其前、后驱动力的分配由中央差速器结构所确定，通常难以调节；而轮毂电机就能分别对前、后、左、右独立控制。因此希望 $C_{\varphi 1} = C_{\varphi 2}$，即使上述两式相等，于是可得 $a_c q (a + h_g q) = (q - a_c q)(b - h_g q)$，即 $aa_c = bq - ba_c q - h_g q^2$，

经整理化简后可得

$$h_g q = b - a_c L \tag{4-108}$$

由此得出：质心 h_g 越低，能达到的等效坡度 q 越高；适当增大车身质心至后轴距离 b，减小转矩分配系数 a_c 均有利于增大最大等效坡度 q 值。但因式中忽略了 F_f、F_w，应用中需注意。

式（4-108）也可作为设计轮毂电机驱动电动汽车时，其前、后轮动力按汽车质心位置分配的参考依据。如前、后轮的转矩分配系数可根据运行状况自动调节，而使前、后轮驱动力同时达到附着力的极限值，则可使全部附着力均转化为驱动力，即有

$$\varphi G \cos\alpha = G \sin\alpha + \frac{G}{g}\frac{du}{dt} \tag{4-109}$$

两边除以 $G\cos\alpha$，整理即得

$$\varphi = q \tag{4-110}$$

此时等效坡度 q 即能达到地面附着系数 φ。

图 4-31 所示为不同驱动形式汽车的等效坡度，给出了前轮驱动、后轮驱动以及四轮驱动汽车所能达到的等效坡度 q 与地面附着系数 φ 的关系曲线。正如预期的那样，四轮驱动汽车的等效坡度，使其加速和上坡能力大大超过了单轴驱动汽车，尤其是可自动调节转矩分配系数 a_c 的四轮驱动汽车，等效坡度 q 与地面附着系数 φ 同等上升，这也是后述图 4-34 所示为附着利用率为 100% 对应的曲线，即使地面附着系数 φ 得到完全利用。

在图 4-17 和图 4-19 中分别展示了传统汽车的行驶加速度和爬坡度曲线。在此为能完整表达汽车的动力性，也相应给出所能达到的加速度和爬坡度对应的附着率 C_φ 的曲线。图 4-32（a）所示为对应于图 4-17 中以Ⅰ、Ⅱ挡全力加速时相应的附着率曲线而图 4-32（b）所示为对应于图 4-19 中以Ⅰ、Ⅱ挡全力爬坡时相应的附着率曲线。由图 4-32（a）可知Ⅰ挡加速时最大 $C_{\varphi 2}$ 值为 0.64，即汽车在 $\varphi=0.7$ 的良好路面可全力加速行驶。但从图 4-32（b）中却可看出，在 $\varphi=0.7$ 的地面上，该车以Ⅰ挡节气门全开时的爬坡能力基本无法实现，不过采用Ⅱ挡爬坡时的最大 $C_{\varphi 2}$ 值为 0.45，图 4-31 所示相应的爬坡度为 24%，即远大于四级公路在山岭重丘区的最大纵向坡度 9%。由此得出该车在良好路面上的附着性能还是令人满意的。

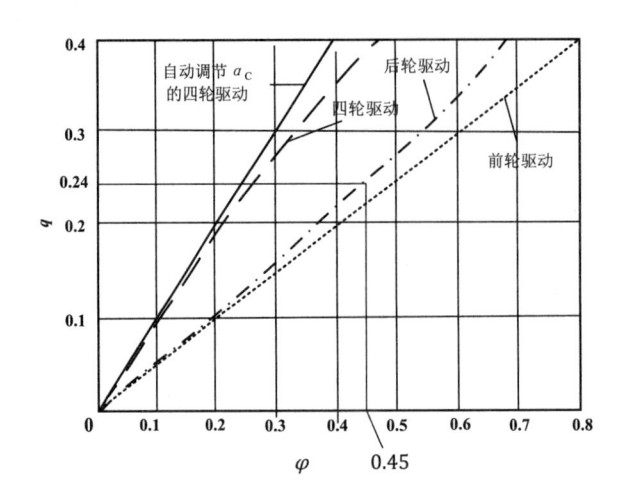

图4-31 不同驱动形式汽车的等效坡度

注：前轮驱动$a/L=0.43$；后轮驱动$a/L=0.49$；四轮驱动$a/L=0.45$

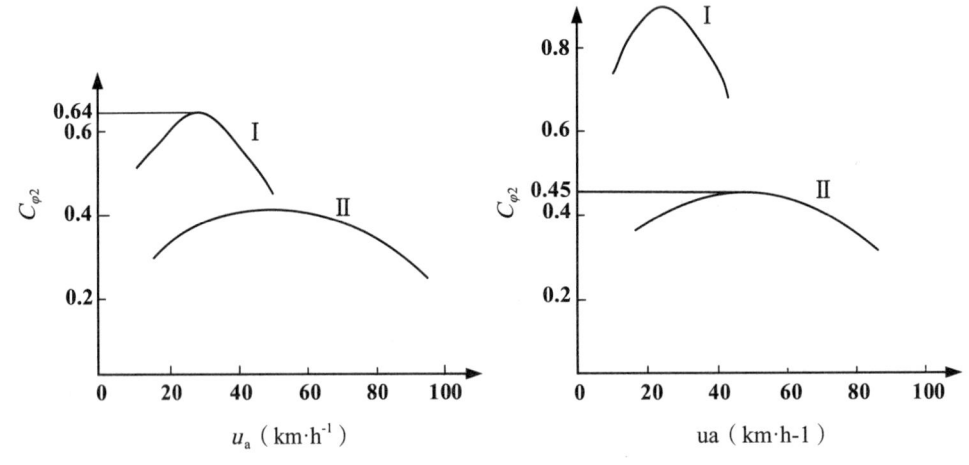

（a）对应图4-17中以Ⅰ、Ⅱ挡全力加速时相应的附着率 （b）对应图4-19中以Ⅰ、Ⅱ挡全力爬坡时相应的附着率

图4-32 传统汽车的附着率曲线

2）高速行驶时的附着率

汽车在良好路面高速行驶时，道路的坡度及汽车的加速度均很小。如此可忽略式（4-95）、式（4-96）中的F_i、F'_j，结合式（4-87）、（4-88），求得前、后轮驱动汽车在高速行驶时的驱动轮附着率分别为

$$C_{\varphi 1} = \frac{F_{f2} + F_w}{F_{Zs1} - F_{Zw1}} \tag{4-111}$$

$$C_{\varphi 2} = \frac{F_{f1} + F_w}{F_{Zs2} - F_{Zw2}} \quad (4\text{-}112)$$

对于四轮驱动汽车同样按转矩分配系数为 a_C 计算,并假设 $F_{f1} = F_{f2} = F_f$,$F_{zw1} = F_{zw2} = F_{zw}$、$du/dt = 0$、$a = 0$,则在高速行驶时前、后驱动轮附着率分别为

$$C_{\varphi 1} = \frac{a_C(F_f + F_w)}{G\dfrac{b}{L} - F_{Zw}} \quad (4\text{-}113)$$

$$C_{\varphi 2} = \frac{(1 - a_C)(F_f + F_w)}{G\dfrac{b}{L} - F_{Zw}} \quad (4\text{-}114)$$

同样希望地面附着率能得到充分利用,即要求 $C_{\varphi 1} = C_{\varphi 2}$,为此设上述两式相等,于是可得 $a_C(Ga/L - F_{zw}) = (1-a_C)(Gb/L - F_{zw})$,即 $a_C Ga/L - a_C F_{zw} = Gb/L - F_{zw} - a_C Gb/L + a_C F_{zw}$,经整理化简后可得四轮驱动汽车高速行驶时所希望的转矩分配系数 a_C 为

$$a_C = \frac{Gb - LF_{Zw}}{GL - 2LF_{Zw}} \quad (4\text{-}115)$$

图 4-33 所示为传统后轮驱动汽车在高速行驶时,后驱动轮的地面切向反作用力 F_{x2}、法向反作用力 F_{z2}、附着率 $C_{\varphi 2} = 0.57$ 与车速 u_a 的关系曲线。图中的法向反作用力 F_{z2} 与附着率 $C_{\varphi 2}$ 是按三种空气后升力系数分别为 $C_{Lr} = 00.150.28$ 描绘的。由图可看出,随着车速增加,后轮的法向反作用力 F_{z2} 下降,而切向反作用力 F_{x2} 则按车速的平方关系增大。因此,其附着率 $C_{\varphi 2} = F_{X2}/F_{Z2}$ 随车速提高而急剧增大,其附着条件不易满足。由图表明,在一般车速时 $C_{\varphi 1}$ 较小,汽车完全可正常行驶;当车速达到 250km/h、$C_{Lr} = 0.28$ 时,附着率 $C_{\varphi 2} = 0.57$,即已接近于沥青路面的附着系数;而当车速为 300km/h、$C_{Lr} = 0.28$ 时,附着率 $C_{\varphi 2} = 0.99$,即使良好路面也难以满足其附着性能的要求。并且此处的讨论还只限于直线行驶,而实际中驾驶员需根据路况经常转动方向盘以调整车辆行驶路径,汽车所产生的侧向加速度还将使轮胎接地处承受相应的地面侧向反作用力,所以为保证安全行驶,所要求的地面附着系数要远高于上文所述附着率。

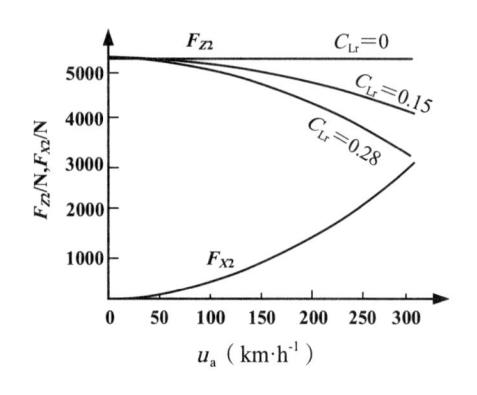

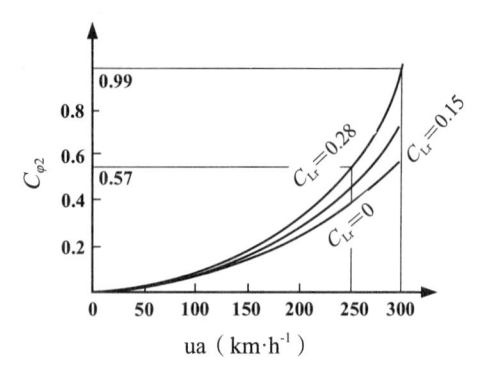

(a) F_{z2} 和 F_{x2} 随车速的变化曲线　　(b) 后轮驱动附着率随车速的变化曲线

图4-33 高速行驶时传统后驱车地后驱动轮附着率曲线

上述讨论对于前轮驱动汽车而言没有原创性区别。而采用四轮驱动方式即可极大改善附着条件。接下来对采用不同驱动方式时汽车的附着利用率，以及影响附着系数的因素进行讨论。

3）不同驱动方式的附着利用率

图4-34所示为采用不同驱动方式的汽车的附着利用率随其路面附着系数变化的关系曲线。

计算时假设参数为：$a = b = 0.5L/0$；$h_g = 0.35L$；$f = 0.015$。由图示可见，在一定附着系数的路面上，采用不同驱动方式的汽车具有不同的附着力，只有四轮驱动才有可能充分利用汽车总重力所产生的附着力。所谓附着利用率，即为汽车附着力占四轮驱动汽车最高可用附着力的百分比，所以常用附着利用率来描述汽车对附着潜力的利用程度。由图可知，前轮驱动汽车的附着利用率不如后轮驱动汽车，道路附着系数越高，两者差异也越大。

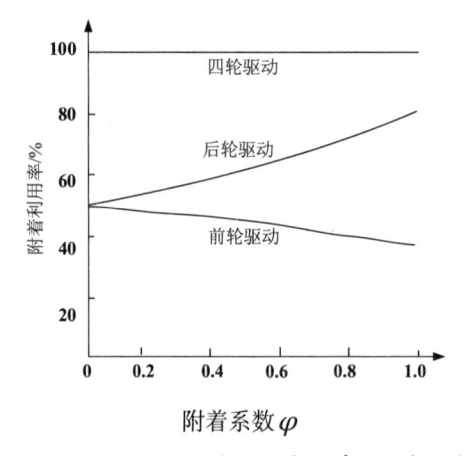

图4-34 不同驱动方式的汽车附着利用率曲线

为能满足汽车行驶的附着条件，一般前轮驱动轿车的质心均偏前布置，满载时前轴负荷在55%以上。应当指出，只有当汽车前、后轴驱动力的分配比值刚好等于前后轴法向反作用力的分配比值时，四轮驱动的汽车才能完全地充分利用此附着力。即需按上坡、加速或高速的行驶工况，根据式（4-46）或式（4-47）来自动调节前、后轮的转矩分配系数a_c，而对此也只有采用四驱轮毂电机的驱动方式才能方便做到。

4.影响附着系数的因素

附着系数的增大不仅可提高汽车的有效驱动力，也有利于提高汽车制动时对地面的制动力，对确保安全行驶，改善汽车使用性能的有着重要意义。影响附着系数的主要因素有路面的种类和状况、轮胎结构和气压、汽车的行驶速度以及汽车结构等。现分别说明如下。

1）路面。路面越坚硬、微观越粗糙，附着系数越高。因为在硬路面上，轮胎变形大，路面上坚硬而微小凸起物嵌入轮胎接触表面，增大了接触强度。路面潮湿时，轮胎与路面间的水起着润滑作用，会使附着系数下降。所以，路面的宏观结构应具有自动排水功能，微观结构应粗糙且有一定的尖锐棱角，以穿透水膜直接与轮胎接触。路面的清洁程度对附着系数也有影响，如路面被细砂、尘土、油污、泥土等污物覆盖时，附着系数就会降低，特别是在刚下雨时，附着系数会更低，但经过较长时间雨水冲刷后，附着系数会有所回升。

2）轮胎。轮胎的花纹、结构尺寸、橡胶成分和质量及帘线材料等对附着系数均有影响。具有细而浅花纹的轮胎在硬路面上有较好的附着性能。具有宽而深花纹的轮胎，在松软路面可通过增大嵌入轮胎花纹内土壤的剪切断面来提高附着系数。通常采用胎面上加纵向曲折大沟槽，在胎面边缘加横向沟槽来使得轮胎的纵向和横向均有较好的抓地能力，也提高了在潮湿路面的排水效果。胎面上大量的细微花纹有利于擦去接触面间的水膜来提高其附着系数。而采用低气压、宽断面轮胎或子午线轮胎也有利于增大轮胎与地面的接触面来提高附着能力。当然，轮胎的磨损也会影响其附着能力。此外，轮胎胎面的橡胶性质也是影响附着性能的重要因素，如胎面胶为天然橡胶的轮胎，在低温下的附着系数要比一般的合成橡胶轮胎高得多。

（3）车速。通常随着汽车行驶速度的提高，其附着系数也会随之降低。在硬路面上随着车速提高，由于胎面来不及与路面微观凹凸构造很好地嵌合，附着系数就会随之下降。而在松软路面上，由于高速行驶的车轮动力作用极容易破坏土壤的结构，并且土壤也不能和胎面花纹很好地嵌合，所以使得附着系数降低。在潮湿路面高速行驶时，轮胎与路面间的水不易排出，附着系数也将明显降低；当汽车高速通过有积水层的路面时，由于其流体压力的影响，会出现使轮胎上浮的现象，该现象被称为"滑水现象"，如在车速为100km／h、水膜厚度为10mm时，即可能发生附着系数接近于零的滑水现象，这将极大减小胎面对地面的附着能力。

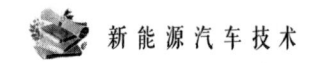

（4）汽车结构。可通过改善车身形状或增加空气动力调节装置，如前述加装扰流板，必要时通过调节以降低空气升力系数，从而减小所需附着率；也可通过调整汽车总体布置，即改变前、后轴的轴荷来减小驱动轮附着率；另外采用驱动防滑转控制 ASR 系统，通过控制车轮的驱动、制动力矩来有效提高附着力，也可改善汽车的动力性和操纵稳定性。

4.2 纯电动车经济性

电动汽车与燃油汽车在驱动系统、动力源方面存在着质的差别，由此导致这两种车辆在经济性评价指标和评价方法上存在着很大的差异。动力电池作为电动汽车唯一的动力源，能量存储密度尚不能达到燃油的水平，致使车辆续驶里程短，因此降低能量消耗率、提高能耗经济性对电动汽车更加重要。

4.2.1 电动汽车经济性评价指标

电动汽车的能耗经济性是以一定的速度或循环行驶工况为基础，以车辆行驶一定里程的能量消耗量来衡量的，主要有续驶里程和单位里程能量消耗。

续驶里程是电动汽车电池组充满电后可连续行驶的里程，可以分为等速续驶里程和循环工况续驶里程。此项指标对于综合评价电动汽车电池组、电机及传动效率、电动汽车实用性具有积极意义。但此指标与电动汽车电池组装车容量及电池水平有关，在不同车型和装配不同容量电池组的同种车型间不具有可比性。即使装配相同容量、同种电池的同一车型，续驶里程也受到电池组状态、天气、环境因素等使用条件的影响而有一定的波动。

单位里程能量消耗又可分为单位里程电网交流电能量消耗率和电池组直流电能量消耗率，其中交流电能量消耗率受不同类型充电设备的效率影响；直流电能量消耗率仅以车载电池组的能量状态作为标准，脱离了充电机的影响，可以比较直接地反映电动汽车的实际性能。

交流电能量消耗率是指电动汽车经过规定的试验循环后对动力蓄电池重新充电至试验前的容量，从电网上得到的电能除以续驶里程所得的值，即

$$E_i = \frac{E_d}{S} \quad (4-116)$$

式中，E_i 为电动汽车交流电能量消耗率，W·h/km；E_d 为蓄电池在充电期间来自电网的能量，W·h，S 为该工况下行驶的距离。

循环工况续驶里程是指充满电后，基于一定的运动工况需求进行行驶，其所能实现的最大的行驶里程。运动工况主要有 NEDC（new European driving cycle，新欧洲驾驶循环）循环工况和 60km/h 工况两类。

电动汽车 NEDC 循环工况由 4 个市区循环和 1 个市郊循环组成，理论试验距离为 11.022km，试验时间为 19min40s，如图 4-35 所示。图中①代表市区循环，②代表市郊循环，

③代表基本的市区循环。

市区基本循环如图4-36所示。市区基本循环试验参数见表4-5。

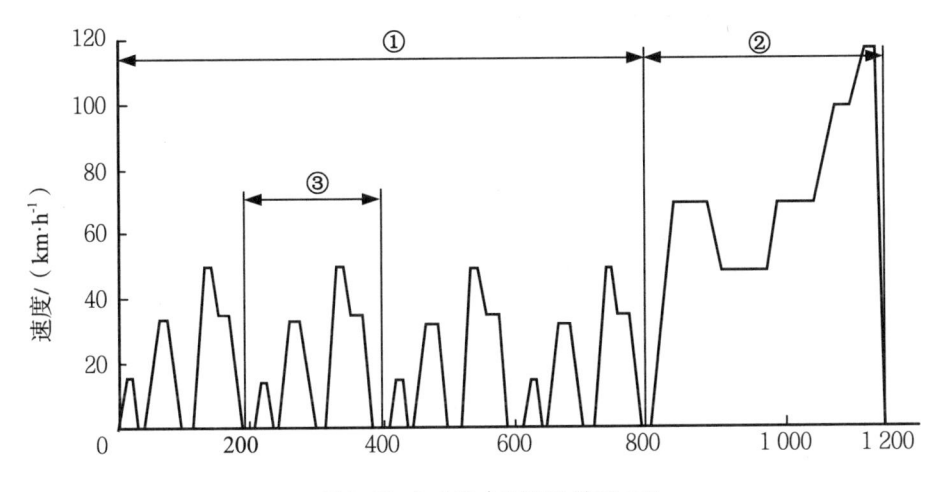

图4-35 电动汽车NEDC循环工况

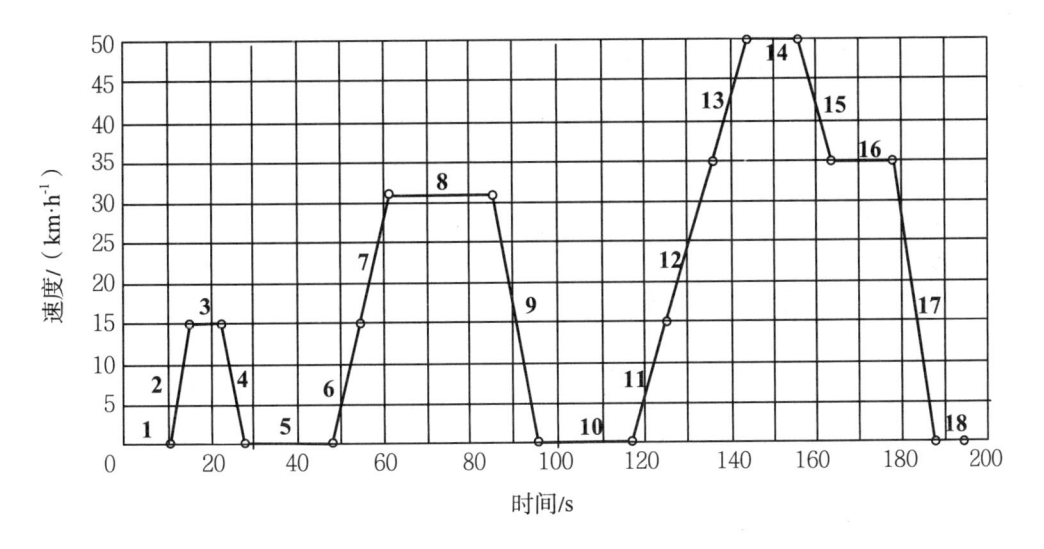

图4-36 市区基本循环

表4-5 市区基本循环实验参数

运转次序	操作状态	工况序号	加速度/(m·s^{-2})	速度/(km·h^{-2})	操作时间/s	工况时间/s	累计时间/s
1	停车	1	0	0	11	11	11
2	加速	2	1.04	0→15	4	4	15
3	等速	3	0	15	8	8	23
4	减速	4	-0.83	15→0	5	5	28
5	停车	5	0	0	21	21	49
6	加速	6	0.69	0→15	6	12	55
7	加速		0.79	15→32	6		61
8	等速	7	0	32	24	24	85
9	减速	8	-0.81	32→0	11	11	96
10	停车	9	0	0	21	21	117
11	加速		0.69	0→15	6		123
12	加速	10	0.51	15→35	11	26	134
13	加速		0.46	35→50	9		143
14	等速	11	0	50	12	12	155
15	减速	12	-0.52	50→35	8	8	163
16	等速	13	0	35	15	15	178
17	减速	14	-0.97	35→0	10	10	188
18	停车	15	0	0	7	7	195

一个基本市区循环时间是195s，其中停车60s，占30.77%，加速42s，占21.54%，等速59s，占30.26%，减速34s，占17.44%。一个基本城市循环的理论行驶距离是1 017m，平均速度为18.77km/h。

市郊循环工况如图4-37所示。

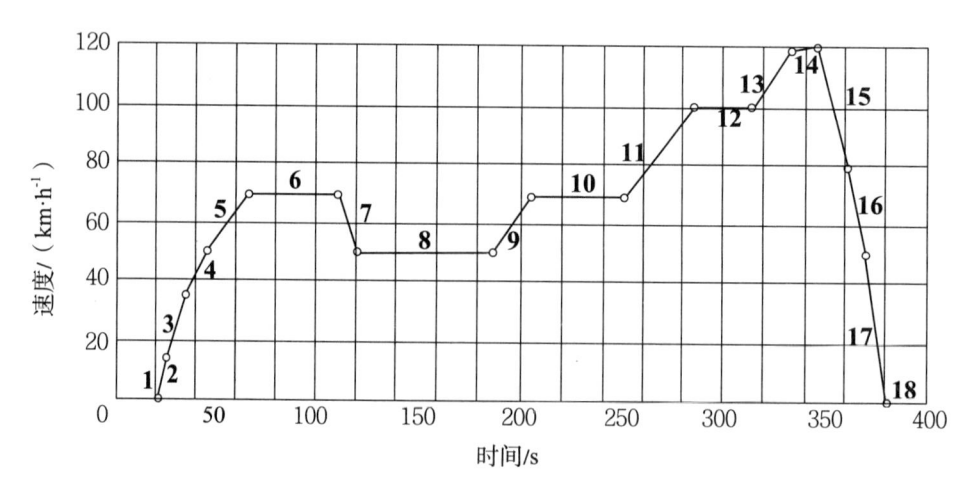

图4-37 市郊循环工况

市郊循环试验参数见表4-6。

表4-6 市郊循环试验参数

运转次序	操作状态	工况序号	加速度/（m·s⁻²）	速度/（km·h⁻¹）	操作时间/s	工况时间/s	累计时间/s
1	停车	1	0	0	20	20	20
2	加速		0.69	0→15	6		26
3	加速	2	0.51	15→35	11	41	37
4	加速		0.42	35→50	10		47
5	加速		0.40	50→70	14		61
6	等速	3	0	70	50	50	111
7	减速	4	-0.69	70→50	8	8	119
8	等速	5	0	50	69	69	188
9	加速	6	0.43	50→70	13	13	201
10	等速	7	0	70	50	50	251
11	加速	8	0.24	70→100	35	35	286
12	等速	9	0	100	30	30	316
13	加速	10	0.28	100→120	20	20	336
14	等速	11	0	120	10	10	346
15	减速		-0.69	120→80	16		362
16	减速	12	-1.04	80→50	8	34	370
17	减速		-1.39	50→0	10		380
18	停车	13	0	0	20	20	400

一个市郊循环时间是400s，其中停车40s，占10%；加速109s，占27.75%；等速209s，占52.25%；减速42s，占10.50%。一个市郊循环的理论行驶距离是6 956m，平均速度为62.60km/h。

4.2.2 电动汽车经济性计算方法

交流电能量消耗率评价指标不仅与电动汽车本身的经济性有关，还受电网、充电设备等影响，因此，可以选择动力电池组的直流电能量消耗率作为评价指标。

电动汽车单位里程能量消耗率为

$$E_P = \frac{\int_0^{t_i} p_{ei} dt}{S_i} \tag{4-117}$$

式中，E_P为电动汽车直流电能量消耗率，kW·h/km；P_{ei}为汽车工况行驶的功率需求，kW；t_i为工况行驶时间，h；S_i为该工况下行驶的距离，km。

对于加速工况，汽车行驶功率的需求为

$$P_{\mathrm{j}} = \frac{v(t)}{3\,600\eta_{T}}\left[mgf + mgi + \frac{c_{D}Av^{2}(t)}{21.25} + \delta_{\mathrm{m}}a_{\mathrm{j}}\right] \quad (4\text{-}118)$$

式中，P_{j} 为汽车加速行驶的功率需求，kW；$v(t)$ 为汽车某时刻的行驶速度，km/h；i 为坡度；a_{j} 为加（减）速度，m/s²。

汽车某时刻的行驶速度为

$$v(t) = v_{0} + 3.6a_{\mathrm{j}}t \quad (4\text{-}119)$$

式中，v_{0} 为加速起始速度，km/h。

汽车加速工况行驶的距离为

$$S_{\mathrm{j}} = \frac{v_{\mathrm{j}}^{2} - v_{\mathrm{o}}^{2}}{25\,920a_{\mathrm{j}}} \quad (4\text{-}120)$$

式中，S_{j} 为汽车加速工况行驶的距离，km；v_{j} 为加速终了速度，km/h。

汽车加速时间为

$$S_{\mathrm{j}} = \frac{v_{\mathrm{j}} - v_{0}}{3.6a_{\mathrm{j}}} \quad (4\text{-}121)$$

将式（4-118）~式（4-121）代入式（4-117），可得电动汽车加速工况单位里程能量消耗量为

$$E_{\mathrm{j}} = \frac{1}{\eta_{T}}\left[\frac{C_{D}A}{2\times 21.15}(v_{\mathrm{j}}^{2} + v_{0}^{2}) + (mgf + mgi + ma_{\mathrm{j}})\right] \quad (4\text{-}122)$$

式中，E_{j} 为电动汽车加速工况单位里程能量消耗量。

可以看出，在加速工况，电动汽车单位里程能量消耗率是加速段起止速度平方和的函数，在平均速度相同的情况下，加速段起止速度平方和小的能耗低。提高起始速度和增加速度间隔，单位里程能耗都将增加。

对于等速工况，汽车行驶功率需求为

$$p_{\mathrm{d}} = \frac{v_{\mathrm{d}}}{3\,600\eta_{T}}\left(mgf + mgi + \frac{C_{D}Av_{\mathrm{d}}^{2}}{21.15}\right) \quad (4\text{-}123)$$

式中，P_{d} 为汽车等速行驶的功率需求，kW；v_{d} 为汽车等速行驶速度，km/h。

汽车等速行驶距离为

$$S_{\mathrm{d}} = \frac{v_{\mathrm{d}}t_{\mathrm{d}}}{3\,600} \quad (4\text{-}124)$$

式中，P_{d} 为汽车等速工况行驶的距离，km；v_{d} 为等速行驶时间，s。

将式（4-123）和式（4-124）代入式（4-117），可得电动汽车等速工况单位里程能

量消耗量为

$$E_\mathrm{P}=\frac{1}{\eta_\mathrm{T}}\left(mgf+mgi+\frac{C_\mathrm{D}A}{21.15}\right)\qquad(4\text{-}125)$$

式中，E_P 为电动汽车等速工况单位里程能量消耗量。

可以看出，在等速工况下，电动汽车单位里程能量消耗率是速度平方的函数，提高行驶速度，单位里程能耗将增加。

对于减速工况，电动汽车减速行驶包含两种情况：一种是滑行减速或无再生制动功能下的制动减速，此时驱动电机处于关断状态，电能输出为零，电动汽车单位里程能量消耗率为零；另一种是有再生制动功能下的制动减速，此时车轮拖动电机，电机处于发电机工作状态，电动汽车能量消耗为负，即动力电池处于充电工作状态。

对于驻车工况，驱动电机处于关断状态，电动汽车单位里程能量消耗率为零。

因此，电动汽车能量消耗主要发生在加速和等速运行工况，减速和驻车阶段能量消耗可忽略不计。

汽车减速工况行驶的距离为

$$S_\mathrm{b}=\frac{v_\mathrm{bo}^2-v_\mathrm{bj}^2}{25\,920a_\mathrm{j}}\qquad(4\text{-}126)$$

式中，S_b 为汽车减速工况行驶的距离，km；v_bo 为减速初速度，km/h；v_bj 为减速终了速度，km/h。

电动汽车整个循环的能量消耗率为

$$E=\frac{\sum E_\mathrm{i}S_\mathrm{i}}{\sum S_\mathrm{i}}\qquad(4\text{-}127)$$

式中，E 为电动汽车整个循环的能量消耗率，kW·h/km；E_i 为某一工况下的单位里程能量消耗率，kW·h/km；S_i 为某一工况下的续驶里程，km。

4.2.3 电动汽车续驶里程

汽车在良好的水平路面上一次充电后等速行驶直至消耗掉全部携带的电能为止所行驶的里程，称为等速行驶的续驶里程，它是电动汽车的经济性指标之一。

电池携带的额定总能量为

$$E_\mathrm{m}=C_\mathrm{m}U_\mathrm{m}=G_\mathrm{m}q\qquad(4\text{-}128)$$

式中，E_m 为电池携带的额定总能量，W·h；C_m 为电池的额定容量，A·h；U_m 为电池的端电压，V；G_m 为电动汽车携带的电池总质量，kg；q 为电池比能量，W·h/kg。

等速行驶续驶里程为

$$S_\mathrm{d0}=\frac{E_\mathrm{m}v}{P_\mathrm{md}}\eta_\mathrm{d}\qquad(4\text{-}129)$$

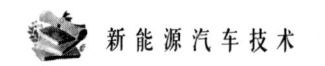

式中，S_{do} 为汽车等速工况行驶的距离，km。

多工况续驶里程为

$$S=\sum_{i=1}^{k}s_i \qquad (4\text{-}130)$$

式中，S 为多工况续驶里程，km；S_i 为每个状态行驶的距离，km；k 为车辆能够完成的状态总数。

影响电动汽车续驶里程的因素较为复杂，其中最主要的因素是动力电池。续驶里程与电动汽车在行驶过程中所消耗的能量密切相关，影响因素主要来自电动汽车行驶的外部条件和电动汽车本身的结构条件。

1. 滚动阻力系数对续驶里程的影响

轮胎的滚动阻力系数越小，续驶里程越大。所以降低轮胎滚动阻力系数可明显增加电动汽车的续驶里程。特别是对低速、整车质量较大的电动汽车，尤其如此。因此，采用滚动阻力系数小的子午线轮胎、增大轮胎气压等是增加电动汽车续驶里程的重要途径。

2. 空气阻力系数对续驶里程的影响

空气阻力系数越小，续驶里程越长；速度越快，空气阻力系数对电动汽车续驶里程的影响越明显，通过对电动汽车进行流线型设计，车底部做成光滑表面，同时取消散热器罩等措施，可以降低空气阻力系数。

3. 机械效率对续驶里程的影响

提高电动汽车动力传动系统的机械效率，能有效地增加电动汽车的续驶里程。电动汽车整车质量越小，行驶速度越低，机械效率对续驶里程的影响越大。

4. 整车质量对续驶里程的影响

整车质量越大，续驶里程越短；并且不同速度时，续驶里程也不相同。为了降低整车总质量，可采用轻质材料实现。

5. 蓄电池参数对电动汽车续驶里程的影响

蓄电池参数很多，这里主要从蓄电池的放电深度、电池比能量、电池箱串联电池个数、电池箱并联电池组数、自行放电率等几个方面分析。

（1）放电深度。蓄电池的放电深度越大，电动汽车的续驶里程就越大；此外，速度和负荷对续驶里程的影响也很明显。

（2）电池比能量。当电动汽车携带的电池总量一定时，电池参数中电池的比能量对续驶里程影响最大，可见提高电池的比能量对提高电动汽车续驶里程意义重大。

（3）电池箱串联电池个数。增加每个电池箱串联电池的个数后，电动汽车的续驶里程明显增加。一方面是由于增加了电池的数量，可以增加电池组的总能量储备；另一方面由于电池组的电压增高，在电池放电效率相同的情况下，减小了电池的放电电流，可以增加电池组的有效容量。在增加电池数量的同时，也增加了电动汽车的总质量，从而增加了电动汽车的能量消耗，降低了电动汽车的续驶里程。但每个电池箱电池数量的增加，会增加电池组的电压，电动汽车的动力性会得到提高。因此，电动汽车动力传动系统的匹配应兼顾电动汽车的续驶里程和动力性。

（4）电池箱并联电池组数。在保持电池组总电压不变的情况下，增加并联电池箱的数量可显著增加电动汽车的续驶里程。一方面增加了电池的数量，可增加电池组的总能量储备；另一方面由于并联支路的增加，在各并联支路电池箱不超过额定放电电流的情况下，可以增加电池组总的放电电流，从而增加电池组的额定容量。增加电池箱并联数量，可提高电池组的放电功率，电动汽车的动力性会显著提高。因此，增加电池箱并联数量可提高电动汽车的动力性和续驶里程。但是，随着电池数量的增加，电池占整车质量的比重和电动汽车的总质量都将增大，这将增加电动汽车的能量消耗，降低电动汽车的续驶里程。

（5）自行放电率。蓄电池的自行放电率是指在电池的存放期间容量的下降率，即蓄电池无负荷时自身放电使容量损失的速度。显然，自放电率越大，电池在存放期间的容量损失就越多，能量的无用损耗越多，相应的电动汽车的续驶里程也就越短。

6. 续驶里程其他影响因素的分析

（1）行驶工况。行驶工况对电动汽车的续驶里程影响很大。对于恒速行驶，电流随速度的增加而增加，每千米消耗的电能随速度的升高而增加，电池的放电容量则随速度的升高而减小，故其续驶里程随行驶速度的升高而减少。

（2）行驶环境。在相同的车辆条件下，电动汽车行驶的道路情况与环境气候对电动汽车行驶的续驶里程有很大影响。如气温的高低一方面对电池的有效容量有很大影响，另一方面也会影响电动汽车的总效率（电机效率、机械传动效率和电器元件的效率等）和通风、冷却、空调所消耗的能量。另外，风力的方向与大小、道路的种类（摩擦系数、坡度、平整性）及交通拥挤状况都会使车辆的能量消耗增加或减小，从而使电动汽车的续驶里程有显著的差别。

（3）辅助系统和低电压电器系统。电动汽车上制动系统的空气压缩机、转向系统的油泵需要辅助电机驱动，其他还有照明、音响、空调、通风、取暖等电器都需要消耗电池的能量。辅助系统和低电压系统的功率越大，消耗的电能就越大，电动汽车的续驶里程就越小，动力性能也会受到影响。

由此可见，影响电动汽车续驶里程的因素众多，在实际设计中，应尽可能综合考虑各种因素的影响，提高电动汽车的续驶里程。

4.3 纯电动车底盘动力匹配设计

参照以上介绍，在此以纯电动乘用车为例，对其动力系统参数进行具体设计说明，从车辆动力性和经济性的角度出发，进行车辆动力装置参数及动力电池成组成包的设计计算。

4.3.1 本书所研究电动汽车基本结构及性能参数介绍

与传动内燃机汽车不同，电动汽车在动力传动系统及相关部件的布置形式方面相对更加灵活多变。其机械驱动系统主要由动力源（驱动电机）、传动系及能量源（动力电池包）等组成。其中，其传动系主要有轮毂电机驱动和中央电机驱动两种形式。轮毂电机驱动，是将驱动电机直接安装在驱动轮上，采用两个电机通过固定速比减速器或直接驱动车轮。中央电机驱动则又分为传统机械传动式及电机与减速器集成式两种。在本书中所研究的电动汽车，则是采用了电机与减速器集成式的传动结构，即通过将驱动电机与固定速比的减速器集成的形式，来实现固定速比的传动结构（具体传动结构示意如图4-38所示）。

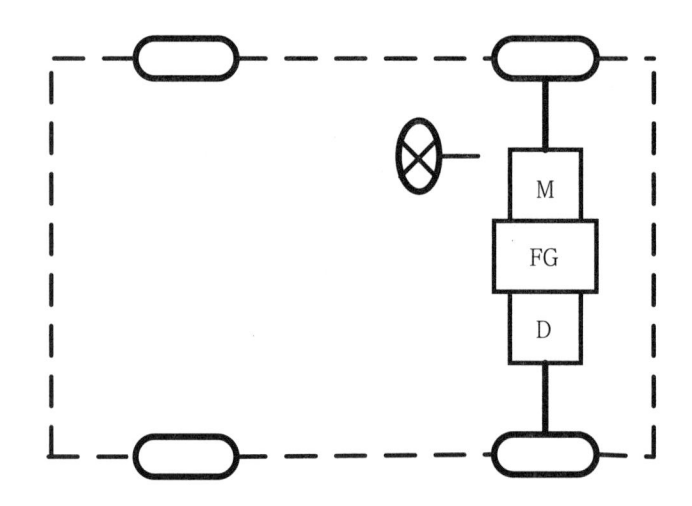

图4-38 纯电动汽车底盘基本结构示意

在上述电动汽车基本底盘结构的基础上，同时综合考虑寒区道路、气候、使用等方面的因素，特设定如下的技术参数（如表4-7所示）和性能指标（如表4-8所示）。

表4-7 电动车整车技术参数[1]

主要技术参数	参数值
整车满载总质量 /kg	1 000
车轮半径 /m	0.225
迎风面积 /m^2	2.0
空气阻力系数	0.35
滚动阻力系数	0.015
传动总效率	0.90
旋转质量换算系数	1.04

表4-8 电动汽车动力性与经济性能指标

动力性能指标	参数值
最高车速 / (km·h^{-1})	50
100m 加速时间 /s	10
最大爬坡度 /%	30
续航里程 /km	200

4.3.2 电动汽车动力装置的选型与匹配

车辆动力装置的选型与匹配，要充分考虑车辆的技术参数和性能指标。不同车辆的技术参数（如整车满载质量、阻力系数及传动效率等）不同，车辆动力装置选型范围会有很大的区别（如货车与轿车对于驱动电机选型、驱动电机的参考功率就不同），因此车辆技术参数对于动力装置选型尤为重要；车辆的性能指标也是动力装置选型的参考依据，车辆所要求的性能最终需要通过所选择的动力装置来实现，这需要动力装置达到相应的性能要求，因此车辆性能指标对于动力装置选型十分重要。另外，车辆的应用场合、目的及用途也是动力装置选型的过程中需要考虑的因素。故本书从车辆的技术参数和性能指标出发，考虑该电动汽车的使用目的及用途，进行动力装置的选型与匹配。

4.3.3 动力源——驱动电机的选型

1.驱动电机类型的选择

驱动电机是电动汽车的动力源，目前常见的车用驱动电机主要有直流电机、交流感应电机、永磁同步电机和开关磁阻电机四种，其各自性能特点如表4-9所示。其中直流电机和交流感应电机运行可靠性比较差，而开关磁阻电机具有较高的噪声，故综合来看永磁同步电机各方面性能最佳，是最为理想的电动车辆用驱动电机，在目前在市场上使用最为广泛。基于以上分析，选择永磁同步电机为本书电动汽车的驱动电机。

表4-9 不同驱动电机性能特点

性能	类型			
	直流电机	交流异步电机	永磁同步电机	开关磁阻电机
功率密度	低	中	高	较高
转速范围	4 000~6 000	9 000~15 000	4 000~10 000	>15 000
负荷效率/%	80~87	90~92	85~97	85~90
过载能力/%	200	300~500	300	300~500

2. 驱动电机性能参数的确定

在进行驱动电机最终型号选择之前，首先需要进行的是驱动电机类型的选择（上文中已完成了驱动电机类型的选择）和电机性能参数的确定，以便为最终的驱动电机选型提供相关依据。驱动电机性能参数的确定，主要包括驱动电机峰值功率求解、驱动电机额定功率求解、驱动电机额定转速求解及驱动电机额定转矩求解。

1）驱动电机峰值功率及额定功率的求解

驱动电机峰值功率的选取原则是驱动电机提供的功率应满足车辆不同工况下所需总功率的最大值。因此，特从车辆动力性能角度出发，以车辆动力性能指标即最高车速 v_{max}、100m 加速时间 t 和最大爬坡度 i 来确定电机峰值功率。在此基础之上，利用驱动电机过载特性，进行电机额定功率的确定。

（1）驱动电机峰值功率求解。

① 最高车速确定的峰值功率。

电动车以最高设计车速行驶时，通常不考虑坡道阻力和加速阻力，且根据车辆功率平衡方程可确定以最高设计车速行驶时驱动电机的峰值功率，其峰值功率 P_1 的计算公式如下：

$$P_1 = \frac{1}{3\,600\eta_t}\left(mgfv_{max} + \frac{C_D A v_{max}^3}{21.15}\right) \quad (4\text{-}132)$$

式中，P_1——最高车速对应的电机峰值功率，kW。

m——满载质量，kg；

v_{max}——最高设计车速，km/h；

A——整车迎风面积，m；

C_D——空气阻力系数；

f——滚动阻力系数；

η_t——传动总效率。

通过表 4-7、4-8 和公式（4-132）计算可知：通过最高车速确定的驱动电机峰值功率 P_1=3.60kW。

②由100m加速时间确定峰值功率。

电动车在100m加速过程中，根据表4-8所示的动力性及经济性能指标可知，加速用时t=10s，加速期间，平均车速$\bar{v}$为36km/h。通过计算求得利用车辆加速距离和平均加速度关系公式如公式（4-133）所示，计算求得车辆加速期间的平均加速度值：

$$s = v_0 t + \frac{1}{2}\bar{a}t^2 \qquad (4\text{-}133)$$

式中，s——加速距离，m，此处为100；

v_0——初始速度，km/h，此处为0；

$\bar{a}$——平均加速度，m/s^2；

t——加速时间，s。

依据公式（4-132），可计算求得平均加速度$\bar{a}$=2m/s^2。

在不考虑坡道阻力的情况下，根据车辆功率平衡方程可得以100m加速时间确定峰值功率的公式如下：

$$P_2 = \frac{1}{3\,600\eta_t}\left(mgf\bar{v} + \frac{C_D A \bar{v}^3}{21.15} + m\bar{a}\bar{v}\right) \qquad (4\text{-}134)$$

式中，P_1——100m加速对应的电机峰值功率，kW；

$\bar{v}$——加速期间平均速度，km/h。

通过公式（4-134）计算可知：100m加速时间下驱动电机的峰值功率P_2=25.37kW。

③由最大爬坡度确定峰值功率。

当车辆在不平路面上行驶时，为保证车辆动力性能势必要求驱动电机要有足够的后备功率和峰值功率。在车辆实际应用过程中发现，普通道路的坡度等级通常低于10%（5.71°），公共道路已知的最大坡度为37%（20.31°）。故本书所选取的道路的最大坡度为30%。

不考虑加速阻力的情况，根据车辆功率平衡方程可得以最大坡度稳定行驶速度确定峰值功率公式如下：

$$P_3 = \frac{1}{3\,600\eta_t}\left(mgfv_i\cos\alpha_{\max} + mgv_i\sin\alpha_{\max} + \frac{C_D A v_i^3}{21.15}\right) \qquad (4\text{-}135)$$

式中，P_1——最大爬坡度对应的电机峰值功率，kW；

v_i——车辆爬坡时的稳定行驶速度，km/h；

i——车辆最大爬坡度，%；

$\alpha_{\max} = \arctan i$。

通过公式（4-135）计算可知：最大爬坡度下驱动电机峰值功率P_3=27.39kW。

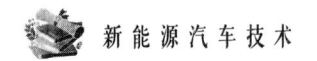

从车辆动力性能角度出发，利用车辆动力性能指标完成了不同动力指标下的驱动电机峰值功率的计算求解。由汽车理论相关知识可知：驱动电机最终的峰值功率必须同时满足车辆对于最高车速、加速性能和最大爬坡度的性能要求，因此所选驱动电机的峰值功率必须满足下式：

$$P \geqslant \max \{P_1, P_2, P_3\}_{\max} \quad (4-136)$$

故计算求得驱动电机峰值功率 $P \geqslant 27.93\text{kW}$。另外综合考虑车辆动力性能和经济性能，在保证车辆动力性能的基础之上，应尽可能降低能量消耗，最终选定驱动电机峰值功率值 $P_{\max} = 28\text{kW}$。

（2）驱动电机额定功率的求解。

通常采用过载系数法，利用驱动电机峰值功率参数进行额定功率的求解，具体如式（4-137）所示。

$$P_e = \frac{P_{\max}}{a} \quad (4-137)$$

式中：P_e——驱动电机额定功率，kW；

α——驱动电机过载系数。

车用驱动电机过载系数 α 一般在 1.5~3 之间取值，本书中选取 $\alpha=1.5$，则计算求得电机额定功率 $P_e=18.67\text{kW}$，这里最终取 $P_e=19\text{kW}$。

2）驱动电机额定转速的求解

根据驱动电机的最高转速的不同，通常将驱动电机划分为低速（3 000~6 000r/min）、中速（6 000~10 000r/min）和高速（>10 000r/min）电机三种，而且驱动电机的最高转速与成本成正比，最高转速越大，对电机制作加工的工艺和精度要求越高，相应价格成本越高。故本书从纯电动汽车动力性和经济性的角度出发，选取转速范围在 3 000~6 000r/min 之间的中速电机，作为该电动汽车的驱动电机。

驱动电机最高转速和额定转速之比称为恒功率扩大系数 b，根据以上求出的最高转速，利用恒功率扩大系数求解驱动电机额定转速 n_e，如式（4-138）所示：

$$n_e = \frac{n_m}{b} \quad (4-138)$$

式中：n_m——驱动电机最高转速，r/min；

n_e——驱动电机额定转速，r/min；

b——恒功率扩大系数。

车用驱动电机恒功率扩大系数 β 一般在 2~4 之间取值，本书取值为 2，则利用公式（4-138）计算求得驱动电机额定转速 n_e 的具体范围为 3 000~5 000r/min。

3）驱动电机额定转矩的求解

驱动电机的输出转矩大小决定了电动汽车驱动力的大小，代表着车辆的动力性能的优劣。在驱动电机额定功率和额定转速已知的情况下，通过转矩公式即可计算求得驱动电机额定转矩 T_{tq}，具体计算如公式（4-139）所示：

$$T_{tq} = 9\,550 \times \frac{P_e}{n_e} \tag{4-139}$$

式中，T_{tq}——驱动电机额定转矩，N·m；

P_e——驱动电机额定功率，kW；

n_e——驱动电机额定转速，r/min。

3. 依据公式（4-139），计算求得驱动电机额定转矩 T_{tq} 的范围为 32.47~54.12N·m。

4.3.3.3 驱动电机选型

根据所选电动车的性能要求（如表4-8所示），以及前文对驱动电机类型、功率、转速、转矩等进行的分析与计算，本书特选择 EMRAX 公司制造的 EMRAX188LV 型永磁同步电机作为该纯电动汽车的驱动电机，该型驱动电机主要技术参数如表4-10所示。

表4-10 EMRAX驱动电机技术参数

电机制造商及型号	EMRAX 公司（EMRAX188LV）
电机类型	永磁同步
额定/峰值功率/kW	23/52
额定/峰值转矩/（N·m）	40/90
峰值转速/（r·min-1）	6500
额定电压/V	110
连续/峰值电机电流/A	400/800
冷却方式	风冷
电机效率	92%~98%

4.3.4 传动比匹配计算

来自驱动电机直接输出的转矩，并不能满足电动汽车在行驶过程中加速、爬坡或者高速行驶时对于驱动力的要求，因此需要调速机构来实现驱动电机输出转矩和电动车所需驱动力矩之间的动态调节。针对本书所采用的固定速比减速器布置方案的电动汽车，下面从车辆动力性能指标最高车速、最大加速度、最大爬坡度出发，进行固定速比的传动系最大、最小传动比的匹配计算。

1. 最小传动比的求解

车辆最小传动比的求解与最高车速有直接关系。通常来说，车辆传动系最小传动比对应于车辆的最高挡位，此时车辆以最高车速行驶，满足高速行驶等要求。这里基于这一理论基础，针对所研究的电动汽车，进行最小传动比的计算求解，具体如公式（4-140）和（4-141）所示。

$$F_t = mgf + \frac{C_D A v_{max}^2}{21.15} \quad (4\text{-}140)$$

$$F_t = \frac{T_{max} i_{min} \eta_t}{r} \quad (4\text{-}141)$$

式中，F_t——车辆驱动力，N；

i_{min}——传动系最小传动比；

T_{max}——驱动电机最大转矩。

依据公式（4-140）和（4-141）计算求得：i_{min}= 0.65。

2. 最大传动比的求解

车辆最大传动比的计算求解，需要综合考虑最大加速度和最大爬坡度的影响，为确定出最为恰当的最大传动比，下面从最大加速度和最大爬坡度两个方面确定最大传动比。

1）根据最大加速度确定最大传动比

根据驱动电机输出特性，车辆原地起步时刻，加速度达到最大值，驱动电机输出力矩最大，此时车速为零。故根据汽车行驶平衡方程，可得到公式4-142和4-143。

$$F_t = \left(mgf + \delta_m \frac{du}{dt} \right) \quad (4\text{-}142)$$

$$F_t = \frac{T_{max} i_{max2} \eta_t}{r} \quad (4\text{-}143)$$

式中，$\dfrac{du}{dt}$——车辆最大加速度，m/s^2；

i_{max1}——最大加速度确定的传动系最大传动比；

依据公式（4-142）和（4-143），计算求得：i_{max2}=6.20。

2）根据最大爬坡度确定最大传动比

车辆爬坡期间，驱动电机输出转矩最大，此时根据汽车行驶平衡方程，可得最大爬坡度对应的最大传动比，具体如公式（4-144）和（4-145）：

$$F_t = mgf\cos\alpha_{max} + mgf\sin\alpha_{max} + \frac{C_D A v_i^2}{21.15} \quad (4\text{-}144)$$

$$F_t = \frac{T_{max} i_{max2} \eta_t}{r} \quad (4\text{-}145)$$

式中，i_{max2}——爬坡度确定的传动系最大传动比。

依据公式（4-144）和（4-145），计算求得 i_{max2}=8.60。

以上通过最大加速度和最大爬坡度分别对传动系最大传动比进行了计算求解，由此可知传动系最大传动比为 i_{max}= max $\{i_{max1}, i_{max2}\}$ = i_{max2}=8.60。

通过以上的分析计算可知，传动系传动比需要满足 $0.65 \leqslant i \leqslant 8.60$，而电动汽车传动系的匹配计算，不仅要考虑车辆的动力性能指标，同时还要考虑车辆的经济性，同时综合车辆的使用目的及用途情况，才能确定所设计的寒区电动汽车传动系最终的传动比。

4.3.5 能量源（动力电池包）选型与参数匹配

在完成了电动汽车动力源（驱动电机）的选型、整车传动系传动比匹配之后，需要根据匹配所得到的驱动电机的相关性能参数，进行能量源（动力电池包）的选型与参数匹配，以满足驱动电机工作运行期间的能量需求。动力电池包的参数匹配首先需要进行电池包标称电压和容量的计算，然后根据计算确定的动力电池包电压和容量参数，再进行相应的动力电池的选型，最终完成相应的电池包及模组的成组设计。

1. 电池包额定电压的确定

电池包的电压主要用作电机系统的电压输入，因此，常由电机系统的额定输入电压来决定电池包的额定电压值。依据上文（见表 4-10），驱动电机额定输入电压值为 110V，所以本书选取电池包额定电压值为 110V。

2. 电池包容量的确定

根据车辆经济性能指标（如表 4-8 所示），电动车续航里程需要满足以 $v=30\text{km/h}$ 的速度行驶 $S=200\text{ km}$，这一过程所需要的电机功率 P 如下式所示：

$$P = \frac{1}{3\,600\eta_t}\left(mgfv + \frac{C_D A v^3}{21.15}\right) \quad (4\text{-}146)$$

依据公式（4-146）计算求得：$P=1.67\text{kW}$。同时，整车其他用电设备所消耗的功率按 15% 计算，则电池包所需总功率 $P_\text{总}=1.92\text{kW}$；以该速度匀速行驶 200km 路程，所需的能量可用下式求解：

$$W = \frac{P_\text{总} \cdot S}{v} \quad (4\text{-}147)$$

计算求得 $W=12.80 \text{ kW·h}$。

电池包容量由式（4-148）计算求解：

$$C = \frac{P_\text{总} \cdot S}{v \cdot U} \quad (4\text{-}148)$$

式中：S——车辆续航里程，km；

v——车辆行驶速度，km/h；

U——电池包额定电压，V。

依据公式（4-148）计算求得：$C=116.36\text{A·h}$。同时，为了防止电池过充和过放对单体电池的寿命及性能等造成影响，动力电池系统 SOC 应有可用的使用区间（其数值常为 15%~95%），本书选取 ΔSOC 为 0.80，故

$$C_{总} = \frac{C}{\Delta \text{SOC}} \tag{4-149}$$

由以上计算结果得出电池包所需的容量至少为 145.45A·h，才可以满足续航里程等要求。

3. 动力电池的选择

动力电池是寒区电动车的能量来源，主要用于给动力源（驱动电机）输送电能，以产生驱动车辆行进的驱动力矩。动力电池的选择不仅要满足成组成包后达到电池包标称电压和容量的标准，同时其自身还应该有更高的能量密度、循环使用寿命长、高倍率下充放电的稳定性。当前车用的动力电池主要包括铅酸蓄电池、镍镉电池、镍氢电池、锂电池几种。

其中，铅酸蓄电池的主要特点是安全系数高、经久耐用、成本便宜且维修方便，但是主要问题是比能量低，无法满足车辆长时间或远距离行驶的要求；镍镉电池拥有比铅酸蓄电池更好的放电电压平台、更加长久的使用寿命、不错的低温使用性能和比能量值，但是其成本较高，而且电池本身所包含的重金属镉会对环境产生污染；镍氢电池相对于镍镉电池拥有更高的能量密度和功率密度，循环使用寿命和安全性都远远优于铅酸蓄电池，是较为合适的车用动力电池（已经量产的丰田普锐斯就使用该型电池），但是与镍镉电池一样，它需要花费的成本高，而且有严重的自放电现象，高温放电性能较差。锂电池由于比功率高、比能量高、工作性能好（工作电压高、充放电效率高）、自放电低、无记忆性等优点受到大家广泛追捧，称为目前最为理想的电动汽车能源，已被广泛应用于新能源汽车。表 4-11 给出了不同类型动力电池的性能比较。

表4-11 不同类型动力电池性能比较

项目	类型			
	铅酸蓄电池	镍镉电池	镍氢电池	锂电池
比能量 / (W·h·kg^{-1})	30~50	50~80	65~120	120~200
比功率 / (W·kg^{-1})	450	400~1 500		1 200~2 000
自放电率 / 月	5%	20%	30%	<10%
循环寿命 / 次	500	500~1 000	2 000	>1500
记忆效应	无	严重	有	无
工作温度 / ℃	−20~60	−40~60	−40~60	−40~60
安全性	良好	良好	良好	良好
热管理要求	适中	适中	高	适中

由表 4-11 可知，通过比能量、比功率、循环寿命、自放电率等性能的对比，锂电

池表现出卓越的性能优势，是现在和未来电动汽车驱动电源的主流选择。故依据以上不同类型动力电池的特点和当前市场上电动汽车动力电池实际使用情况，本书拟选用锂动力电池，并通过混联方式来构建电动汽车电池系统。所选锂动力电池详细参数如表4-12所示。

表4-12 锂动力电池参数

参数名称	技术参数
标称容量 /（A·h）	30
标称电压 /V	3.2
充电截止电压 /V	3.65
放电截止电压 /V	2.0
工作温度 /°C	-30~55
最大连续放电电流 /C	3
最大连续充电电流 /C	1
尺寸 /mm	20×100×140

4. 电池模组及电池包设计

通常普通单体动力电池根本无法满足纯电动车行驶过程中对于功率、行驶里程等要求，因此需要一定数量的电池单体通过串并联的方式来满足车辆行驶对于动力电池包电压和容量的需求。目前实际应用过程中，动力电池串并联方案主要有先并后串、先串后并和混联这三种形式。同时，根据电池串并联可靠性的计算分析发现，这三种方式中先并联后串联系统的可靠性最高。另外，根据之前驱动电机的匹配选型及动力电池选型，结合动力电池模组与电池包设计和布置尽可能遵循单一化、方便化原则，以便生产安装及售后维修，为此，本书拟采用先并联后串联的方案进行动力电池成组、成包设计。

依据上文计算得知，为满足车辆的续驶里程等要求，电池包所需额定电压值为110V，所需容量值至少为145.45A·h，故根据所选电池单体的电压及容量，可得串并联匹配计算公式如式（4-150）和（4-151）所示：

$$m \cdot U_0 \geqslant U \quad (4\text{-}150)$$

$$n \cdot C_0 \geqslant C_总 \quad (4\text{-}151)$$

式中，U_0——电池单体电压值，V；

C_0——电池单体容量值，A·h；

U_0——电池包额定电压值，V；

$C_总$——电池包容量值，A·h；

m——串联电池组数目；

n——模组并联电池数目。

依据公式（4-150）和（4-151）计算求得：$m=35$，$n=5$，即需要选择5块单体电池并联构成一个独立的电池模组,然后 35 个模组电池串联(35S3P),方可达到动力电池包电压和容量的要求。模组成组及动力电池包构成简图如图 4-39 和图 4-40 所示,电池模组及电池包基本电压和容量组成如图 4-41 所示。

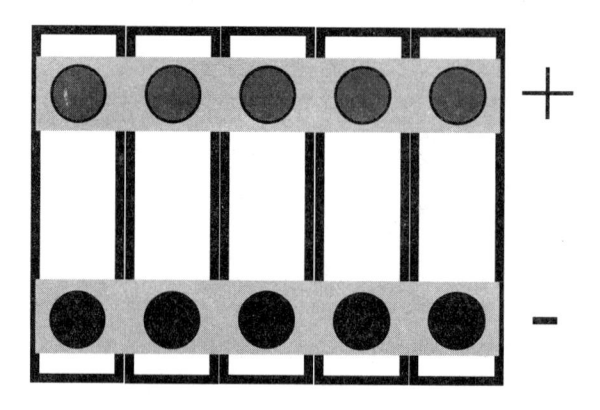

图 4-39 电池模组成组构成简图

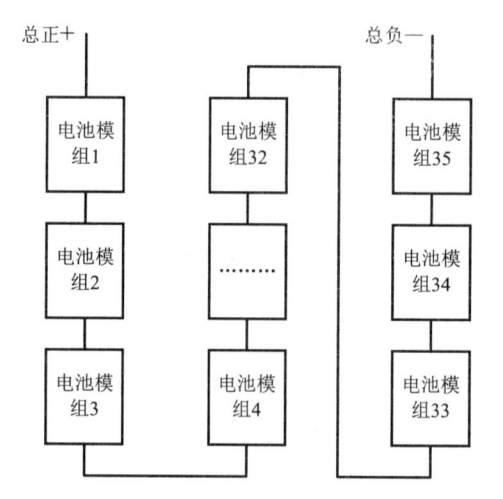

图 4-40 电池包成组构成简图

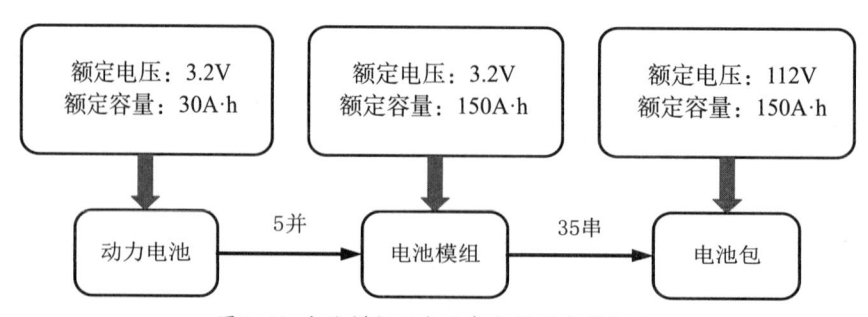

图 4-41 电池模组及电池包电压及容量组成

根据之前选型确定的动力电池技术参数(如表 4-12 所示)可确定电池模组参数如下:

$$U_1 = U_0 = 3.2\text{ V} \tag{4-152}$$

$$C_1 = C_0 \cdot m = 30 \times 5 = 150\text{ A·h} \tag{4-153}$$

式中：U_1——电池模组电压值，V；

C_1——电池模组容量值，A·h；

m——模组内部单体电池并联数量。

电池包参数如下：

$$U_2 = U_1 \cdot n = 3.2 \times 35 = 112\text{ V} \tag{4-154}$$

$$C_2 = C_1 = 150\text{ A·h} \tag{4-155}$$

式中：U_2——电池包实际电压值，V；

C_1——电池包实际容量值，A·h；

n——电池包内部模组串联数量。

4.3.6 考虑车辆动力性和行驶经济性的整车传动比的确定

之前已初步确定了电动汽车传动系的匹配区间，电动车辆传动比的最终确定不仅要考虑车辆的动力性能指标，同时还要考虑车辆的经济性。因此，下面采用系统优化的方法，将电动车辆的动力性和行驶经济性作为优化目标，将传动系统的总传动比作为目标函数的优化变量，来最终确定纯电动汽车传动系总传动比。

1. 动力性目标

纯电动车辆动力性能的指标主要包括最高车速、加速时间、最大爬坡度，其中加速时间反映车辆短时间内极限负荷能力，相对于最高车速和最大爬坡度而言，更能反映电动汽车的综合动力性能。因此选择加速时间作为动力性优化目标，目标函数为

$$f_1(x) = t(x) \tag{4-156}$$

式中：$t(x)$——加速时间函数。

2. 行驶经济性目标

电动车辆经济性能评价不同于传统车辆，在进行经济性能评价时，通常选择某特定运行工况下的能量消耗、续航里程等作为性能评价指标。本书根据车辆性能指标要求，选取 30 km/h 匀速行驶 200 km 的能量消耗作为经济性优化目标，目标函数为

$$f_2(x) = W(x) \tag{4-157}$$

式中：$W(x)$——能量消耗函数。

电动车辆的动力性和经济性能相互关联又相互制衡，在进行二者性能优化处理过程中，采用加权系数法将两者有机地结合起来，将双目标优化问题转化为单目标问题这种方法常常被应用。因此，本书将动力性能和经济性能合二为一，转化为单目标优化，目标表达式如式（4-158）所示。

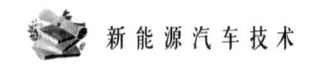

$$\begin{cases} f(x) = \omega_1 t(x) + \omega_2 W(x) \\ \omega_1 + \omega_2 = 1 \end{cases} \quad (4\text{-}158)$$

式中：ω_1——动力性权重系数；

ω_2——经济性权重系数；

根据实际需要，通过对动力性和经济性权重系数进行调节（如对动力性要求较高，增大 ω_1，反之增大 ω_2），来构建满足要求的目标函数。

完成目标函数的确定后，需要提出目标函数的约束条件，确定参数边界约束求解范围，最终才能完成目标函数的理想求解。

本书电动车辆传动系传动比计算求解，约束条件如下：

（1）最高车速约束。车辆最高车速应该大于等于设计最高车速。

$$g_1(x) = \frac{0.377 r n_{\max}}{i} - v_{\max} \geq 0 \quad (4\text{-}159)$$

（2）最大爬坡度约束。车辆稳定行驶时最大爬坡度应该大于等于设计最大爬坡度。

$$g_2(x) = \frac{F_t - F_f - F_w}{mg} - i \geq 0 \quad (4\text{-}160)$$

（3）路面附着情况约束。车辆最大驱动力不能大于路面附着力。

$$g_3(x) = \varphi F_Z - \frac{T_{\max} i \eta_t}{r} \geq 0 \quad (4\text{-}161)$$

（4）续航里程约束。车辆动力电池组额定容量状态下，要求车辆匀速行驶里程不少于 200 km。

$$g_4(x) = \frac{3\,600 W \eta}{mgf + \dfrac{C_D A v^2}{21.15}} - 200 \geq 0 \quad (4\text{-}162)$$

通过确定问题变量、建立目标函数及约束条件，根据相关公式在 MATLAB 中通过优化求解得到传动系传动比为 5.60。

本章课后思考题

1. 如何评价新能源汽车的动力系统？
2. 如何提高新能源汽车的动力性？
3. 新能源汽车与传统汽车的动力系统有哪些不同点和相同点？
4. 新能源汽车的动力系统包括什么？
5. 如果让你设计一款新能源汽车动力系统，你如何设计？

6. 简述电动汽车动力系统的评价指标。
7. 汽车直线行驶时的总阻力有哪些？
8. 简述影响车辆驱动力及动力性的各种因素。

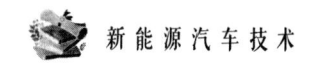

第五章　新能源汽车动力电池系统总体方案设计

动力电池系统作为纯电动汽车的动力源,其应该满足电动汽车对其机械结构、系统功能等诸多方面的使用要求。在综述动力电池系统的基础上,本章从纯电动汽车需求出发,详细介绍动力电池系统的总体设计、系统参数介绍及匹配分析。

5.1 动力电池系统总体需求分析

动力电池总体需求分析的主要目的是分析、沟通和理解整车及车辆用户对动力电池系统的相关要求,确定总体方案的设计需求和预期能达成的目标,并分析与实际需求之间存在的差距。在动力电池系统开发初期,系统需求分析的主要作用是构建动力电池系统总体功能、初始架构、总体结构等,具有决策性、方向性、策略性。

5.1.1 动力电池系统开发相关背景信息分析

动力电池系统开发相关背景信息的沟通、分析和确认,主要包括电动车辆类型、车辆用户群体、典型工况、整车质量、尺寸空间,以及开发计划等要求。

(1)电动车辆的类型。例如:纯电动汽车(BEV);插电式混合动力汽车(PHEV);混合动力汽车(HEV)或其他。

(2)车辆用户群体。例如:个人私家车用户、企业级用户(用于出租营运、公共交通等)等,用于识别典型运行工况和用户使用习惯(如公交快充)。

(3)纯电续驶里程要求。综合工况或者等速条件下,整车纯电续驶里程要求,主要用于评估总能量(电量)设计与续驶里程需求的匹配性。

(4)典型评估工况。例如:NEDC综合工况或WLTC工况。

(5)整备质量及能耗评估结果。整车跑轮毂或实车功能测试得到的百公里能耗数据,用于评估总能量(电量)设计的合理性。

(6)开发主要时间节点计划。例如:整车冬季、夏季测试,整车公告等,用于评估动力电池系统样件开发进度与整车开发计划的匹配性。

(7)动力电池系统批量生产时间和需求量预测。预测每年或者每个月需求数量(或者整车销量规划），用于评估产线开发进度及产能匹配能力。

（8）需要开展第三方认证的要求。例如：国家或地方标准认证要求等。

5.1.2 动力电池系统的总体功能

作为电动车辆的重要组成部分，动力电池系统用来给车载高压电气系统提供电能的吸收、存储和供应，并且可以通过车载充电机或者连接到电网或发电机的专门充电装置进行充电。总体功能及要求如下：

（1）提供电能（支持整车驱动，同时支持其高压附件系统工作）。

（2）充电功能（接收交流充电器和直流充电机充电）。

（3）回收电能（接收整车电机再生制动回收的电能）。

（4）存储电能（支持长时间的能量存储，不发生明显自放电或能量损失）。

（5）满足工作温度、存储温度、湿度条件，以及海拔条件等环境要求。

（6）满足整车电机、电机控制器等工作电压范围要求。

（7）满足能量、充放电功率性能要求。

（8）满足使用寿命、存储寿命要求。

（9）满足机械性能和安全要求，包括机械刚度和强度、质量/轻量化要求；机械振动和冲击、跌落、碰撞防护、密封防护要求（防水防尘），以及满足机械滥用（挤压、穿钉等）安全要求等。

（10）提供高压回路的接通和切断功能。

（11）满足电气性能和安全要求，包括电气负载、电气连接可靠性、高压安全标志、电气绝缘、耐压、电气间隙和爬电距离、等电位、接触防护，以及电气滥用（外部短路、过充电、过放电等）安全要求。

（12）满足压力平衡/补偿，以及紧急排气要求。

（13）满足阻燃性能要求。

（14）满足耐腐蚀要求。

（15）满足热失控蔓延控制要求。

（16）满足外部火烧要求。

（17）提供电池物理参数（电压、温度、电流等）实时检测功能。

（18）提供电池状态[荷电状态（SOC）、健康状态（SOH）等]估算功能。

（19）提供CAN（控制器局域网络）通信功能、CAN网络管理功能。

（20）提供故障诊断和预警功能。

（21）提供电池安全保护（过充电/过放电/过温保护等）功能。

（22）满足高压电安全管理要求，至少包括高压互锁（HVIL）、高压绝缘监测、继电器状态诊断、碰撞断电保护等功能。

（23）满足功能安全要求。

（24）满足电磁兼容（EMC）要求。

（25）满足热管理要求，包括高温散热、低温加热、保温、热分布均匀性要求。

（26）满足可制造性、可维护性要求。

（27）满足质量与可靠性要求。

（28）满足相关法律法规及相关政策性要求。

（29）满足强检认证相关要求。

（30）满足环境兼容性要求。

（31）满足可回收、梯次利用要求。

5.1.3 动力电池系统的初始架构

由于动力电池系统涉及电化学、材料学、机械工程、电子电气、传热学、流体力学、信息工程等多个复杂的专业技术领域，因此需要进行系统架构设计，将专业技术集中的共用部件或子系统抽取出来，通过功能划分并形成子部件动力电池系统平台，方便各子模块并行开发和复用，有效提高开发效率和质量。动力电池系统的架构设计重点在于将整个系统进行子系统的分析和分解，并产生子系统内的部件或零部件，以及阐明子系统及与零部件之间的接口关系。主要包括：

1. 与车辆的外部接口

（1）与车辆底盘的机械安装空间固定的接口；

（2）与整车高压配电箱的电气连接接口；

（3）与车辆控制器单元、低压供电电源（12VDC 或 24VDC）的电气连接接口；

（4）与车辆地的接地连接接口；

（5）与外部环境保持压力平衡及紧急排放的排气接口。

2. 内部子系统之间的接口

电池模组、电池管理系统组件、高压盒、热管理系统组件、高低压线束和接插件、平衡阀等部件在电池箱体中的机械安装、固定等。

电池模组、电子电气部件（电池管理系统组件、高压盒等）、热管理系统组件、高低压线束和接插件之间的电气连接，包括电池模组在电池箱中的接地连接、电池模组之间的高压电气连接；电池模组与电池管理系统从控模块之间的电气连接（电压、温度采集）；电池管理系统中主控模块与从控模块、高压盒之间电气连接等。

（1）单个电池包构成的动力电池系统架构图。

通常电动乘用车的动力电池系统由一个电池包构成，其动力电池系统架构图示例如图 5-1 所示。可以明确划定动力电池系统开发的边界及其与整车、外部环境之间的关系，其中虚线框界定了电池系统开发的边界和范围；同时，也明确划定了动力电池系统内部子系统开发边界及子系统之间的连接关系。

（2）多个电池包构成的动力电池系统架构图。

通常电动商用车，尤其是电动大巴的电池布置空间较大，搭载的电量也较多，通常由多个电池包和独立的高压箱构成，其动力电池系统架构也略有不同，如图5-2所示。对于采用独立高压箱的电池系统，电池管理系统中主控模块和高压电气部件一般会布置在高压箱中，而从控模块则一般布置在电池箱中。对于手动维护开关，会选择位于电中心附近的电池包进行配置。

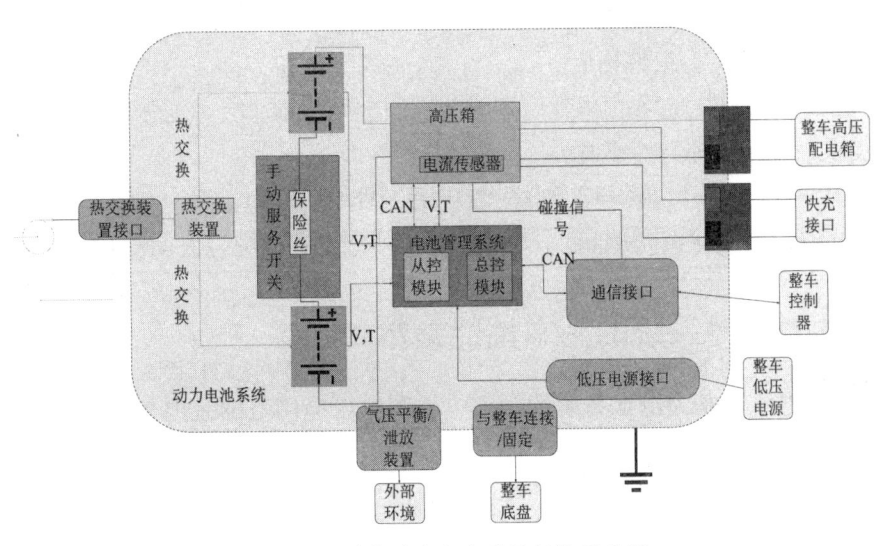

图5-1 单个动力电池系统架构图示例

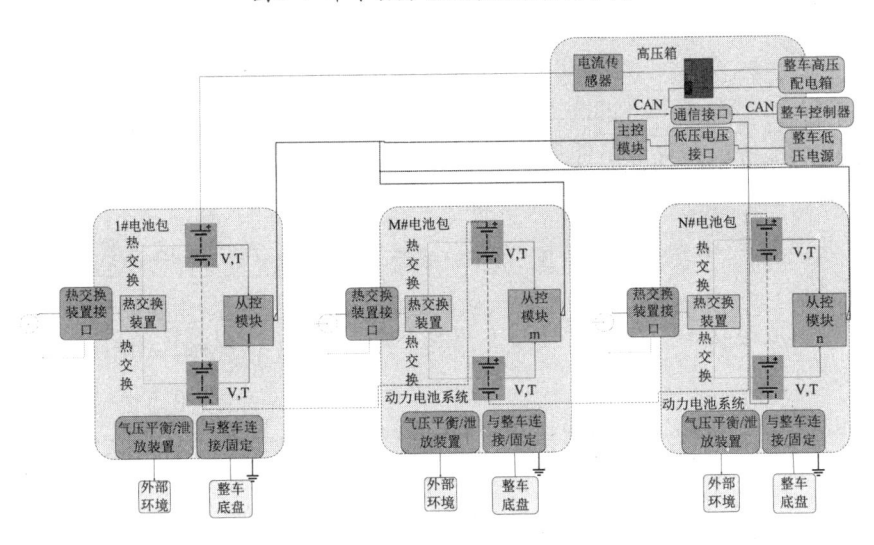

图5-2 多个动力电池系统架构图示例

5.1.4 动力电池系统的总体结构

系统方案设计通常采用类似于结构化的分析方法，将一个复杂的动力电池系统分解成多个容易分别实现和维护的子系统层级。按照结构组成划分，整个动力电池系统各主

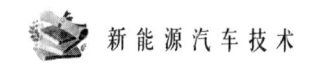

要子部件构成如下所述。

（1）电池模组。主要由动力电池、模组结构件（如端板、侧板、底板、盖板、绝缘、导热部件等）、电池参数检测传感器（如温度/电压采样传感器及线束等）、电气连接部件（如电芯串并联汇流排、模组输出极等）等组件构成。

（2）电池箱体结构组件。主要由电池箱体（上盖、下壳体）、固定/支撑结构部件（支架、压板/压条等）、密封组件（如密封条）、平衡阀（具有防爆功能）、标准件（如螺栓、螺母、垫片等）等组件构成。

（3）电子电气组件。主要由电池管理系统、继电器、保险丝、电流传感器、预充电阻、高/低压线束、连接器等组件构成。

（4）热管理系统组件。由冷板、软管、管接头、弹性支撑、电阻丝/加热膜等组件构成。

（5）功能辅件。由平衡防爆阀、卡扣、扎带、密封圈/垫、密封胶、导热胶等组件构成。

5.2 动力电池系统的基本性能参数

（1）额定电压。动力电池系统的额定电压和电压应用范围必须与电动车辆的高压系统部件如电机及电机控制器等进行匹配。

（2）工作电压范围。动力电池系统的工作电压范围主要是与整车电机及电机控制器等高压部件允许的工作电压上下限要求相适应。

（3）总容量。在规定条件下（例如25℃，1C放电或1/3C放电）的放电容量要求。

（4）总能量。在规定条件下（例如25℃，1C或1/3C放电），从满电态100％SOC完全放电至0%SOC时所能放出的总能量/总电量要求。

（5）可用能量。在规定条件下（例如25℃，IC或1/3C放电），从可用SOC上限值放电至SOC下限值时，所能放出的总能量/总电量要求。

（6）可用SOC范围。与可用能量对应的是可用SOC范围，这主要受限于动力电池的应用限制。

（7）峰值放电功率。在特定时间（一般不大于30s）内以规定条件能够提供的最大放电功率。

（8）峰值充电功率。在特定时间内以规定条件能够提供的最大充电功率。

（9）寿命。循环寿命是指在规定的充放电终止条件下，以特定的充放电制度进行充放电，达到寿命终止条件之前所能进行的循环次数，通常规定放电容量低于初始容量的80％作为寿命终止条件。

使用寿命是寿命终止条件之前能够按照规定的功能要求接受指定操作的时间，是系统工作时间和空闲时间的总和。其中，工作时间是系统处于系统自检和预处理、提供电能、回收电能、充电存储电能、均衡等过程的时间总和；空闲时间是系统处于休眠状态，没有能量流动的状态所对应的时间总和。

5.3 动力电池系统参数匹配性分析

5.3.1 额定电压及电压应用范围

高速电动车辆动力电池系统的额定电压等级，参照《电动车辆高压系统电压等级》（GB/T 31466—2015）可选择144V、288V、320V、346V、400V、576V等。对于微型低速电动车动力电池系统的电压等级，100V以下主要以48V、60V、72V和96V为主。

动力电池系统的额定电压及电压范围必须与整车所选用的电机和电机控制器工作电压相匹配，因此为保证整车动力系统的可靠运行，需要根据电动整车电机的电压等级及工作电压范围要求，选择合适的动力电池规格（化学体系、额定电压、容量规格等）并确定动力电池的串联数量、系统额定电压及工作电压范围。通常允许使用的电压范围上限为系统额定电压的115%~120%，下限为系统额定电压的75%~80%。

5.3.2 动力电池系统容量

整车概念设计阶段，从整车车重和设定的典型工况出发，根据续驶里程、整车性能（最高车速、爬坡度、加速时间等）要求，可以计算出汽车行驶所需搭载的总能量需求。动力电池系统容量主要基于总能量和额定电压来进行计算。

$$系统可用容量 = \frac{总能量}{系统额定电压} \tag{5-1}$$

$$系统可用容量 = \frac{总能量 \times 可用SOC（\%）}{系统额定电压} \tag{5-2}$$

5.3.3 功率和工作电流

整车在急加速情况下，动力电池系统需要提供短时脉冲放电功率，对应的工作电流为峰值放电电流；在紧急刹车情况下，需要提供短时能量回收功率，对应的回馈电流为峰值充电电流。

$$峰值放电工作电流 = \frac{峰值放电功率}{系统端电压} \tag{5-3}$$

$$峰值充电工作电流 = \frac{峰值回充功率}{系统端电压} \tag{5-4}$$

整车在平路持续加速或长坡道时，动力电池系统需要提供稳定的持续放电功率，此时要求能够长时间稳定输出一定额度的电流，即持续放电工作电流。

$$持续放电工作电流 = \frac{持续放电功率}{系统端电压} \tag{5-5}$$

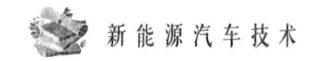

5.3.4 可用SOC范围

在动力电池系统设计上，由于SOC可用范围会直接影响总能量的设计，直接体现到动力电池的选型及数量要求。因此，也会对电池箱体的包络尺寸设计、内部布置及安装空间间隙以及总体成本等方面产生最直接的影响。动力电池系统SOC应用范围的选择首先考虑整车对充放电功率和可用能量等方面的需求，同时结合动力电池在不同温度条件下的充放电能力（功率和能量）、存储性能（自放电率）、寿命、安全特性，以及电池管理系统的SOC估算精度等影响因素来确定。

动力电池系统在其应用SOC范围内必须满足整车负载的峰值放电功率要求，保证电池系统具有的峰值放电能力大于负载的最大功率需求；同时，为了尽可能多地接收回收的能量，应满足所设定的峰值充电功率/回充功率要求。动力电池系统的充放电功率能力主要受选用的单体电池功率能力限制，其中：在低温、低SOC条件下，动力电池的放电功率会受到限制，在低温、高SOC条件下，动力电池的充电/回充功率会受到限制。因此，需要结合整车动力系统峰值（放电/回充）功率需求，定义SOC可用范围。

动力电池系统SOC使用范围的选择还要根据整车设计的纯电续驶里程目标，通过分析整车能耗情况确定对应的可用能量需求，计算动力电池系统可用能量与整车能量需求差距，并调整SOC使用范围需求。

通常为了更好地保护动力电池系统，并延长其使用寿命，充电时不能将其充满电（接近100%SOC），放电时也不能完全放电（低于5%SOC），否则可能会损坏动力电池、缩短其使用寿命。但是，如果单方面为了延长动力电池使用寿命而加大电池系统的能量，来减小SOC使用区间，对于系统成本和空间布置都会产生不利影响。

由于动力电池均存在一定程度的自放电，因此，考虑到电池包的存储周期可能达到3个月以上（6个星期的工厂/物流/配送和6个星期的存储区存储）的情况，为避免因为自放电而导致发生电芯过放电的情况发生，通常动力电池系统的SOC的下限应不低于5%。

综上所述，动力电池系统SOC使用区间的选择应该综合权衡以上各个影响因素，因此，需进行综合平衡选择，确定SOC使用区间的最佳方案。通常，BEV动力电池系统SOC可用窗口为10%~95%；PHEV动力电池系统SOC窗口为20%~95%；HEV动力电池系统SOC窗口为30%~70%。

5.3.5 温度应用范围

动力电池系统的温度应用范围主要考虑：低温条件下对动力电池的充电、放电功率和能量的影响；高温条件下对动力电池的寿命和安全特性的影响。基于整车对应的持续放电和脉冲放电功率能力要求，以及动力电池在低温条件下的充电窗口，确定温度下限应用范围。为避免由于温度过高引起动力电池寿命的快速衰减和出现热失控，应根据动力电池的温度特性及以往电池包动力电池系统使用经验，确定温度上限应用范围。

1. 工作温度范围

一般情况下，动力电池系统要求在 -20~60℃ 外部环境温度中能正常工作。

在低温条件下，动力电池系统由于受到动力电池功率特性的限制，很难满足整车正常条件下的峰值放电或峰值回馈充电功率需求。在高温条件下，动力电池系统由于受到动力电池温升特性、安全及可靠性应用温度范围等因素的限制，不能允许按峰值放电或峰值回馈充电功率进行工作。因此，需要基于动力电池的温度和功率特性，在低温、低 SOC 状态下对应放电功率能力和高温、高 SOC 状态下的充电功率能力结合使用温度区间进行限制。

2. 存储温度范围

一般条件下，要求动力电池系统能在 -40~60℃ 范围内进行存储。

由于动力电池系统装配完成之后，会经历由制造工厂出厂，经由物流运输（夏季高温运输途中暴晒）和配送到整车厂物料仓库存储区进行存储的情况。因此，要求动力电池系统能满足：在环境温度不超过 45℃ 条件下，允许存储 2~3 个月，不发生明显的寿命衰减（或出现明显的不可逆容量损失）。

本章课后思考题

1. 新能源汽车的动力电池系统应满足什么功能？
2. 如何设计新能源汽车动力电池系统？
3. 针对不同新能源汽车动力系统的设计是否一样？
4. 新能源汽车动力系统应怎样协调与其他系统的关系？
5. 为什么要进行动力系统总体需求分析？请简要阐述原因。
6. 简述动力电池系统总体结构。
7. 动力电池系统的基本性能参数有哪些？
8. 简述动力电池系统的循环寿命与使用寿命的定义及区别。

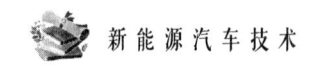

第六章　新能源汽车动力电池系统软硬件设计

动力电池包箱体负责承载动力电池系统所需的外在核心硬件，而动力电池管理系统（BMS）用于实现动力电池系统的有效管理，其决定着动力电池包的性能表现。本章从BMS的软硬件设计入手，详细解析BMS设计的关键技术及要点。

6.1 动力电池管理系统硬件设计

6.1.1 动力电池管理系统的软硬件功能

BMS的主要功能有数据采集、状态检测、安全保护、充电控制、能量控制管理、均衡管理、热管理以及信息管理等。

1. 数据采集

动力电池在电动汽车中的工作环境及状况十分复杂，电动汽车需要适应复杂多变的气候环境，这意味着动力电池的运行需要常年面对复杂多变的温湿度环境。此外，随着路况和驾驶人操纵方式的改变，动力电池需要时刻适应急剧变化的负载。为了准确获取动力电池的工作状况，更好地实施管理对策，BMS需要通过采样电路实时采集电池组以及各个组成单体的端电压、工作电流、温度等。

2. 状态监测

动力电池是一个复杂的非线性时变系统，具有多个实时变化的状态量。准确而高效地监测动力电池的状态量是电池及成组管理的关键，也是电动汽车能量管理和控制的基础。因此，BMS需要基于实时采集的动力电池数据，运用既定的算法和策略进行电池组的状态估计，从而获得每一时刻的动力电池状态信息，具体包括动力电池的SOC、SOH、SOP以及能量状态（state of energy，SOE）等，为动力电池的实时状态分析提供支撑。

3. 安全保护

动力电池安全保护功能主要指动力电池及其成组的在线故障诊断及安全控制。动力电池的在线故障诊断是指通过采集到的传感器信号，采用诊断算法诊断故障类型。动力电池管理需要诊断的故障通常包括过电压（过充电）、欠电压（过放电）、烟雾、过电流、超高温、短路故障、接头松动、绝缘能力降低以及电解液泄漏，还涉及传感器、执行器以及控制器等电子元器件的故障。在诊断出故障类型后，BMS 需要进行早期预警，并尽可能采取相应的措施进行及时干预，以保证电动汽车的行驶安全。

4. 充电控制

动力电池的充电过程将直接影响到电池的寿命和安全。因此，BMS 通常需要集成一个充电管理模块，根据动力电池的实时特性、温度高低以及充电机的功率等级，控制充电机给电池进行安全充电。

5. 能量控制管理

电动汽车的行驶工况十分复杂，急加速、急制动、上下坡等驾驶操作的随机触发将造成复杂多变的动态负载，为了保证车辆安全、经济地运行，BMS 需要根据采集到的实时状态信息，合理控制动力电池的能量输出以及再生制动的能量回收。若电动汽车装有复合电源，BMS 还需根据复合电源各自的状态信息优化分配动力电池的能量，以保证复合电源的最佳性能。

6. 均衡管理

由于生产工艺、运输储存以及电子元器件的误差积累，动力电池单体之间难免存在不一致性，为了充分发挥电池单体的性能，保证电池组的使用安全，BMS 需要根据动力电池单体的信息，采取主动或被动的均衡方式，尽可能降低动力电池单体在使用过程中的不一致性。

7. 热管理

动力电池在正常工作中不仅受环境温度的影响，还受自身充放电产热的影响。因此，BMS 需要集成电池热管理模块，它可以根据电池组内温度分布信息及充放电需求，决定主动加热/散热的强度，使得动力电池尽可能工作在最适合的温度，充分发挥动力电池的性能，延长动力电池的使用寿命。

8. 信息管理

BMS 需要集成多个功能模块，并合理协调各模块之间的通信运行。由于运行的数据量庞大，BMS 需要对动力电池的运行数据进行处理和筛选，储存关键数据，并保持与整车控制器等网络节点进行通信。随着大数据时代的发展，BMS 还需要与云端平台进行实时交互，以更好地处理动力电池的管理问题，提高管理品质。

6.1.2 电压、电流、温度采集模块设计

无论 BMS 采用哪种拓扑结构，都离不开电池状态监控电路。电池状态监测一般是指对电压、电流、温度等三种物理量的监测，这通常被视作一个电池管理系统最基本的功能，因为这些状态信息的采集是其他各项功能的前提与基础。

1. 设计采集电路需要注意的原则性问题

1）同步性、延时问题

在电池状态监测的过程中，状态信息的采集环节、信息的传递环节、信息的处理环节总会或多或少地存在着时延，因此"实时"是相对而言的。

BMS 是与所采集的物理量最接近的芯片及其辅助电路，根据不同的应用场合前端芯片可以是单片机、模数转换器以及某些专为电池管理系统而设计的芯片，它们负责把电池电压等模拟信号转成数字信息，造成时延的主要原因也就是模/数转换所需要的时间。通常对一个信号进行 8 bit 的模/数转换大概需要 100μs，随着转换位数的增大，电压采集的时延随之增大。

2）采集精度问题

在进行 BMS 硬件设计之前，首先要设定设计目标，而在设计电压、电流、温度采集电路时，采集精度问题是首先要被考虑的。设计者首先要回答三个问题：第一，要实现怎样的采集精度；第二，为何要选择这样的采集精度；第三，如何实现这样的采集精度。

下面以电压采集精度为例来解释采集精度的选择问题。

有学者研究了电压采集精度对 SOC 估算的影响，认为电池 SOC 在 20%~80% 范围内时，如果电压的测量误差为 ±10mV，则有可能引起 ±2% 的 SOC 估算误差。例如，当电池真实的 SOC 为 50% 时，由于电压的测量误差为 +10mV，原本应该判为 SOC=50% 的结果，有可能被错判为 SOC=52%；同理，如果电压的测量误差为 −10mV 时，原本应该判为 SOC=50% 的结果，最后被错判为 SOC=48%。

同样的电压测量误差对于磷酸铁锂电池的 SOC 估算来说，造成的负面影响要更加严重。例如，同样是电池 SOC 在 20%~80% 范围内时的情况，如果电压的测量误差为 ±10mV，则其有可能引起接近 ±10% 的 SOC 估算误差。

硬件采集精度方面，还必须要强调一点，就是有部分工程师混淆了精度与分辨率的概念。一般来说，精度指的是绝对误差与采集回路的量程之比，反映测量值与真值的接近程度；而分辨率指的是采集回路能分辨出测量值的最小变化量。例如，某些电压采集电路能提供 1.2mV 的分辨率，而其实际电压采集误差为 ±4.8mV，那么对照表 6-1，对于磷酸铁锂电池来说有可能造成的 SOC 估算误差为 ±3.5% 而不是 ±1.0%。

表6-1 不同的电压测量误差对两种材料的锂离子电池SOC估算精度的影响

测量误差 mV	三元材料锂离子电池可用 SOC 范围	磷酸铁锂电池可用 SOC 范围
±1	±0.200%	±0.725%
±5	±1.000%	±3.625%
±10	±2.000%	±7.350%

不仅如此，BMS 既然是一个"系统"，那么采集精度的问题有可能牵一发而动全

身。在进行电池的"均衡控制"时，由于均衡控制的依据往往是电池的电压或者是电池的 SOC，那么电压采集精度有可能将会对均衡控制策略产生影响。由此可见，在确定 BMS 硬件电路的设计目标时，必须结合 BMS 整个系统的功能进行综合考虑。

2. 基于专用 IC 设计电压监测电路

随着半导体工艺集成度的提高，许多大型半导体器件生产企业均面向电池管理系统开发出专用集成芯片（IC），例如 ADI（原凌力尔特）的 LTC68XX 系列；MAXIM 公司的 MAX1492X 系列，TI 公司的 bq76PL536A 系列。这些专用 IC 每片可以测量 12~16 个串联通道的电压，并提供温度测量端口。

采用专用 IC 设计 BMS 有以下好处：

第一，基于专用 IC 的电路不再需要使用光耦继电器或者隔离器，电路得到了简化，可明显减小电路板的面积；第二，测量精度高，测量速度快；第三，专用 IC 一般配备有隔离串行通信总线，不需要额外考虑隔离通信的问题；第四，很多专用 IC 都考虑了 ISO 26262 标准，可靠性高。

表 6-2 所示是市面上一些具有代表性的专用 IC 的初步比较。

表6-2 一些具有代表性的专用IC的初步比较

厂家	TI	ADI	ADI-LTC	MAXIM	INTERSIL	NXP
型号	BQ76PL455A-QI	AD7280A	LTC6804 LTC6811	MAX14920 MAX11163 MAX61226	ISL78600	MC33771
电压采样通道	6~16	3~6	4~12	3~16	3~12	3~14
通信总线方式	UART 转差分菊花链（四线制，不需要接口转换芯片）	SPI 转隔离式菊花链（八线制，不需要接口转换芯片）	SPI 转差分菊花链（两线制，需要加接口芯片）	SPI 转隔离式菊花链（六线制，需要加接口芯片）	SPI 转差分菊花链（两线制，菊花链第一块芯片代替接口芯片）	SPI 转差分菊花链（两线制，需要加接口芯片）
准确度	±4.25mV（@0~65℃）	±1.6mV（@-40~105℃）	±1.2mV（@-40~150℃）	±0.5mV（@-40~85℃）	±2mV（@-20~60℃）	±2mV（@-40~105℃）
ADC 基准电压	2.5V	2.5V	3.2V	5.0V（需要加专用基准电压源）	2.5V	N/A
分辨率	0.1526mV/LSB	0.6164mV/LSB	0.0488mV/LSB	0.0763mV/LSB（需要配合外部 ADC AX11163）	0.1530mV/LSB	N/A
休眠电流	22μA	1.8μA	4μA	380μA（系统休眠功耗）	16μA	N/A
全部通道采集时间	2.4ms	25μs	290μs	10ms	234μs	40μs

3. 电流监测模块设计

1）基于串联电阻的电流监测

电压量是最直接的被测量,一般模数转换芯片多是针对电压信号的,因此在电流监测时常需要把电流信号转换为电压信号,其中一种转换的方法就是在电动汽车的主回路上串联一个分流器,如图 6-1 所示。

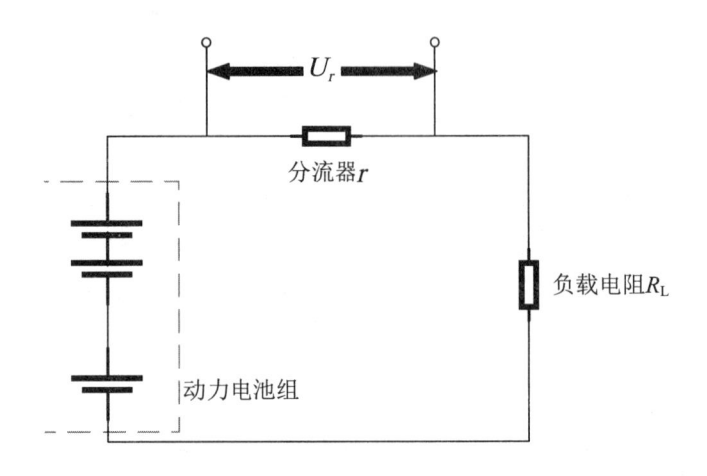

图6-1 基于分流器的电流检测方案

分流器实际上就是一个阻值很小的电阻（见图6-2）,其精度较高且温漂小。分流器阻值选择的主要依据是电动汽车电流的工作范围。例如电动汽车的工作电流范围是 0~300A,若需要在分流器上产生最大值为 75mV 的压降,则分流器的阻值为 0.25mΩ。当然,75mV 的电压值相对太小,通常在 A/D 转换之前加上适当的放大电路。

图6-2 分流器实物图

2）基于霍尔传感器的电流监测

霍尔电流传感器是利用霍尔效应原理来检测电流的一种电子元件,可以测量各种类型的电流,从直流电到几万赫兹的交流电。一种典型的可用于电动汽车电流检测的霍尔传感器如图 6-3 所示。

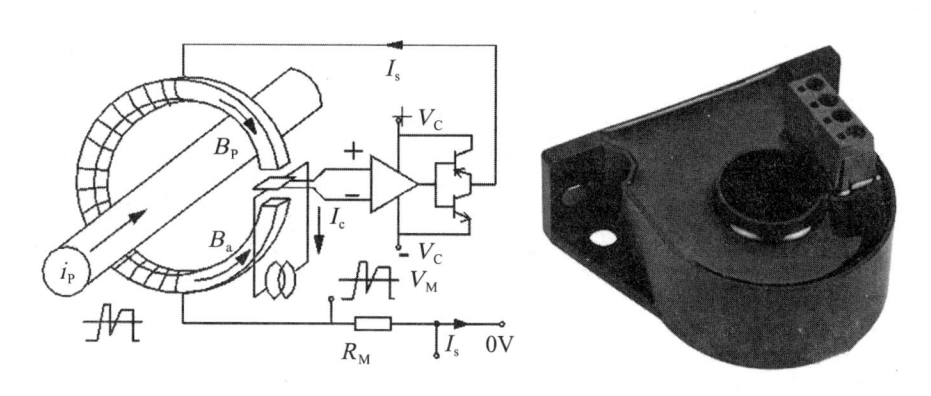

图6-3 基于霍尔传感器的电流检测

霍尔传感器是利用电磁感应原理来测量电流信号的,通过电磁场"感应"得到的电压信号通常较小,例如只有几个毫伏左右,而一般的 A/D 转换器对输入端的要求都是几伏,因此需要增加放大电路来解决这个问题。为了方便用户使用以及提高抗干扰能力,当前市场上所能采购到的霍尔传感器,很多已经将放大电路内嵌到传感器内部,使得该传感器输出信号直接可以被利用。

6.2 动力电池管理系统软件设计

由于动力电池管理系统的主要功能是为电池系统维持一个安全的运行环境,并且保护电池系统免于损坏,故其软硬件协同设计尤为重要。本节以 SOC 为例,详细说明动力电池管理系统相关软件的设计方法和流程。精确的 SOC 估算能够反映一些重要的信息,比如电池的性能、电池的剩余寿命等,这些信息最终都会导致对电池的功率和能量的有效管理和利用。

6.2.1 电池荷电状态(SOC)离线估算方法

电荷累积法、开路电压法是两种经典的评估剩余电量或者 SOC 的方法,至今仍被广泛使用。从某种意义上来说,许多改进的 SOC 估算方法,都可以被看成是这两种经典方法的结合或者改进。

1. 电荷累计法(安时积分法)

电荷累积法(coulomb counting method),也称作 CC 法,是预先知道上一时刻电池剩余电量状态,并对一段时间内动力电池充入、放出的电荷进行统计,从而得到当前电池荷电状态的一种方法。

假设上一时刻 t_1 电池的剩余电量为 Qt_1,当前时刻 t_2 电池的剩余电量为 Qt_2,从 t_1 到 t_2 期间电池充入、放出的累计电量为:

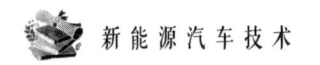

$$Q_{t_1}^{t_2} = \int_{t_1}^{t_2} i(t) \mathrm{d}t \tag{6-1}$$

那么

$$Q_{t_2} = Q_{t_1} - Q_{t_1}^{t_2} \tag{6-2}$$

式（6-1）中，$i(t)$ 可以取正也可以取负，当 $i(t) > 0$ 时，表示电池在放电，当 $i(t) < 0$ 时，则表示电池在充电。同理，在式（6-2）中，若 $Q_{t_1}^{t_2} > 0$，表示在 t_1 到 t_2 这段时间内，总体而言电池放出电量多于充入电量；反之，若 $Q_{t_1}^{t_2} < 0$，则表示在 t_1 到 t_2 这段时间内，总体而言电池充入的电量多于放出的电量。

通过式（6-2）求得 Q_{t_2} 后，可以进一步根据下式求得此时的 SOC 值。

$$SIC = \frac{剩余的电量}{电池的容量} \times 100\% \tag{6-3}$$

然而，电荷累积法存在以下三个问题：

第一，对初始值的依赖性。

事实上，电荷累积法只能解决一段时间内电量变化的情况 $Q_{t_1}^{t_2}$，而我们最终关心的是电池的剩余电量 Q_{t_2}，这依赖于 Q_{t_1} 的准确性。若初始值 Q_{t_1} 存在误差，则利用式（6-1）和式（6-2）是没有办法对其进行修正的。

第二，累积误差的问题。

由于电流传感器精度不足、采样频率低、信号受干扰等原因，用于积分的电流 Q_{t_1} 与真实值相比存在一定的误差，则由式（6-1）所估算的一段时间的累计电荷必带有误差，而根据式（6-2）这一误差将会累积到下一个时刻的 Q_{t_2} 中去，从而使得剩余电量的评估误差越来越大。

为消除累积误差，有必要对剩余电量的评估值进行校正。较为有效的校正方法就是把电池充至饱满或将电池的剩余电量全部放光。当然，这样的操作在电动汽车的实际应用中，不能经常进行，从而降低了这种方法的实用性。

第三，不能应对电池的自放电问题。

几乎所有的二次电池都存在自放电问题，即电池中的电荷以极其慢的速度放出来。电荷累积法对于这种现象几乎是无能为力的。其一，自放电的等效电流很小，一般的电流传感器无法准确测量；其二，相当一部分的自放电电流并不走工作电流的回路，设置在工作电流回路中的传感器自然监测不到自放电电流；其三，自放电可能发生在电池管理系统不工作的情况下，例如汽车"熄火"以后闲置在车库里，此时 BMS 并不需要工作，自然也无法监测电池的自放电情况。

2. 开路电压法

开路电压法（open-circuit voltage method），也称作 OCV 法，就是当电池既不处于充电状态，也不处于放电状态，即工作电流为零的情况下，通过测量动力电池的开路电压（OCV）来估算电池的 SOC。

使用开路电压法一般基于以下三个前提：

第一，认为 SOC 与电池电动势（EMF）有一一对应关系，即给出 0~100% 之间的任意一个 SOC 值，存在唯一的一个电动势（EMF）值与之对应；

第二，认为在工作电流为零的情况下，开路电压（OCV）与电池电动势（EMF）相等；

第三，不考虑温度及电池老化程度等因素，即认为在不同的温度条件下，不同老化程度的电池具有相同的 SOC-EMF 曲线。

通过试验测量不同 SOC 对应的 OCV，拟合出二者的拟合曲线如图 6-4 所示：

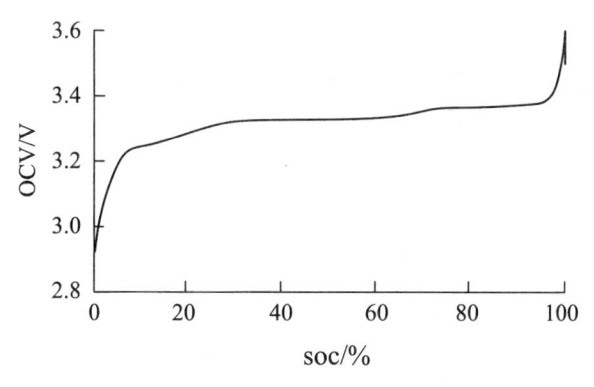

图 6-4 SOC 与 OCV 拟合曲线

在电动汽车的实践应用中，OCV 法通常在工作电流为零时，测量电池电压 U_0，然后依据上图的曲线反求出电池的 SOC 值。通过曲线可以看出，在充电初期和末期，SOC 与 OCV 呈现出明显的一一对应关系，因此在该时段具有较高的精度。

然而，在电动汽车的具体应用中，开路电压法也存在着不足：

第一，关于工作电流为零的问题。

首先，上述提到开路电压法的使用是基于工作电流为零的前提，但往往在电动汽车的行驶过程或充电过程中，即工作电流不为零的情况，也需要知道 SOC 的值是多少，这时开路电压法显然是不适用的。

其次，即使电动汽车不启动，不充电，处于静止状态，仍然不能认为动力电池的工作电流为零，因为此时汽车的弱电系统仍在工作，例如整车控制器没有关闭、通信网络仍处于工作状态、仪表台可能开启等，至少此时 BMS 本身仍在工作，这些都意味着电动汽车的工作电流不一定绝对为零。在实际应用中，可设定一个电流的门限值，当电流

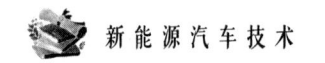

小于该门限值时则认为可通过 OCV 法评估 SOC。

第二，电压回弹问题。

开路电压法必须考虑电池电压的回弹效应。当电动汽车由于某些原因（例如等待绿灯）短暂停车的时候，是否可以用开路电压法对 SOC 做一次评估也是需要考虑的问题。如果停留时间过短，由于电压的回弹效应，电压还没有回弹到稳定状态，估算出来的 SOC 值必然偏小，并且误差的大小与停留的时间有关。针对电压回弹问题，通常可以有两种解决办法：一方面，可以在实际应用中设定一个时间阈值，当工作电流持续小于电流门限值的时间大于时间阈值时，才用开路电压法对 SOC 的值做评估；另一方面，可以利用电池模型，通过 10~30s 以内电压回弹的趋势来预估出电池电压回弹的极限值，再用这个极限值来估算 SOC。

6.2.2 电池荷电状态（SOC）在线估算方法

相较于前面提到的两种 SOC 估算方法，基于扩展卡尔曼滤波器的 SOC 估算是目前被认为较为先进的一种方法，可以有效解决以上两种方法在应用中面临的问题。

1. 卡尔曼滤波算法

卡尔曼滤波算法通过建立线性系统状态方程，同时对输入及输出数据进行观测，最终给出系统状态的最优估计，并实现对系统中噪声和干扰的滤波。

卡尔曼滤波算法主要包括"预测"和"更新"两个阶段，"预测"阶段根据系统上一时刻的最优估计，得出当前时刻系统状态的先验估计，然后利用系统输入输出的观测数据对当前时刻的先验估计进行"更新"，最终得到系统当前时刻的最优估计。

用卡尔曼滤波算法分析线性离散系统的状态空间方程一般如下：

$$\begin{cases} 状态方程：x_{k+1} = A_k x_k + B_k u_k + W_k \\ 输出方程：y_k = C_k x_k + D_k u_k + v_k \end{cases} \quad (6-4)$$

上述状态方程中，X_k 表示 k 时刻的 n 维系统状态向量，u_k 表示 k 时刻对 p 维系统控制量，y_k 表示 k 时刻的 m 维系统状态观测向量，A_k 为 $n \times n$ 维系统状态转移矩阵，B_k 为 $n \times p$ 维系统输入控制矩阵，C_k 为 $m \times n$ 维系统观测矩阵，D_k 为 $m \times p$ 维系统前馈矩阵。W_k 为 n 维过程噪声向量，v_k 为 m 维观测噪声向量，二者的协方差矩阵分别为 Q_k 和 R_k，互不相关，均为均值为 0 的高斯白噪声。

线性离散系统的状态空间模型用框图描述如图 6-5 所示。

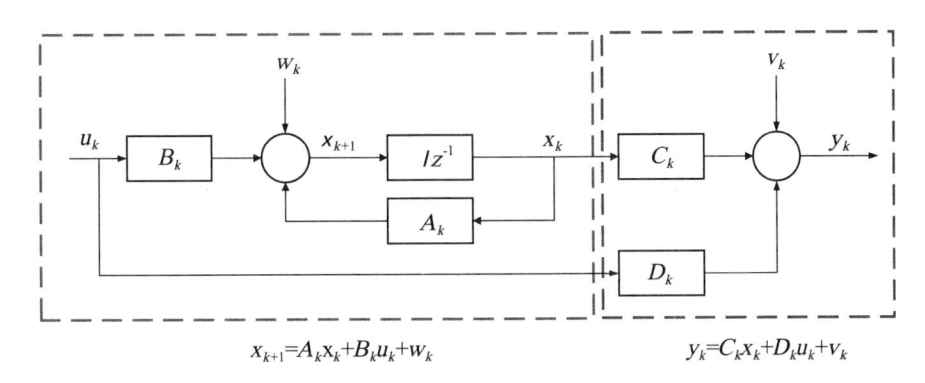

图6-5 线性离散系统的状态空间模型示意图

做出以下假设：

设 k 时刻系统状态变量的真实值为 x_k，状态变量的估计值为 $\hat{x}_k$，因此，该时刻的状态变量估计误差为 $\tilde{x}_k = x_k - \hat{x}_k$，其协方差矩阵为 P_k。

卡尔曼滤波算法其实是一种最小均方误差估计算法，要求系统状态变量真实值与估计值的误差的方差达到最小值。

卡尔曼滤波算法对于线性动态系统的"预测"及"更新"模型如下：

预测：

$$\begin{cases} \hat{x}_k^- = A_k \hat{x}_{k-1} + B_k u_k \\ P_k^- = A_k P_{k-1} A_k^T + Q_k \end{cases} \qquad (6\text{-}5)$$

式中，$\hat{x}_k^-$ 为系统状态变在 k 时刻的先验估计，$\hat{x}_{k-1}$ 为系统状态变量在 $k-1$ 时刻的最优估计。P_k^- 为 $\hat{x}_k^-$ 的协方差矩阵，P_{k-1} 为 $\hat{x}_{k-1}$ 的协方差矩阵。对于一个稳定的系统，其经历若干次循环后，误差协方差矩阵逐渐减小，趋于收敛。

更新：

$$K_k = P_k^{-1} C_k^T [C k P_k^{-1} C_k^T + R_k]^{-1} \qquad (6\text{-}6)$$

式中，K_k 为卡尔曼增益矩阵，代表系统状态变量先验估计值 $\hat{x}_k^-$ 在系统实际观测值中所占的权重。协方差矩阵 P_k^{-1} 增大，K_k 增大，系统实际观测值对于系统先验估计值的影响越大，通过卡尔曼增益矩阵的不断更新，估计值会越来越接近真实值。

$$\begin{cases} \hat{x} = \hat{x}_k^- + K_k(y_k - C_k \hat{x}_k^-) \\ P_k = (1 - K_k C_k) P_k^{-1} \end{cases} \qquad (6\text{-}7)$$

以上两式分别用于求得系统在 k 时刻的最优估计和实现误差协方差矩阵的更新。上述"预测"及"更新"模型实现了对系统状态变量在 k 时刻的最优估计，在系统进入下

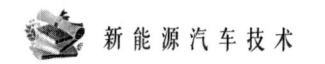

一时刻时，进入下一个循环。

2. 扩展卡尔曼滤波算法

卡尔曼滤波器适用的系统为线性高斯系统，而前面提到，锂离子电池是一个高度复杂的非线性系统。因此需要采用扩展卡尔曼滤波的方法，即采用一些方法如泰勒展开等，将非线性系统转换为线性系统，再利用卡尔曼滤波器进行估计。

对于非线性离散系统，其状态空间模型一般为

$$\begin{cases} x_{k+1}=f(x_k,u_k)+w_k \\ y_k=g(x_k,u_k)+v_k \end{cases} \quad (6\text{-}8)$$

式中，$f(x_k,u_k)$ 为系统在 k 时刻的状态转移函数，$g(x_k,u_k)$ 为系统在 k 时刻的测量函数。扩展卡尔曼滤波算法实际上是采取线性化方法将非线性离散系统的非线性部分进行线性化近似，得到近似的线性离散系统模型，再使用卡尔曼滤波算法进行滤波。对非线性离散系统状态空间模型中的非线性部分进行泰勒级数展开，结果如下：

$$\begin{cases} f(x_k,u_k) \approx f(\hat{x}_k,u_k)+\dfrac{\partial f(x_k,u_k)}{x_k}\bigg|_{x_k=\hat{x}_k}(x_k-\hat{x}_k) \\ g(x_k,u_k) \approx g(\hat{x}_k,u_k)+\dfrac{\partial g(x_k,u_k)}{\partial x_k}\bigg|_{x_k=\hat{x}_k}(x_k-\hat{x}_k) \end{cases} \quad (6\text{-}9)$$

此处忽略二阶及以上的高阶项，定义，可以得到：$A_k=\dfrac{\partial f(x_k,u_k)}{\partial x_k}\bigg|_{x_k=\hat{x}_k}$、$C_k=\dfrac{\partial g(x_k,u_k)}{\partial x_k}\bigg|_{x_k=\hat{x}_k}$，

$$\begin{cases} x_{k+1} \approx A_k x_k +[f(\hat{x}_k,u_k)-A_k\hat{x}_k]+w_k \\ y_k \approx C_k x_k +[g(\hat{x}_k,u_k)-C_k\hat{x}_k]+v_k \end{cases} \quad (6\text{-}10)$$

上述公式即为非线性系统线性化后的状态空间模型，与线性系统状态空间模型进行对比可以发现，$f(\hat{x}_k,u_k)-A_k\hat{x}_k$ 和 BKUK 相对应，$g(\hat{x}_k,u_k)-C_k\hat{x}_k$ 与 DKUK 相对应。

扩展卡尔曼滤波算法相对于卡尔曼滤波算法，只是加入了将非线性部分线性化的步骤，但是由于泰勒级数展开的过程中忽略了二阶及以上的高阶项，因此会产生一定的误差，称为线性化误差，此误差与系统的非线性程度有关，系统的非线性越强，其误差越大。

3. 等效电路模型

等效电路模型是利用理想电压源、电阻和电容等电气元件对电池进行等效处理，其物理意义明确，能够较为准确地反映电池的电气特性。

本书选用二阶 Thevenin 模型，如图 6-6 所示，方便参数辨识的同时，具有较高的拟合精度。

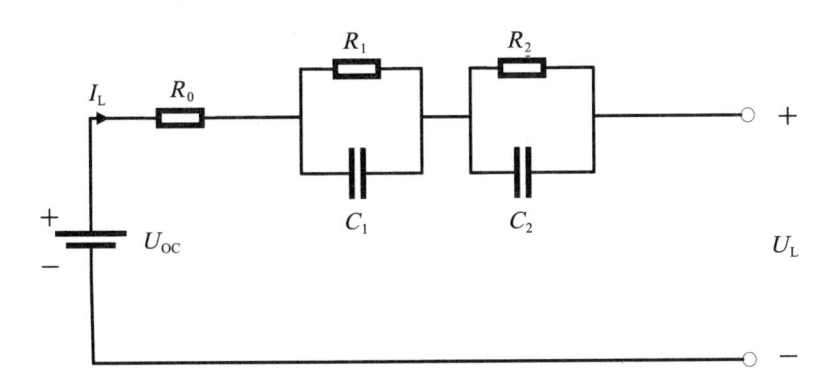

图6-6 二阶RC等效电路模型

电压源电压为电池开路电压 U_{OC}，R_0 表示电池内部的欧姆内阻，两个 RC 并联电路用于表示电池充放电过程电池内部的极化效应。

根据基尔霍夫电压、电流定律可以列出该二阶 RC 等效电路模型的动态方程组：

$$\begin{cases} U_L = U_{OC} - U_1 - U_2 - I_L R_0 \\ I_L = \dfrac{U_1}{R_1} + C_1 \\ I_L = \dfrac{U_2}{R_2} + C_2 \dfrac{dU_2}{dt} \end{cases} \quad (6\text{-}11)$$

式中，U_1、U_2 分别表示电阻 R_1、R_2 两端的电压。

4. 参数辨识

电池模型确立后，需要对电池模型中的部分参数进行系统辨识，主要参数有开路电压 U_{OC}、内阻 R_0、R_1、R_2 和电容 C_1、C_2。

1）SOC-OCV 曲线拟合

电池开路电压 OCV 在电池静置一段时间后其数值会接近电池电动势，这是描述电池静态特性的一个参数。经过实验测得电池的 SOC-OCV 数据后，通过 MATLAB 进行数据拟合，从而确定电池 SOC 与 OCV 之间的关系。本书以 25℃下实验数据为示例，如表 6-3 所示。

表6-3 25℃下SOC-OCV对应数据

SOC/%	U_{OC}/V	SOC/%	U_{OC}/V
100	4.131	50	3.656
95	4.074	45	3.639
90	4.019	40	3.622
85	3.968	35	3.607
80	3.919	30	3.593
75	3.873	25	3.571
70	3.827	20	3.548
65	3.783	15	3.504
60	3.740	10	3.453
55	3.698	5	3.429

通过MATLAB中的Curve Fitting工具进行函数拟合，拟合函数表达式为

$$f(x) = 24.29x^6 - 75.06x^5 + 86.3x^4 - 44.44x^3 + 9.751x^2 - 0.124\,6x + 3.416 \quad (6-12)$$

2）电池模型RC参数辨识

由于电池内部极化效应的存在，电池在充放电开始和结束阶段会出现电压停滞现象，通过分析这个阶段的电压变化情况有助于 *RC* 的参数辨识。

通过HPPC测试进行实验数据的采集，HPPC测试时以SOC的10%为步长，进行多组电流脉冲测试，在电池静置一段时间后（一般为1h）可以进入下一组电流脉冲测试。

本次测试充放电电流为100A，HPPC脉冲电流和电流电压曲线如图6-7、图6-8所示。

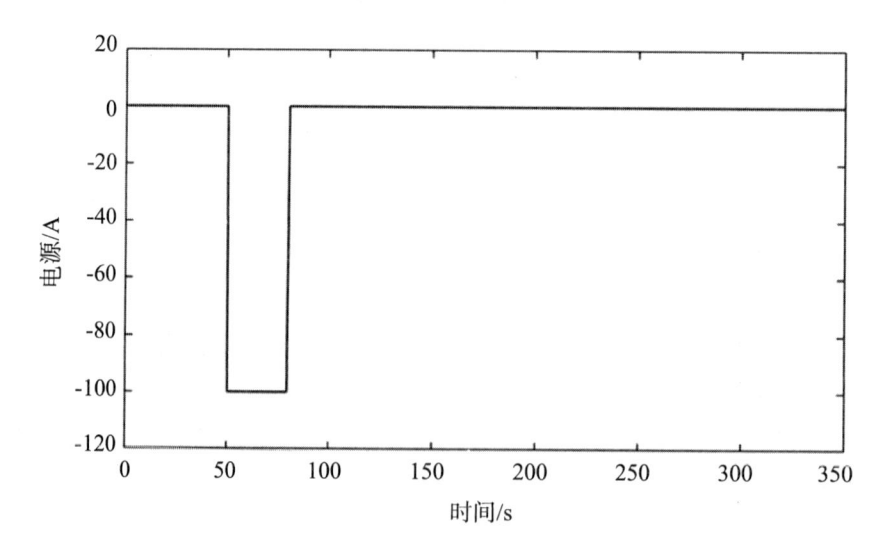

图6-7 60%SOC下HPPC放电电流

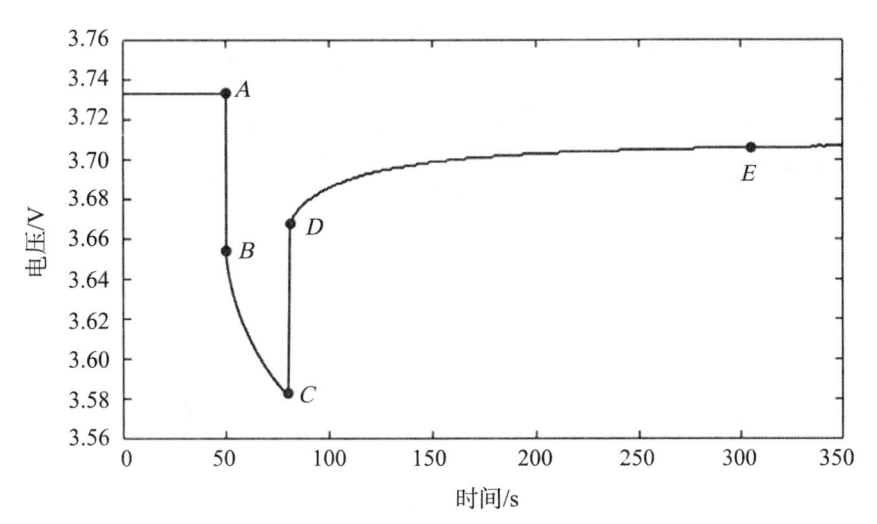

图6-8 60%SOC下HPPC放电电池电压响应

由图6-8可知，放电电池电压响应分为4个阶段：

AB段：此段电池电压迅速下降，其是由于电池内阻的存在，在电池形成回路瞬间，电池内阻上产生较小的压降，从而产生电压骤降的现象。

BC段：此阶段电压呈现一定的趋势下降，可认为是持续放电期间电化学极化和浓差极化共同产生的影响。

CD段：此段电池电压迅速上升，仍旧可视为电池内阻的作用。

DE段：此段被称为零输入响应，由于电池极化效应的消失，电池电压以一定的趋势缓慢上升。

（1）R_0参数辨识。

通过上述分析可知，AB段和CD段的电压变化与欧姆极化有关，即与电池内阻R_0有关，因此可通过此阶段的电压变化进行该参数的系统辨识。

此处选用CD段进行系统辨识：

$$R_0 = \frac{U_D - U_C}{I_L} \tag{6-13}$$

（2）RC并联电路系统辨识。

通过上述分析可知，BC段与DE段均涉及电池极化，均可进行RC并联电路的系统辨识，然而考虑到相比于DE段，BC段更为复杂，因此此处选用DE段作为RC并联电路系统辨识的数据。

对于RC回路，由基尔霍夫电压、电流定律可得：

$$\frac{dU}{dt} = \frac{I_L}{C} - \frac{U}{RC} \tag{6-14}$$

解得：

$$U(t)=U(0)\mathrm{e}^{-\frac{t}{t}}+I_{\mathrm{L}}R(1-\mathrm{e}^{-\frac{t}{t}}) \quad (6\text{-}15)$$

其中t=RC为时间常数，由上述分析可知，DE阶段充放电电流脉冲已经结束，因此RC并联电路可以看作零输入响应，以D点为初始时刻，则RC电路的零输入响应为

$$U=I_{\mathrm{L}}R\mathrm{e}^{-\frac{t}{t}} \quad (6\text{-}16)$$

可得DE段电池输出段电压为

$$U_{\mathrm{L}}(t)=U_{0\mathrm{c}}-I_{\mathrm{L}}R_{1}\mathrm{e}^{-\frac{t}{t_{1}}}-I_{\mathrm{L}}R_{2}\mathrm{e}^{-\frac{t}{t_{2}}} \quad (6\text{-}17)$$

因此Curve Fitting选用自定义函数模式，定义函数类型为

$$U_{\mathrm{L}}(t)=a_{0}-a_{1}\mathrm{e}^{-\frac{t}{t_{1}}}-a_{2}e^{-\frac{t}{t_{2}}} \quad (6\text{-}18)$$

且有

$$U_{\mathrm{OC}}=a_{0}$$

$$R_{1}=\frac{a_{1}}{I_{L}}$$

$$R_{2}=\frac{a_{2}}{I_{L}}$$

$$C_{1}=\frac{t_{1}}{R_{1}}$$

$$C_{2}=\frac{t_{2}}{R_{2}}$$

5. 电池的二阶RC Simulink模型

完成电池模型的系统辨识后，使用MATLAB的Simulink工具进行仿真电池模型的搭建，如图6-9所示。

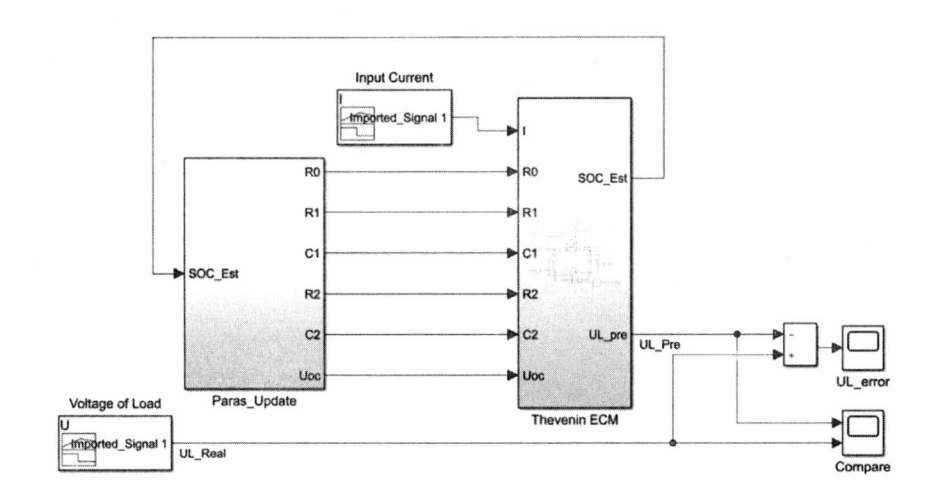

图6-9 锂离子电池Simulink仿真模型

该锂离子电池 Simulink 仿真模型主要包括三个部分：

（1）电流电压输入模块，负责仿真实验所需的电流和电压信号。

（2）参数模块，负责根据电池当前 SOC 进行电池参数的查询，如图 6-10 所示。

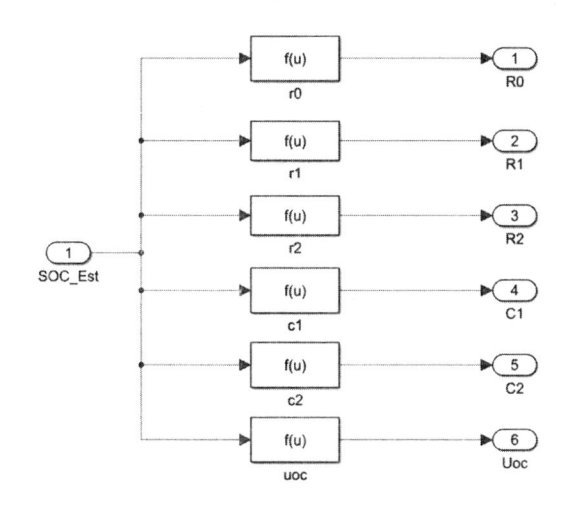

图6-10 参数模块

（3）电池端电压计算模块，包括两个部分：一个部分使用安时积分法计算电池的 SOC，另一部分计算电池端电压，以验证电池仿真模型的准确性，电池端电压计算模块如图 6-11 所示。

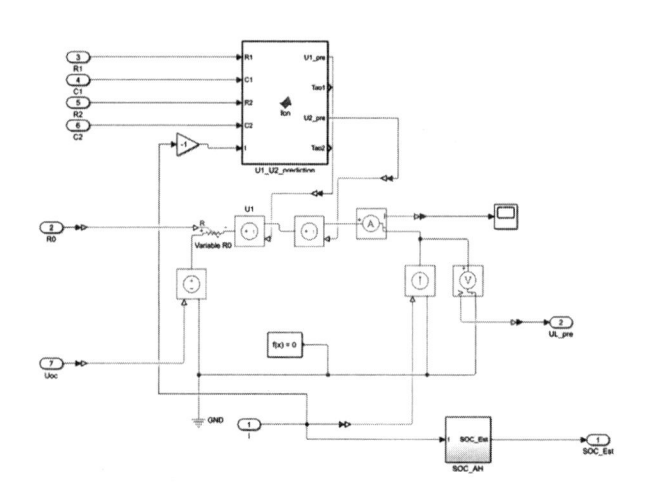

图6-11 电池端电压计算模块

6. 基于扩展卡尔曼滤波（EKF）的SOC估计

根据式（6-11）和安时积分法，将电池的两个极化电压U_1、U_2和SOC作为状态变量，建立状态空间模型如下：

状态方程：

$$\begin{cases} \mathrm{SOC}_{k+1} = \mathrm{SOC}_k - \dfrac{I_k T}{Q} \\ U_{1k+1} = \mathrm{e}^{\frac{T}{R_1 C_1}} U_{1k} + R_1 I_k (1 - \mathrm{e}^{\frac{T}{R_1 C_1}}) \\ U_{2k+1} = \mathrm{e}^{\frac{T}{R_2 C_2}} U_{2k} + R_2 I_k (1 - \mathrm{e}^{\frac{T}{R_2 C_2}}) \end{cases} \quad （6-19）$$

输出方程：

$$U_{\mathrm{L}k} = U_{\mathrm{oc}}(\mathrm{soc}_k) - U_{1_k} - U_{2_k} - I_k R_{\mathrm{O}k} + v_k \quad （6-20）$$

系统状态变量为

$$\boldsymbol{x}_k = \begin{bmatrix} \mathrm{SOC}_k \\ U_{1k} \\ U_{2k} \end{bmatrix} \quad （6-21）$$

状态方程的系数矩阵为

$$\boldsymbol{A}_x^k = \begin{bmatrix} 1 & 0 & 0 \\ 0 & e^{-\frac{T}{R_1C_1}} & 0 \\ 0 & 0 & e^{-\frac{T}{R_2C_2}} \end{bmatrix}$$

$$\boldsymbol{B}_k^x = \begin{bmatrix} -\dfrac{T}{Q} \\ R_1(1-e^{-\frac{T}{R_1C_1}}) \\ R_2(1-e^{-\frac{T}{R_2C_2}}) \end{bmatrix}$$

(6-22)

输出方程的系数矩阵为

$$\boldsymbol{C}_k^x = \left[\left. \frac{\mathrm{d}U_{\mathrm{OC}}(\mathrm{SOC})}{\mathrm{dSOC}} \right|_{\mathrm{SOC}=\mathrm{SOC}\bar{k}}, -1, -1 \right] \quad (6\text{-}23)$$

基于扩展卡尔曼滤波算法（EKF）的 SOC 估计流程如下：

1）初始化

$$\begin{cases} \hat{x}_0 = E[x_o] \\ P\hat{x}_0 = E\left[(x_o - \hat{x}_0)(x_o - \hat{x}_0)^{\mathrm{T}}\right] \end{cases} \quad (6\text{-}24)$$

2）预测 - 时间更新

$$\begin{cases} \hat{x}_k^- = A_{k-1}^x \hat{x}_{k-1} + B_{k-1}^x I_{k-1} \\ P\bar{\hat{x}}_k \ A_{k-1}^x P\hat{x}_{k-1}(A_{k-1}^x)^{\mathrm{T}} + Q_{k-1}^x \end{cases} \quad (6\text{-}25)$$

3）修正 - 测量更新

$$\begin{cases} k_k^x = P\bar{\hat{x}}_k(C_k^x)^{\mathrm{T}}[C_k^x p_k^{-1}(C_k^x)^{\mathrm{T}} + R_{k-1}^x]^{-1} \\ \hat{x}_k = \hat{x}_k^- + k_k^x(yk - g\hat{x}_k^-, u_k) \\ P\hat{x}_k = (1 - k_k^x C_k^x) P\bar{\hat{x}}_k \end{cases} \quad (6\text{-}26)$$

结合电池仿真模型与EKF利用Simulink建立模型如图6-12所示。

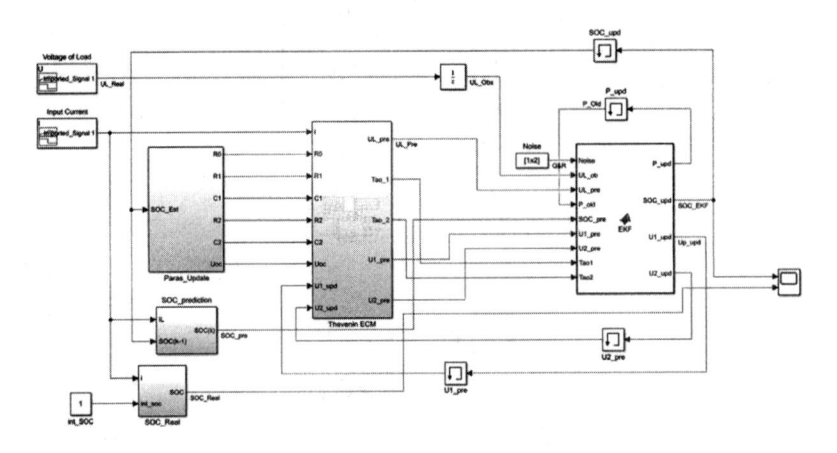

图6-12 基于扩展卡尔曼滤波（EKF）的SOC估计模型

其中EKF算法模块代码如图6-13所示。

```
function [P_upd,SOC_upd,U1_upd,U2_upd] = EKF(Noise, UL_ob, UL_pre, P_old, SOC_pre, U1_pre, U2_pre, Tao1, Tao2)
    Q = Noise(1);    %过程噪声
    R = Noise(2);    %观测噪声
    %……A矩阵
    A1 = 1;
    A2 = exp(-0.05/Tao1);
    A3 = exp(-0.05/Tao2);
    A = [A1 0 0;0 A2 0;0 0 A3];
    %……P矩阵计算
    P_last = [P_old(1) P_old(2) P_old(3);P_old(4) P_old(5) P_old(6);P_old(7) P_old(8) P_old(9)];
    P_pre=A*P_last*A' + [Q 0 0;0 Q 0;0 0 Q];
    %……C矩阵
    C1 = -0.01246+9.751*2*SOC_pre-44.44*3*SOC_pre^2+86.3*4*SOC_pre^3-75.06*5*SOC_pre^4+24.29*6*SOC_pre^5;
    C = [C1 -1 -1];
    %……变量先验估计值
    X_pre = [SOC_pre;U1_pre;U2_pre];
    %……卡尔曼增益及变量最优估计
    K = P_pre*C'*(C*P_pre*C' + R)^(-1);
    X_upd = X_pre + K*(UL_ob-UL_pre);
    %……P矩阵更新
    P_update = P_pre - K*C*P_pre;
    %……输出
    SOC_upd = X_upd(1);
    U1_upd = X_upd(2);
    U2_upd = X_upd(3);
    P_upd = [P_update(1,1) P_update(1,2) P_update(1,3) P_update(2,1) P_update(2,2) P_update(2,3) P_update(3,1) P_update(3,2) P_update(3,3)];
```

图6-13 EKF算法代码

模型建立完成后给予其一定的仿真电压和仿真电流进行测试，测试结果与分析如图6-14所示。

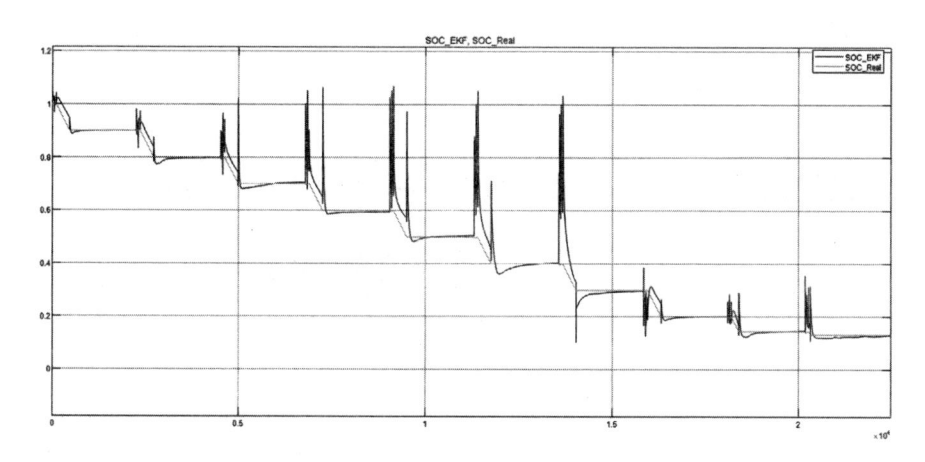

图6-14 基于EKF算法的SOC估计测试

通过对比 SOC 真实值与 EKF 算法下计算的 SOC 值可知，两者总体上保持着较好的一致性，在放电初期和末期具有一定起伏。

卡尔曼滤波器相比安时积分法和开路电压法具有以下优点：

（1）可以修正初始值。卡尔曼滤波器方法可以在任何时候对于初始值的误差进行修正，即使误差很大，经过一段时间以后，滤波器也会把这样的误差消除掉。

（2）有利于克服传感器精度不足的问题。安时积分法对电流传感器的精度具有较高要求，电流传感器精度不足，所产生的误差会随着电流积分一直累加下去。采用卡尔曼滤波可以消除这种误差，有利于提高精度。

（3）消除电磁干扰。电磁状态检测不准确有一部分来自传感器所受到的电磁干扰，在电动汽车上尤为显著，而卡尔曼滤波器可以滤掉符合正态分布的噪声。

（4）任何时刻均适用。开路电压法仅适用在电池静置一段时间，电压回弹比较充分的情况下，而卡尔曼滤波法适用于处于任何状态下的电池。

本章课后思考题

1. 动力电池管理系统的硬件包括什么？
2. 简述 BMS 的功能。
3. 为什么要设计动力电池管理系统的软件？
4. 如何使 BMS 的硬件和软件更加协调？
5. 简述设计采集电路需要注意的原则性问题。
6. 简述电荷累积法存在的问题。
7. 分析开路电压法存在的不足之处。
8. 简述卡尔曼滤波的原理及使用场合。

第七章　新能源汽车动力电池系统热管理技术

动力电池的性能表现与温度有着直接关系，适宜的温度有助于动力电池性能的出色发挥，而温度过高或者过低会给动力电池带来热失控或析锂降容等诸多问题，因此动力电池热管理技术设计是动力电池系统管理的关键一环，本章将就动力电池热管理技术做详细介绍。

7.1 动力电池热管理系统设计概述

由于动力电池系统所处环境及自身温度直接影响其正常运行、循环寿命、充电可接受性、输出功率、可用能量、安全性和可靠性，因此，为了使电池系统达到最佳的性能和寿命，需要通过引入热管理系统对电池进行低温加热、高温散热以及保温管理，限制电池的温升以及温差，从而实现电池组温度均匀化，保证电池工作在适宜的温度范围内，降低电池性能衰减速度并消除相关的潜在安全风险。通过热管理系统对温度进行调节和控制，使动力电池在运行过程中始终保持在合适的温度范围内，对提高动力电池系统的性能和效率、延长其使用寿命、降低电动车辆的成本、保障电动车辆的安全使用等方面都有重要的现实意义。

7.2 动力电池热管理系统设计要求

热管理系统的设计目标是根据整车典型的运行工况和锂离子电池的发热功率，选择合适的热管理方式，基于电池的温度特性合理设计热管理策略，保证电池包内各个电池都工作在合理温度范围内，同时尽量维持电池包内各个电池及电池模组之间的温度均匀性。

热管理系统负责与车辆热管理系统进行热量交换，保持动力电池系统能处于适宜温度环境，以延长动力电池系统的使用寿命。对应的输入输出要求如表7-1所示。

表7-1 电池管理系统设计输入输出表

输入	输出
・动力电池系统的应用背景（车辆类型 BEV/PHEV、个人用户/出租运营、日均行驶里程、开发计划等） ・动力电池化学体系 ・动力电池规格参数（额定电压和容量） ・动力电池材料热物性数据（密度、比热容和导热系数） ・动力电池可用温度（工作、储存）范围和最佳工作温度范围 ・动力电池的 OCV、SOC 与温度的关系 ・动力电池的充电性能（对应的功率、容量）与温度的关系，尤其是充电倍率窗口 ・动力电池的放电性能（对应的功率、容量）与温度的关系 ・成组应用温差对电池模组循环寿命的影响 ・车辆典型的运行工况特征 ・动力电池系统应用的环境条件及区域 ・动力电池系统在整车上的布置位置和周围温度环境 ・动力电池系统的使用温度范围 ・动力电池系统的存储温度范围	・电池温度采样要求 ・电池温度数据应用策略 ・电池充放电功率应用策略 ・热管理系统的目标和要求（如平均温度 T，温差 ΔT） ・热管理系统的概念设计方案 ・热管理系统组件选型和设计要求 ・热管理系统组件空间尺寸、质量要求 ・热管理系统组件使用寿命和可靠性要求 ・热管理系统动力电池系统测试验证要求 ・热管理系统组件测试验证要求 ・热管理应用策略（通过电池管理系统和整车控制器实现） ・动力电池系统对整车热管理系统配合要求（换热量） ・动力电池系统在整车上的隔热保温要求（尤其是针对整车发热部件）

7.3 热管理系统概念设计方案

热管理系统的概念设计主要是基于动力电池的温度控制目标要求，确认动力电池系统的冷却散热、加热、保温设计方案。

7.3.1 冷却方案

常见的冷却方式主要有自然冷却、强制风冷、液冷和直冷，这四种冷却方式的冷却效率依次增强。冷却效率主要是通过对流换热系数来表征，一般情况下根据整车使用环境、整车工况和电芯特性确定系统所需要的对流换热系数，然后综合质量、空间和成本等因素确定冷却方式。

如图 7-1 所示，冷却方式的选择包括如下步骤：①冷却系统目标确认；②产热功率计算；③电芯模型建立；④热流体仿真分析；⑤对流换热系数分析；⑥冷却方式选择。

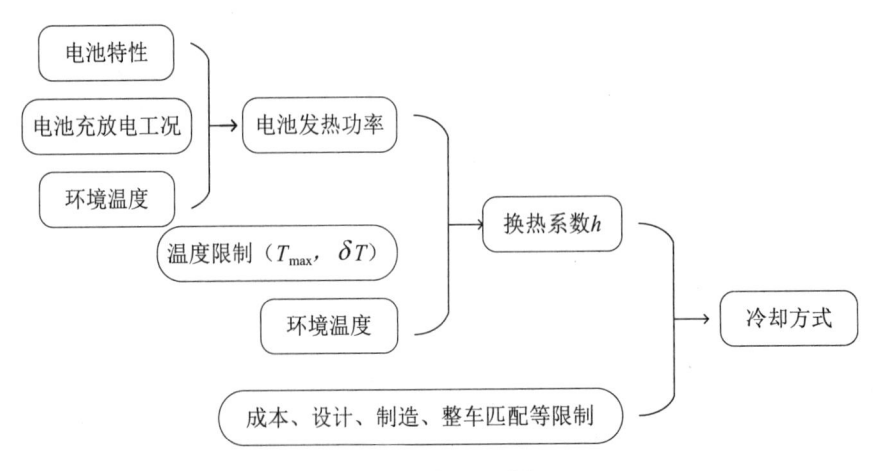

图 7-1 冷却方式选择

按照冷却介质的不同,现阶段动力电池系统应用的冷却方式主要分为空气自然冷却、空气强制对流冷却、液体冷却和相变材料冷却等四种方式。

1. 空气自然冷却

自然冷却散热方式是典型的以空气作为传热介质的被动散热方案,即直接让电池箱体内部的空气穿过电池模组,通过空气与电池、电池箱体等导热部件之间的对流换热实现对电池进行冷却的目的。这种方式的对流传热系数较小,一般约为 5~25W/（m²·K）。空气自然冷却方案具有结构简单、零部件数量少、成本低等优点,是目前应用范围最广泛的一种散热方式。

2. 空气强制对流冷却

空气强制对流是通过运动产生的风将电池箱体内部电池的热量经过排风风扇带走,是一种主动散热方式,因而散热效率更高,这种方式的对流传热系数约为 50~100W/（m²·K）。空气强制对流方式的优点是结构简单、质量轻、成本较低、有害气体产生时能有效通风等;缺点在于这种换热方式的换热系数低,从而造成冷却和加热速度慢,同时对于风道的设计要求很高,很难达到流场一致,导致动力电池温度一致性不好。

3. 液体冷却

液体介质相对于空气介质拥有较大的导热系数,通常以 50% 的水和 50% 乙二醇的混合物作为传热介质,通过设置的具有冷却液流道的薄壁液冷管道/液冷板将热量导出,实现冷却液与电池之间的换热,可以比空气强制对流达到更高的散热需求。这种方式的换热系数可以达到 500~1 500W/（m²·K）。另外,也有电池系统采用矿物油作为传热介质,将电池直接浸泡在液体介质中,属于液体接触式冷却的一种方案。

4. 相变材料冷却

相变材料（phase change material，PCM）是一种能够利用自身的相变潜热吸收或释放系统热能的材料,在其物相变化过程中,可以从外界环境吸收热量或者向外界环境放出热量，从而达到通过能量交换控制环境温度和利用能量的目的。采用 PCM 的热管理系统是通过 PCM 在相变过程中的潜热在电池升温时来吸收电池的热量，同时减小动力电池之间的温度差。

7.3.2 加热方案

由于汽车地域适用性较为广泛，在冬季寒冷地区要使电动车辆能正常使用，必须对电池加入额外的加热系统以满足要求。因此，为了在低温环境下能够保证电池正常充电，需要对电池进行加热升温。常见的加热方式有三种：电加热膜加热、陶瓷 PTC 加热和液热。加热膜属于电阻加热方式，一般是将金属加热丝封装于绝缘层内，金属丝通电之后发热可对电池系统进行加热。PTC 加热器也是电阻加热的一种，不同的是它的电阻会随自身温度的升高而增大，从而到达恒温加热的效果。液热则是通过整车 PTC 加热部件将冷却液加热到一定温度，利用主动液冷系统来对电池系统加热的一种方式。三种加热方式的主要特性对比如表 7-2 所示。

表7-2 常见的三种加热方式特性

项目	电加热膜	PTC 加热	液热
加热特点	电阻加热	功率加热	对流加热
空间限制	0.3~2mm	5~8mm	集成与液冷系统
加热设备干烧温度	≥60℃	60~80℃	40~60℃
电芯升温速率	0.15~0.3℃/min	0.15~0.3℃/min	0.3~0.8℃/min
电芯温差	10~15℃	10~15℃	8~10℃

电加热膜概念设计主要包括：加热膜安装位置选择、加热膜发热功率选择、加热回路内部的串并联方式及干烧温度控制要求等。

如果不受安装空间限制，也可选用 PTC 加热片，其概念设计主要包括：PTC 加热片安装位置、PTC 加热片发热功率、加热回路内部的串并联方式、干烧温度控制要求等。

如果采用的是主动液冷系统，则可以集成液热，主要确定冷却液入口温度和流量。

7.3.3 温方案

北方冬季严寒天气下车辆停放时间较长之后，电池箱体内部温度会快速下降，影响车辆的再次充电和启动，此外在对动力电池系统进行加热过程中，由于电池箱散热速度太快，也会影响加热速度和效果，因此，需要通过保温设计减少冬季低温环境对电池箱内部电池的影响。

保温系统通常是配合冷却系统和加热系统完成工作，优良的保温系统不仅可以增强冷却和加热的效率，而且还可以降低能耗。保温概念设计主要包括：保温材料选择、箱体保温材料的布置方案设计等。

7.4 热管理系统设计实例

7.4.1 电池模组热管理结构整体式设计思路

对于本书所研究的纯电动汽车来说，其动力电池使用性能常受环境影响较大。如在高温环境下，加之动力电池大量产热，存在动力电池模组热失控，严重时会导致电池起火爆炸等现象发生。因此，对于纯电动汽车而言，有效的散热管理系统必不可少。基于热管的双向导热特性，本书拟利用高导热系数的脉动热管作为双向导热载体，采用有效冷源散热管理的形式来构建动力电池模组热管理系统结构。

7.4.2 电池模组热管理结构整体式设计原理

电池模组热管理系统应包括模组电池、散热模块和加热模块（考虑到课题组项目经费情况及实验室硬件建设情况，本书致力于电池模组散热管理）。其中散热模块由脉动热管、冷源等构成。脉动热管的高导热性能，可保证将电池模组的热量导出与传入，达到给电池模组散热的目的；系统散热管理期间，来自电池的产热，通过脉动热管被导出，再由冷源来加速热量的散失，进而达到动力电池模组散热的目的。详细来说电池模组散热路径主要包括主要散热路径和辅助散热路径两部分，其中主散热传输路径为：电池外表面→脉动热管传热段→脉动热管主散热端→冷源→外界环境；辅助传输路径为：电池外表面→脉动热管传热段→脉动热管辅助散热端→冷源→外界环境，如图7-2所示。

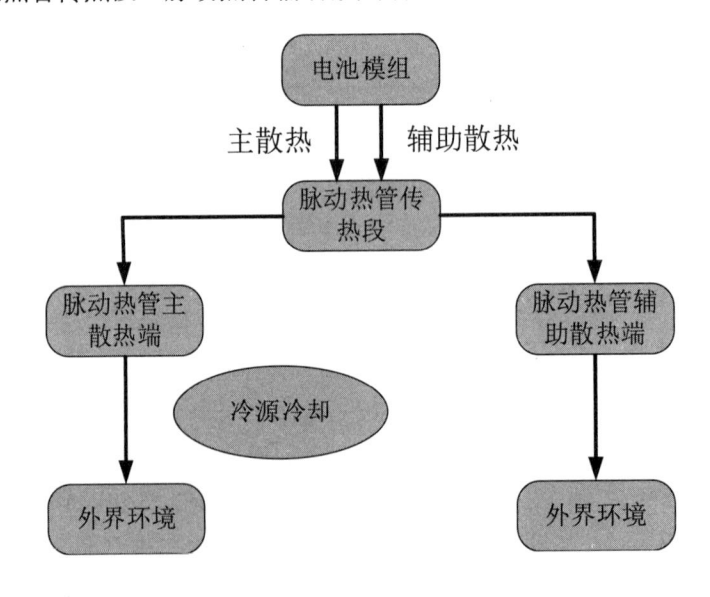

图7-2 电池模组热管理路径示意图

7.4.3 电池模组热管理结构具体部件设计

通过前文有效的热管理结构设计要求和电池模组热管理结构设计思路可知，对于电动汽车用动力电池模组散热管理系统而言，具体结构设计主要包括散热设计和热均衡设计两个方面。

1. 电池模组热管理结构的散热设计

1）电池模组散热管理形式选择

动力电池模组散热管理常见的形式不仅有空气冷却、液体冷却、相变材料冷却和热管冷却（如表 7-3 所示），也有多种冷却方式耦合的散热形式（如空气-热管冷却、相变材料-热管冷却）。其中，空气冷却应用最为广泛，令温度较低的空气流过电池表面，通过热传递将热量带走。其优点是结构简单，价格低廉，不存在泄露等问题，目前在很多电动车型上都得到应用。液体冷却与空气冷却相比，效果更好，这是因为液体对流换热系数大，冷却和加热速度快，但其结构复杂，对系统密封性要求很高。相变材料通过自身相变吸热或者放热来对电池进行冷却或者加热，冷却加热效率高，布置灵活，但存在制造成本高、热容量低等问题。而热管冷却，是指通过热管的蒸发端吸收热量，管内工质受热蒸发产生相变，导致热量通过绝热段到达冷凝端传送出去，期间工质靠重力或毛细芯的作用在蒸发端和冷凝端往复回流实现散热和加热。其最大的优势就是，传热导热系数大，效率高，无外部能量消耗，是当前最受关注的热管理形式。通过以上对于动力电池散热管理的分析可以发现：对于散热管理而言，空气冷却和热管冷却，相对于液体冷却和相变材料而言，在保证散热效果的前提下，系统结构相对简单，维护方便，而且系统成本低，是值得考虑的散热管理方式。对于本书研究的电池模组散热管理而言，从节能的角度出发电池模组最为理想的散热管理形式应该是自然冷却，这避免了因采用强制冷却的散热管理方式所带来的能量消耗。因此在中温环境下（温度范围），可以利用环境温度对脉动热管散热段冷却，这样脉动热管传热段与散热段的温差催生热管的启动，最终通过自然冷却实现热量的散失。然而在电池模组的实际应用中发现，模组电池的热稳定性和热安全问题不容忽视，高温环境下（温度范围），动力电池模组持续的放电过程会带来大量的热量累积，简单的自然冷却无法有效保证电池模组内积聚的热量散去，必须采取有效的措施来降低热失控风险。因此，综合考虑散热管理能耗及模组电池的热安全问题，最终选择以脉动热管为核心的自然风冷耦合强制风冷的散热形式，作为该动力电池模组热管理的散热管理的最终形式。

表7-3 不同散热管理形式特点

散热管理形式	难易程度	散热效果	系统成本	优缺点
空气冷却	容易	较好	低	结构简单、无泄漏危险
液体冷却	难	良好	高	系统复杂、密封性要求高
相变冷却	较难	较好	高	热容量低
热管冷却	容易	良好	低	零能耗、高导热系数

2）电池模组散热管理核心部件选择

通过上文可知，对于电池模组散热管理而言，系统的散热管理核心部件包括强制风冷的冷源（冷却风扇）和高导系数的双向导热载体（脉动热管）。通常，核心部件的设计（选型与匹配）需要从电动汽车不同运行工况下，动力电池单体及模组的热特性出发，匹配求解恰当的核心部件。

（1）典型工况下模组电池产热计算。

寒区电动汽车在不同工况下运行时，对动力电池放电能量需求不同，这直接关系着动力电池的产热。故需根据电动汽车典型运行工况（怠速——动力电池 0.5C 放电、匀速——动力电池 1C 放电、加速——动力电池 1.5C 放电），进行模组电池不同放电倍率下的产热量求解计算。目前，普遍采用 D.Bernardi 公式计算法来求解动力电池单体的产热量。

在假设锂离子电池内部材料均匀分布且均匀产热的前提条件下，D.Bernardi 等人从电池内阻和熵增出发，由内阻产热和熵增反应产热两个方面对锂离子电池的产热机理进行了分析，进而提出了一种锂电池产热速率的理论计算公式，如公式（7-1）所示：

$$\varphi = -IT\frac{\mathrm{d}E}{\mathrm{d}T} + I(E-V) \tag{7-1}$$

式中，φ——锂动力电池产热量，W；

$-IT\dfrac{\mathrm{d}E}{\mathrm{d}T}$——可逆化学反应产生的热量，W；对锂动力电池而言，$-IT\dfrac{\mathrm{d}E}{\mathrm{d}T}$ 是常量，其参考值为 0.042；

E——锂动力电池开路电压；V；

T——锂动力电池内部温度，℃；

$I(E-V)$——欧姆内阻产热等不可逆反应产生的总热量，W；

I——锂动力电池充放电电流，A；

V——锂动力电池工作电压，V。

参考相关科学研究文献，这里将 $(E-V)$ 采用锂动力电池欧姆内阻 R 与锂动力电池充放电电流 I 的乘积进行等值替代，整理后锂电池产热计算公式为

$$\varphi = -0.042I + I^2R \tag{7-2}$$

式中，R——锂动力电池欧姆内阻，W。

根据所选动力电池性能参数，采用公式（7-2）计算求解不同充放电倍率下动力电池单体及模组产热量，如表 7-4 所示。

充放电倍率		类型	
		电池单体产热量 /W	模组产热量 /W
典型工况下放电过程	0.5C	0.045	0.225
	1C	1.44	7.2
	1.5C	4.185	20.925

（2）电池模组散热管理核心器件选型。

①脉动热管选型。

本课题组之前的研究证明：二氧化钛纳米流体脉动热管（TiO_2-CLPHP）用于动力电池散热和加热管理有着优秀的导热性能，能够实现对动力电池高效散热和加热，且效果理想。因此在本书中，高导热系数 TiO_2-CLPHP（充液率 50%，体积分数 2%）继续作为动力电池热管理的核心部件。脉动热管的热力性能，通常采用热流量（热流密度）、热阻值（有效导热）、蒸发温度等参数进行评价，为尽可能展示脉动热管优秀的传热特性，拟采用定性和定量分析相结合的方法，从有效导热系数和传热热流密度两个方面进行 TiO_2-CLPHP 匹配计算。

a.TiO_2-CLPHP 传热定性分析——有效导热系数的计算。

TiO_2-CLPHP 的热性能通常由 R 和有效导热系数 K_{eff} 表示。具体公式如下：

$$R = \frac{T_e - T_c}{Q} \tag{7-3}$$

$$T_e = \frac{T_1 + T_2 + T_3}{3} \tag{7-4}$$

$$T_c = \frac{T_4 + T_5 + T_6}{3} \tag{7-5}$$

式中，R——脉动热管热阻值，℃/W；

T_e——脉动热管蒸发端（加热端）平均温度，℃；

T_c——脉动热管冷凝端（散热端）平均温度，℃；

$T_1 - T_3$——脉动热管蒸发端（加热端）不同位置温度，℃；

$T_4 - T_6$——脉动热管蒸发端（加热端）不同位置温度，℃；

Q——脉动热管蒸发端（加热端）加热功率，W。

$$K_{eff} = \frac{Q}{T_e - T_c} \cdot \frac{L_{eff}}{A_{cr}} = \frac{1}{R} \frac{L_{eff}}{A_{cr}} \tag{7-6}$$

$$A_{cr} = n \cdot \pi \cdot d_{out}^2 / 4 \tag{7-7}$$

$$L_{eff} = \frac{1}{2}(L_e + L_c + L_a) \tag{7-8}$$

式中，n——脉动热管转弯数；

d_{out}——脉动热管外径，m；

L_{eff}——脉动热管有效长度，m；

A_{cr}——脉动热管横截面积，m^2；
L_e——脉动热管蒸发端（加热端）长度，m；
L_c——脉动热管冷凝端（散热端）长度，m；
L_a——脉动热管传热段长度，m。

根据本课题组先前对于TiO_2-CLPHP的研究，下表7-5给出了TiO_2-CLPHP的结构参数；表7-6给出了不同加热功率下，50%充液率、2%体积分数的TiO_2-CLPHP试验测试的热阻值。

表7-5 TiO_2-CLPHP结构参数

管材	转弯数	总长/mm	加热段长度/mm	散热段长度/mm	传热段长度/mm	外径/mm
铜	5	228	55	73	100	6

表7-6 不同加热功率下TiO_2-CLPHP热阻值

加热功率/W	20	40	60	80	100
TiO2-PHP 热阻/（℃·W-1）	0.385	0.220	0.123	0.115	0.098

根据脉动热管有效导热系数计算公式[式（7-6）]，结合表7-5和表7-6给出的相关参数值，对不同功率下TiO_2-CLPHP的有效导热系数进行了计算，结果如表7-7所示。

表7-7 不同功率下TiO_2-CLPHP有效导热系数

加热功率/W	20	40	60	80	100
有效导热系数/（W·m-1·℃）	2 095.569	3 667.246	6 559.301	7 015.600	8 232.592

b.TiO_2-CLPHP传热定量分析——传热热流密度的计算。

脉动热管传热能力的定量求解，有半经验公式求解和理论计算两种方式。其中，半经验公式是基于试验测量数据的拟合，由于热管的类型不同，试验条件和方式不同，利用半经验公式进行热管传热能力的计算误差比较大；而理论计算求解是根据脉动热管结构尺寸及工质热物性参数，进行理论传热能力计算。本书采用理论计算的方式，定量描述TiO_2-CLPHP传热热流密度，其计算公式如下：

$$\dot{q} = 0.54 Ka^{0.47} PrJa^{1.43} N^{-0.27} (\exp(a))^{0.48} \qquad (7-9)$$

式中，$\dot{q}$——脉动热管传热热流密度，W/m^2；
Ka——卡尔曼数；

Pr——普朗特数；

Ja——雅各布数；

N——脉动热管转弯数，此处为 5；

a——脉动热管相对于水平轴放置的倾角，rad。

根据本课题组之前对于 TiO$_2$-CLPHP 的相关研究，结合本书所用 TiO$_2$-CLPHP 的结构参数，将相关参数代入求得传热热流密度 $\dot{q}$ =39 164.37W/m^2。

通过以上的计算可知脉动热管传热密度 $\dot{q}$ =39 164.37W/m^2，在该动力电池热管理结构设计中，脉动热管加热段和散热段传热量可用下式求解：

$$Q = q \cdot 2\pi \cdot d_{out} \cdot l \tag{7-10}$$

式中，*Q*——热管加热段（低温需加热时的加热量）、散热段传热量（高温需散热时的散热量），W；

d_{out}——脉动热管管径，m；

l——脉动热管加热段和散热段总长，m。

根据脉动热管结构尺寸，代入计算求得脉动热管加热段和散热段传热量分别为 263.84W 和 309.42W。显然，对于该选型的动力电池模组而言，本书拟采用的 TiO$_2$-CLPHP 能满足不同运行工况下动力电池与外界之间的热量交换的需要，对来自动力电池的产热能够及时有效导出。图 7-3 给出了该模组电池热管理系统用脉动热管的三维模型及实物。

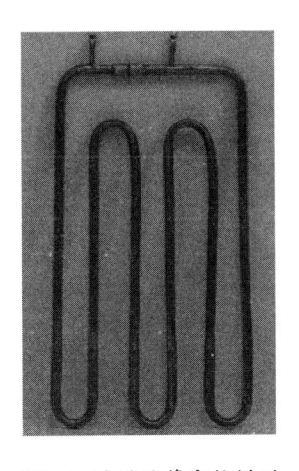

图 7-3 脉动热管实物模型

② 冷却风扇选型。

风扇散热的方式一般有吹风和抽风两种方式，其各自特点如表 7-8 所示。

表7-8 不同类型风扇技术特点

项目	吹风式	抽风式
散热效率	高	低
可靠性	高	低
安装位置	进风口	出风口
适用场合	局部功耗高的系统	内部功耗均匀的系统

根据吹风式和抽风式风扇的技术特点，选择散热效率高的吹风方式作为本书冷却风扇的散热方式。冷却风扇的选型目标是所选风扇必须能够提供足够的升力以保证系统有足够的冷却空气流量，这要求首先必须确定电池模组所需总散热量需求，这样才能准确确定所需风扇的功率、风速等技术参数。选择冷却风扇的一般步骤为：

a. 计算出锂动力电池工作时内部产生的热量；
b. 确定锂离子电池所能允许的温度上升范围；
c. 通过方程式计算所需的风量；
d. 估计设备用的系统阻抗；
e. 根据系统阻抗特性与风扇的压力-流量曲线或规格书来选择型号合适的风扇。

模组电池所需散热量值如前文所示，利用模组电池所需要的散热量来计算流道中所需的冷却风量。

$$Q_{热} = Cm\Delta T \tag{7-11}$$

式中，$Q_{热}$——模组电池所需散热量；

C——冷却空气比热容；

m——冷却空气质量；

ΔT——冷却空气进出口温度差。

则进入流道的总风量为

$$V = Q_{热}/(pC\Delta T) \tag{7-12}$$

式中，r——冷却空气密度；

V——冷却空气体积流量。

冷却空气在流动时，流道中会或多或少地遇到流动阻抗，流动阻抗的存在会限制冷却气流的自由流通。流动阻抗又称为系统阻力特性，一般定义为

$$\Delta P = KQ^n \tag{7-13}$$

式中，ΔP——流动阻抗；

K——阻抗系数；

Q——冷却风扇风量；

n ——扰流因素。

冷却风扇的选型需要将系统阻力特征曲线与风扇的压力-流量曲线（P-Q 曲线）进行对比。其中 P-Q 曲线与系统的散热能力有直接关系，系统阻力曲线与风扇 P-Q 曲线的交点就是风扇最佳工作点，再根据理论风扇最佳工作点（通常情况下风扇的理论最佳工作点在风量的 1/2~2/3 处）选择最佳的风扇型号。根据热管理系统空间结构，结合风扇的 P-Q 曲线相关技术参数，最终选择 DAP8025B1-1A 型风扇作为热管理系统的强制风冷的冷源，如图 7-4 所示。

图7-4 散热用风扇实物图

3）电池模组散热管理具体结构设计

动力电池模组散热管理主要由模组箱体、模组电池、模组风扇、高导热系数脉动热管等核心部件组成。

（1）模组箱体：模组箱体主要用来盛放模组电池及其热管理执行器件。模组箱体的设计需要考虑箱体机械强度安全、绝缘安全及紧固结构安全等因素。本书从电池热管理结构设计整体要求出发，在箱体内壁做了保温涂层设计，尽可能减少外界高低温对模组电池的影响的同时，起到绝缘防护的效果。为了防止模组在碰撞、挤压、冲击等强外力作用下发生损坏，导致单体电池散落并发生短路、穿刺等安全事故，模组电池需要紧固结构措施，为此在箱体底部和侧部设计了固定卡槽。

（2）模组电池：如前文所述，根据纯电动汽车整车参数匹配，完成了相应车辆行驶能量源（动力电池）选型，并进行了电池成组成包设计。故依据第二章的电池包的要求，电池模组设计如图 7-5 所示，其尺寸大小、串并联方式严格按照选型动力电池尺寸、动力电池成组设计执行。

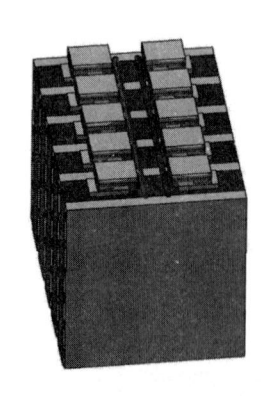

图7-5 模组电池三维模型

（3）模组风扇：冷却风扇用于产生流动的冷却风源，以冷却脉动热管的散热端，促使来自电池的产热通过脉动热管的传热段源源不断地输送到散热端，然后被耗散。冷却风扇的设计需要考虑模组热管理的空间结构，以及系统对于冷却效能的要求。

（4）脉动热管：高导热系数的脉动热管作为双向导热载体，采用自然风冷耦合强制风冷的散热管理形式来构建基于风冷耦合热管技术的动力电池热管理系统结构。

在此，通过Catia三维绘图软件，对动力电池散热管理的具体结构进行了建模设计，图7-6给出了电池模组散热管理具体结构设计图。在电动汽车运行期间，动力电池模组会进行持续的放电过程，来自动力电池模组的产热由脉动热管传热段传递到脉动热管散热段，由于环境温度相对于高温环境要低，脉动热管散热段此刻可以利用环境温度来实现对其的冷却，最终实现了热量的散失。而在高温环境下（环境温度35℃以上），电动汽车以不同运行工况行驶，这一期间动力电池模组持续的放电过程会带来大量的热量累积，这需要有效的散热方式将电池模组内积聚的热量散去，简单的自然冷却无法满足散热管理的散热要求，这要求采取有效的强制冷却措施，加速电池模组的热量散失。如图7-6所示，高温环境下，利用模组散热风扇产生冷却风源，以实现对脉动热管散热段的冷却；由于温差的存在，这样具有高导热特性的脉动热管就会启动，将来自电池模组的热量由脉动热管传热段传递到脉动热管散热端，最终通过强制风冷实现散热。

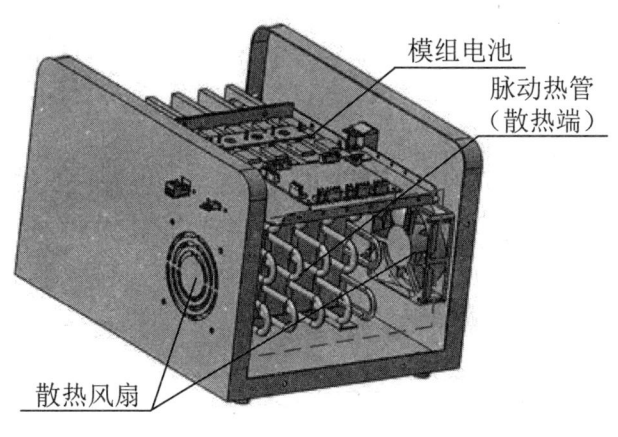

(a) 电池模组散热管理结构设计三维视图　　(b) 电池模组热管理实物

图7-6 电池模组散热管理具体结构设计

2. 电池模组热管理结构热均衡设计

运行有效，性能优越的电池模组热管理结构，不仅可以保证动力电池模组整体工作在理想的温度范围内，而且还能降低电池单体表面不同区域及模组电池之间的温差，提高电池表面和电池之间温度均匀性能，电池的温度均匀性能对电池使用寿命及电池性能的发挥至关重要，因此，在本书电池模组热管理结构设计中，考虑了电池模组热均衡的问题。

本书所设计的电池模组采用热管耦合强制风冷的热管理结构，对于电池单体和电池模组的热均衡设计主要考虑铝制均热板设计及布置、热管理组件（铝制均热板和脉动热管）布置形式两个方面。

根据散热热管理结构需要，设计了脉动热管传热段用铝制均热板，热管理期间铝制均热板嵌入脉动热管的传热段与加热段，其中传热段用铝制均热板与动力电池表面贴合，动力电池与外界之间的热量交换通过铝制均热板有助于均衡电池表面热平衡，提升动力电池单体不同区域的热均衡性能。在散热期间，来自电池的产热会通过铝制均热板均匀地传递到脉动热管的散热段，避免了电池表面散热不均匀的问题，提升了电池单体的温度均匀性能。

而对于模组电池之间的温度均匀性能的设计，这需要综合课题组先前的研究，课题组先前的研究表明：脉动热管用于动力电池单体热管理可高效地保证动力电池工作在理想的温度区间范围内，这与前文有关动力电池产热与脉动热管传热相关理论计算一致；但是课题组通过一系列的热管理性能试验发现脉动热管单面布置的形式用于动力电池散热时，虽然维持单体电池表面不同区域温差小于5℃，然而其并不能有效地保证高温环境下电池两侧面的温差在可控范围内。为此，为均匀电池不同侧面、模组电池之间的温差，本书提出了一种有效的热管理组件（铝制均热板和脉动热管）布置形式，即在电池单体之间嵌入一定数量的热管理组件的同时，在模组边界端（模组端部电池）也嵌入热管理组件（如图 7-7 所示）。边界端热管理组件的嵌入，进一步增强了整体热管理组件的散热性能，更好地均衡了单体电池表面各区域及单体电池之间的温差，提高了模组电池的温度均匀性能，提高了动力电池的热管理水平。

图7-7 电池模组热管理结构热均衡设计

本章课后思考题

1. 简述动力电池产热原理。
2. 如何有效监测动力电池的温度？
3. 为什么要设计新能源汽车动力电池的热管理系统？
4. 简述热管理系统的功能。
5. 分析现有动力电池热管理技术。
6. 如何设计动力电池热管理系统？
7. 现在常见的新能源汽车的热管理系统中应用了哪些热管理技术？
8. 简述行之有效的电池热管理系统对提高电池性能的意义。

参 考 文 献

[1] 朱日莹. 电动汽车技术[M]. 北京：机械工业出版社，2020.

[2] 王芳，夏军. 电动汽车动力电池系统设计与制造技术[M]. 北京：科学出版社，2017-8.

[3] 崔胜民. 新能源汽车[M]. 北京：化学工业出版社，2021.

[4] LU Z, MENG X Z, WEI L C, et al. Thermal management of densely-packed EV battery with forced air Cooling strategies[J]. Energy Procedia, 2016, 64（21）：88-94.

[5] XU X M, HE R. Research on the heat dissipation performance of battery pack based on forced air cooling[J]. Journal of Power Sources, 2013, 240（35）：176-183.

[6] YU K H, YANG X, CHENG Y Z, et al. Thermal analysis and two-directional air flow thermal management for lithium-ion battery pack[J]. Journal of Power Sources, 2014, 34（3）：270-276.

[7] PARK H. A design of air flow configuration for cooling lithium ion battery in hybrid electric vehicles[J]. Journal of Power Sources, 2013, 176（63）：239-246.

[8] MAHAMUD R, PARK C. Reciprocating air flow for Li-ion battery thermal management to improve temperature uniformity[J]. Journal of Power Sources, 2011, 196（13）：26-32.

[9] RAO Z. Energy saving of power battery by liquid single-phase convective heat transfer[J]. Energy Education Science and Technology, Part: A Energy Science and Research, 2012, 30（1）：103-112.

[10] RAO Z H, QIAN Z, KUANG Y, et al. Thermal performance of liquid cooling based thermal management system for cylindrical lithium-ion battery module with variable contact surface[J]. Applied Thermal Engineering, 2017, 278（91）：123-128.

[11] 熊瑞. 动力电池管理系统核心算法[M]. 北京：机械工业出版社，2018.

[12] JIN L W, LEE P S, KONG X X, et al. Ultra-thin minichannel LCP for EV battery thermal management[J]. Appl Energy, 2014, 113（18）：1786-94.

[13] 曹建华. 基于相变材料的锂离子电池热管理系统研究[D]. 北京：清华大学，2013.

[14] 王贵明，王金懿，陈捷雷. 电动机车理论[M]. 北京：科学出版社，2015.

[15] GHALKHANI M. Electrochemical-thermal model of pouch-type lithium-ion batteries[J]. Electrochimica Acta, 2017, 247（47）: 569-587.

[16] WANG Z P, Simulation of temperature field of lithium battery pack based on computational fluid dynamics[J]. Energy Procedia, 2017, 105（32）: 3339-3344.

[17] FANG W, KWON O J, WANG C Y. Electrochemical-thermal modeling of automotive Li-ion batteries and experimental validation using a threeelectrode cell[J]. International journal of energy research, 2010, 34（5）: 107-115.

[18] 林成涛，张宾，陈全世. 典型动力电池特性与性能的对比研究[J]. 电源技术，2008，132（11）：735-738.

[19] 戴维，林登. 电池手册[M]. 北京：化学工业出版社，2007：724-726.

[20] 谢晓华，解晶莹，夏保佳. 锂电池低温充放电性能的研究[J]. 化学世界，2008（10）：581-583.

[21] 王芳，夏军. 电动汽车动力电池系统设计与制造技术[M]. 北京：科学出版社，2017：1-226.

[22] 王贵明，王金懿，陈捷雷. 电动机车理论[M]. 北京：科学出版社，2015：59-229.